Richard von Strigl

Kapital und Produktion

Unveränderter Nachdruck der 1. Auflage, Wien 1934
mit einem Vorwort von Ludwig M. Lachmann
und einem aktualisierten Literaturverzeichnis von Ulrich Fehl

Philosophia Verlag · München · Wien

CIP-Kurztitelaufnahme der Deutschen Bibliothek

Strigl, Richard von:
Kapital und Produktion / Richard von Strigl. – Unveränd.
Nachdr. d. 1. Aufl., Wien 1934/ mit e. Vorw. von Ludwig M. Lachmann
u.e. aktualisierten Literaturverz. von Ulrich Fehl. – München · Wien :
Philosophia Verlag, 1982.
(The international Carl Menger library)
ISBN 3-88405-037-0

ISBN 3-88405-037-0
© 1934 by Verlag von Julius Springer, Wien
© 1982 by Philosophia Verlag GmbH, München
Gesamtherstellung: Pera Druck Hanns Haug KG, Gräfelfing
Printed in Germany 1982

Vorwort zur Neuauflage

Richard von Strigl (1891 – 1942) wurde 1891 zu Rokytzan im damaligen Böhmen als Sohn eines Offiziers der k. und k. Armee geboren. An der Universität Wien studierte er Rechts- und Staatswissenschaften und erwarb dort 1914 das Doktorat der Rechte. Schon vorher war er in Wien in der Rechtspraxis tätig. Während des Ersten Weltkriegs diente Strigl in der k. und k. Armee. Im Frühjahr 1919 übernahm er die Stelle eines Sekretärs bei der Industriellen Bezirkskommission in Wien. In späteren Jahren wurde er einer der leitenden Beamten der Arbeitslosenversicherung.

Sein eigentliches Interesse lag aber zeit seines Lebens auf dem Gebiet der theoretischen Nationalökonomie. Hier trat er als Mitglied der Österreichischen Schule bald hervor. Er gehörte jener Generation an, die Hayek die ›Zwischengeneration‹ dieser Schule genannt hat. Das will besagen, daß er einerseits noch vor 1914 studierte, Wieser und Boehm-Bawerk zu Lehrern hatte, und sogar dem berühmten Boehm-Bawerk-Seminar angehörte, während er andererseits nach 1919 einen starken Einfluß auf die Nachkriegsgeneration dieser Schule – wie zum Beispiel Haberler, Hayek und Machlup – auszuüben imstande war. Im Sommer 1918 erlaubte ihm ein längerer Urlaub, an Max Webers Seminar an der Wiener Universität teilzunehmen. In den 1920er Jahren gehörte er dem berühmten Mises-Kreis an.

Im November 1922 habilitierte er sich als Privatdozent an der Universität Wien. Seine Habilitationsschrift war das Buch *Die ökonomischen Kategorien und die Organisation der Wirtschaft* (1923). 1928 wurde er zum außerordentlichen Professor an der Hochschule für Welthandel in Wien ernannt. 1940 kehrte er mit demselben Rang an die Wiener Universität zurück. Von seinen Veröffentlichungen sind außerhalb einer Reihe von Zeitschriftenaufsätzen seine Bücher *Angewandte Lohntheorie* (1926) und *Einführung in die Grundlagen der Nationalökonomie* (1937) zu nennen. Er starb 1942.

Der vorliegende Band wurde 1934 in der vom Österreichischen Institut für Konjunkturforschung herausgegebenen Reihe ›Beiträge zur Konjunkturforschung‹ veröffentlicht.

In den 30er Jahren hatte die Österreichische Schule der Nationalökonomie einen schwierigen Stand, mitunter als Folge der Reaktion auf frühere Erfolge. Ganz abgesehen von der Mißgunst der politischen Verhältnisse und der darauf folgenden Vergiftung der geistigen Atmosphäre, in der Lehrtätigkeit und Diskussion theoretischer Grundsatzfragen vor sich gehen mußten, bekamen die Österreicher es mit Gegnern zu tun, denen Gewicht und Kompetenz kaum abzusprechen waren. Knight richtete eine Anzahl heftiger Angriffe gegen die auf Boehm-Bawerk zurückgreifende österreichische Kapitaltheorie, die freilich oft auf einer etwas naiven Interpretation dieser Theorie beruhten. Zwar wies Hayek diese Angriffe mit überzeugenden Argumenten zurück, aber die Schärfe der dabei von ihm angeschlagenen Tonart (er nannte Knights Kapitaltheorie ›The Mythology of Capital‹) verriet deutlich, wie nahe ihm diese Angriffe gegangen waren, und für wie gefährlich er sie hielt. Im Hintergrund der Szene zog sich das Gewitter der nahenden Keynesschen Revolution zusammen.

In dieser Situation nun trat Strigl als österreichischer Kapitaltheoretiker auf den Plan, um seinen Freunden beizustehen.

Doch war es ihm gleichzeitig darum zu tun, dort, wo er glaubte, daß die von den Österreichern eingenommene Position einer Korrektur bedürfe, seinen eigenen Standpunkt zur Geltung zu bringen. In seinen eigenen Worten: »Zur Kapitaltheorie von Boehm-Bawerk sei hier gesagt: ich glaube, daß das Ausgehen von der Lehre von den Produktionsumwegen eine viel engere Verbindung des Kapitalbegriffes mit dem Lohnfonds erfordert; dadurch wird es wohl auch möglich gemacht, auf die ›drei Gründe‹ zu verzichten, bezüglich derer ich jenen Kritikern Boehm-Bawerks zustimmen muß, welche sie schon deshalb für methodisch verfehlt halten, weil sie in einen stationären Wirtschaftsablauf nicht einbezogen werden können.« (S. 245/6).
In dreierlei Hinsicht geht Strigl im vorliegenden Buch eigene Wege: Der erste Punkt betrifft die Kapitaltheorie im engeren Sinne, während die beiden anderen, streng genommen, sich auf konjunkturtheoretische Folgerungen beziehen, die Hayek aus seiner Kapitaltheorie zog.
Erstens hält Strigl am ›Subsistenzmittelfonds‹, Boehm-Bawerks Version des Lohnfonds der Klassiker, fest und verbindet ihn mit dem Begriff des Geldkapitals, das, wie er sagt, »als Repräsentant von Subsistenzmitteln erfaßt ist«. (S. 244). Hayek hingegen steht allen derartigen Begriffen mit erheblichem Mißtrauen gegenüber. (Vgl. F.A. Hayek, *The Pure Theory of Capital*, London 1941, pp. 93/4.)
Diese Auffassung hat unmittelbare Folgen für Strigls Kapitaldefinition. Sein Kapitalbegriff ist nicht, wie Boehm-Bawerks ›produzierte Produktionsmittel‹ auf die Menge der Kapitalgüter beschränkt. »Wenn man vom freien Kapital im Sinne eines Subsistenzmittelfonds' ausgeht, so wird dieses nicht aus einer sachlichen Qualität heraus zum Kapital, sondern erst dadurch, daß es von seinem Besitzer als Kapital verwendet wird. Ebenso liegt es beim Geldkapital. Geldbesitz ist niemals an und für sich Kapital, sondern es wird erst aus einer bestimmten Verwendung durch

den Geldbesitzer zum Geldkapital. So liegt im Kapitalangebot stets ein Faktor, welcher jenseits rein ökonomischer Determination liegt.« (S. 243) Hier zeigt sich Strigl uns als Subjektivist, für den der Subjektivismus schon bei der Definition beginnt: Kapital ist, was immer seine Besitzer als Kapital verwenden oder als zu diesem Zweck verwendbar ansehen. Wir werden daran erinnert, daß der Subjektivismus der charakteristische Denkstil der Österreichischen Schule ist.

Zweitens weicht Strigl in seiner Diagnose der auf die übermäßige Ausdehnung der Produktionsumwege folgenden Krise insofern von der Hayeks ab, als für ihn die Kapitalaufzehrung in der Sphäre von Konsumgüterproduktion und die Ausdehnung der Umwege gleichzeitige Ereignisse sind, während bei Hayek die letztere der ersteren vorangeht.

Drittens ist Strigl entschieden skeptischer als Hayek in bezug auf die Chance eines baldigen Wiederauflebens der Investitionstätigkeit nach Eintritt der Krise. »Es ist nochmals darauf hinzuweisen, daß die Investierung von freiem Kapital niemals etwas ist, das sich irgendwie aus der sachlichen Versorgung der Wirtschaft mit ökonomischer Notwendigkeit ergeben kann... Jede Investition bedeutet die Übernahme eines Risikos, und die Lust zur Übernahme eines solchen wird wohl nach den Erschütterungen der Wirtschaftskrise in geringerem Ausmaße gegeben sein.« (S. 216) Die Gefahr einer ›sekundären Depression‹, eines kumulativen Schrumpfungsprozesses der Produktion und Einkommen in der Gestalt eines negativen Keynesschen Multiplikatorprozesses, ist also nicht von der Hand zu weisen.

Solch weitgehende Meinungsverschiedenheiten zwischen zwei prominenten Denkern der Österreichischen Schule mögen den Leser in Erstaunen setzen. Wir sind geneigt, darin eher ein Anzeichen ungebrochener Lebenskraft und weiten Spielraums des Denkens zu sehen, die der Schule zu jener Zeit noch eigen waren. Denn nicht darin lag die Bedeutung von Mengers Erbe, daß alle seine Anhänger den ererbten Stoff in die gleichen Formen preßten, sondern eben darin, daß die von seinem Werk ausstrahlende Inspiration in jedem von ihnen eine andere individuelle Ausprägung fand. Aus der Perspektive der 30er Jahre gesehen, war Strigls Buch ein wichtiger Beitrag zum Werk der Österreichischen Schule.

Uns bleibt die Aufgabe, das Wiedererscheinen des Buches vom heutigen Standpunkt aus zu beurteilen. Das ist keine ganz leichte Aufgabe, denn das ökonomische Denken, zumindest in seinen höheren Bezirken, ist heute in einer schweren Krise, und der ›heutige Standpunkt‹ wäre mit Rücksicht darauf mit einiger Vorsicht zu präzisieren.

Freilich können wir inmitten all der Verwirrung über wirtschaftliche Grundsatzfragen im öffentlichen Leben unserer Tage getrost sagen, daß unsere Welt Strigls Gedanken braucht. Zum Beispiel erscheint vielen heutigen Ökonomen der Streit der Monetaristen mit den Post-Keynesianern als ein besonders dramatisches Ereignis. Es bedarf jedoch gewiß keines Übermaßes an kritischem Scharfblick, um zu erkennen, daß es den von den beiden streitenden Parteien vorgebrachten Argumenten – unzulänglich in mancher Hinsicht, zwingend in keiner – vor allem an einem soliden kapitaltheoretischen Unterbau mangelt. Ohne einen analytischen Begriffsapparat, der es uns gestattet, die Wirkungen der Inflation auf die Kapitalstruktur in den Griff zu bekommen, ist eine volle Diagnose des Krankheitsbildes der Inflation, an der die westliche Welt seit mehr als 30 Jahren leidet, nun einmal unmöglich.

Das Gedankengut der Österreichischen Schule der Ökonomie hat seit Strigls Tagen manche Wechselfälle erlebt. Die Keynessche Revolution schien es beinahe auszulöschen. In den darauffolgenden Jahrzehnten, in denen die in Mode stehende und an den meisten Universitäten mit Eifer verkündete Wirtschaftstheorie einen Denkstil an den Tag legte, der sich am besten als

spätklassischer Formalismus charakterisieren läßt und nicht nur in der herrschenden neoklassischen Gleichgewichtstheorie, sondern auch in den sie befehdenden Lehren Ausdruck fand, wurde es vernachlässigt, wenn nicht ignoriert.
Erst zu Anfang der 70er Jahre trat hier ein Umschwung ein. Hayes ökonomisches Werk begann Anerkennung zu finden und Einfluß zu gewinnen. Dank der Anstrengungen Kirzners und Rothbards, zweier New Yorker Mises-Schüler, begann eine Anzahl talentierter jüngerer amerikanischer Nationalökonomen sich zusammenzufinden, die sich mit einigem Stolz als ›Austrians‹ bezeichnen.
In England führte George Shackle, ein Meister des Subjektivismus, dessen Werk außerhalb der angelsächsischen Welt leider zu wenig bekannt ist (nur sein bedeutendstes Werk sei hier erwähnt: *Epistemics and Economics*, Cambridge 1972), den Nachweis, daß, da menschliches Handeln nicht determinierbar ist, die Lehre vom Handeln und Wirtschaften für ihre Ergebnisse keinen Anspruch auf Determiniertheit stellen darf. Sogar Sir John Hicks, in den 40er Jahren ein prominenter Vertreter des spätklassischen Formalismus, hat sich in letzter Zeit von diesem Teil seines Werkes entschieden distanziert. Heute schätzt er Menger höher ein als Walras.
Im Licht dieser Ereignisse erscheint die neue Auflage des vorliegenden Buches. Vielleicht darf man unter diesen Umständen hoffen, daß ihm mehr Verständnis zuteil wird, als es etwa vor 12 Jahren der Fall gewesen wäre. Gewiß werden die Anhänger des neuen Subjektivismus nicht in allem mit Strigls Ansichten übereinstimmen. Nicht alle zerrissenen Fäden können nach einem halben Jahrhundert wieder angeknüpft werden. Es ist jedoch nicht zu leugnen, daß wir heute eine Kapitaltheorie brauchen, die sich nicht in reinem Formalismus erschöpft, sondern auf die Welt der modernen industriellen Gesellschaft wirklich anwendbar ist.

Mit anderen Worten, das heutige ökonomische Denken bedarf der Gedanken Strigls und seiner Freunde, nicht um sie kritiklos zu absorbieren, sondern um sich auf fruchtbare Weise mit ihnen auseinanderzusetzen.

Ludwig M. Lachmann, Johannesburg
Im Juli, 1981

BEITRÄGE ZUR KONJUNKTURFORSCHUNG

HERAUSGEGEBEN VOM
ÖSTERREICHISCHEN INSTITUT
FÜR KONJUNKTURFORSCHUNG

7

KAPITAL UND PRODUKTION

VON

RICHARD VON STRIGL

WIEN
VERLAG VON JULIUS SPRINGER
1934

KAPITAL UND PRODUKTION

VON

RICHARD VON STRIGL
PROFESSOR AN DER UNIVERSITÄT WIEN

WIEN
VERLAG VON JULIUS SPRINGER
1934

Seite IV der Originalausgabe (Impressum) entfallen.

VORWORT

Die folgenden Untersuchungen über die Rolle des Kapitals in der Produktion beruhen auf dem Satze von der Mehrergiebigkeit der Produktionsumwege und auf der mit diesem eng verbundenen Lohnfondstheorie. Sie knüpfen also an Sätze an, welche in der ökonomischen Theorie bereits längst bekannt sind, und es kann nicht ihre Aufgabe sein, den so vielartigen Theoremen, welche im Bereiche der Kapitaltheorie zu finden sind, besonders viel gänzlich Neues hinzuzufügen. Ich habe in erster Linie darauf Wert gelegt, von einer verhältnismäßig breiten allgemeinen Grundlage aus in konsequenter Fortführung der den Ausgang bildenden Gedanken die Lehre vom Kapital in eine gesamtwirtschaftliche Betrachtung einzubauen. Des weiteren lag mir besonders daran, gegenüber einer Ansicht, welche mir an einer zu starren Auffassung des Kapitals zu haften scheint, den Gedanken besonders herauszuarbeiten, daß das Kapital immer nur ein sich im Prozeß von Investierung und Wiederfreisetzung Bewegendes sein kann. Die Methode, welche zur Anwendung gelangt, ist die der strengen ökonomischen Theorie; deshalb setzt das Verständnis meiner Ausführungen neben einigen Kenntnissen der Grundlagen der Ökonomie vor allem die Fähigkeit und Bereitwilligkeit zu abstraktem Denken voraus. Ich muß das hier deshalb betonen, weil ich vielleicht noch mehr als dies sonst üblich ist, meinen Gedankengang immer wieder auf ganz besonders vereinfachenden Annahmen aufbaue, deren Brauchbarkeit immer erst im nachhinein geprüft werden kann, wenn die Kenntnis allgemeinster Zusammenhänge zur Erklärung eines komplexeren Tatbestandes herangezogen wird. Daß die Methode der ökonomischen Theorie auch die Fähigkeit und Bereitwilligkeit voraussetzt, auf Wertungen zu verzichten und allein nach Zusammenhängen zu fragen, sollte eigentlich nicht mehr betont werden müssen. Gerade im Hinblick auf das hier behandelte Thema sei aber ausdrücklich gesagt, daß eine Untersuchung über die Funktion des Kapitals im Ablaufe des Produktionsprozesses mit der Verteidigung irgendeiner Organisationsform der Wirtschaft nichts zu tun hat. Wenn heute — vielleicht nicht allein aus Ressentiment — der gegenwärtigen Wirtschaft oft der Vorwurf gemacht wird, daß sie das Erwerbsinteresse des Kapitals zum Schaden der Wirtschaft als treibendes Element wirken läßt, so kann gerade von dem im folgenden entwickelten Standpunkt aus gesagt werden: Im Ablaufe der Verkehrswirtschaft kann das Kapital nur als dienendes Mittel in einem Prozeß der Erzeugung von Gütern für den Konsum angesehen werden. Wenn der eben erwähnte Vorwurf eine Berechtigung hat, so kann das daher nur darin seinen Grund haben, daß durch soziale Organisationen geschaffene, der Verkehrswirtschaft gar nicht wesentliche Elemente der Wirtschaftsverfassung für manche Formen des Kapitals — nicht für das Kapital schlechthin — eine gewisse Ausgliederung aus dem Zusammenhange der Wirtschaft möglich machen. Dann kann es dazu kommen, daß dieses Kapital mit dem Anspruch auftritt, daß Ziele, welche sonst in der Wirtschaft erreicht werden könnten, seinem Interesse untergeordnet werden. Das alles hat mit dem, was der Gegenstand meiner Untersuchungen ist, an sich nichts zu tun; ich habe es aber nicht vermieden, gelegentlich ganz kurze Hinweise auf Zusammenhänge dieser Art zu machen, ohne mit diesen das große Problem, das hier liegt, auch nur annähernd erschöpfen zu können.

In der Darstellung ergab sich die Notwendigkeit, der Analyse der Geld- und Kreditwirtschaft eine rein naturalwirtschaftliche Betrachtung voranzustellen. Dabei konnte ich es nicht vermeiden, gelegentlich über den engsten Bereich der Analyse des Produktionsprozesses hinauszugreifen. Das gilt insbesondere von dem ersten Teile des zweiten Kapitels. An dieser Stelle mußte ich den ganzen Weg von der Analyse des Angebotes an Produktionsmitteln bis zur Ableitung des Grundsatzes der Grenzproduktivität deshalb gehen, weil ich damit die Formulierung eines allgemeinen Erkenntnisprinzipes gesucht habe, welches auch für die Kapitaltheorie anwendbar ist. Ich glaube, daß nur an dieser Stelle die Kürze der Darstellung der Geschlossenheit und sicheren Fundierung des Systems zum Opfer gebracht worden ist. Im übrigen sei noch gesagt, daß meine Ausführungen nur *einen* großen Problemzusammenhang behandeln; man darf es ihnen weder zum Vorwurf machen, daß sie an anderen Problemen vorbeigehen, noch auch, daß sie es unterlassen, in niedrigeren Abstraktionsstufen spezielleren Fragen nachzugehen.

Wien, im März 1934.   Richard von Strigl.

INHALTSVERZEICHNIS

Seite

Vorwort V

ERSTES KAPITEL

DIE KAPITALISTISCHE PRODUKTION. 1

§ 1. Die Produktionsmittel 1
§ 2. Die Produktionsumwege 4
§ 3. Die Länge der Produktionsumwege 9
§ 4. Relativ dauerhafte Produktionsmittel 21
§ 5. Die Gestalten des Kapitals 38

ZWEITES KAPITEL

DIE VERTIKALE UND HORIZONTALE VERBUNDENHEIT DER PREISE . . 53

§ 1. Das System der Preise 53
§ 2. Das Angebot an Produktionsmitteln 57
§ 3. Das Angebot und die Nachfrage der Unternehmer. Das Kostengesetz 62
§ 4. Komplementäre Produktionsmittel. Das „Gesetz vom abnehmenden Ertrag" und das Prinzip der Grenzproduktivität 68
§ 5. Der Kapitalzins und die Regulierung des Aufbaues der Produktion in der Zeit 77
§ 6. Die Versorgung mit Kapital 90
§ 7. Die Preise der originären Produktionsmittel in der kapitalistischen Produktion 96
§ 8. Das Substitutionsprinzip und die horizontale Verbundenheit der Preise 113
§ 9. Grenzproduktivität und Kostengestaltung. Das statische System 116

DRITTES KAPITEL

GELD UND KAPITAL 136
   § 1. Preissystem und Preisniveau 136
   § 2. Das Kapital in der Form des Geldbesitzes 141
   § 3. Kredit und Geldzins 163
   § 4. Die Produktion unter dem Einflusse einer Kreditexpansion 180

ANHANG I

ZUM PROBLEM DER KONJUNKTUREN 200
   I. Vorbemerkung 200
   II. Die beiden Wendepunkte im Konjunkturverlauf 202
   III. Ist die Wiederkehr der Krisen notwendig? Das Problem der Konjunkturpolitik 224
   IV. Das Prinzip der Erklärung des Konjunkturverlaufes . . . 234

ANHANG II

EIN NACHWORT ÜBER DEN KAPITALBEGRIFF 239

LITERATUR 245

KAPITAL UND PRODUKTION

ERSTES KAPITEL
DIE KAPITALISTISCHE PRODUKTION

§ 1. DIE PRODUKTIONSMITTEL

Da den Menschen das, was sie zur Fristung ihres Lebensunterhaltes und zur Befriedigung weitergehender Bedürfnisse brauchen, von der Natur nicht in ausreichender Menge fertig zur Verfügung gestellt wird, müssen sie bestrebt sein, Konsumgüter zu erzeugen. Der Prozeß der Produktion ist in aller Schärfe umschrieben worden, wenn *Böhm-Bawerk* von einem *Kombinieren* menschlicher Arbeit mit Gaben der Natur spricht. Dabei werden die menschlichen Arbeitsleistungen und jene Gaben der Natur, welche nicht in so reicher Menge zur Verfügung stehen, daß sie für jeden Bedarf ausreichen, welche also „im wirtschaftlichen Mengenverhältnisse stehen", Gegenstand der „Bewirtschaftung" sein, d. h. es wird die Verwendung dieser Produktionsmittel in der Weise erfolgen, daß ein möglichst großer Erfolg der Aufwendungen erzielt wird und Aufwendungen, welche in dem zu erwartenden Erfolge nicht eine Rechtfertigung erhalten, unterbleiben. In der Geschichte der Wirtschaft ist nun zweifellos der Ertrag der Produktion in außerordentlich großem Ausmaße gewachsen und dies, obwohl die Natur das Beste von dem, was sie bietet, den besten Boden, das beste Vorkommen von Rohstoffen, nur in beschränkter Menge der Wirtschaft zur Verfügung stellt. Verschiedene Umstände haben dazu beitragen müssen, um diese Vermehrung des Produktes herbeizuführen. Vor allem die immer weiter fortschreitende Kenntnis von den Gesetzen der physischen Natur, welche es möglich gemacht hat, immer neue technische Methoden der Produktion zu finden. Damit parallel ging die fortschreitende Ausnützung der Vorteile der Vereinigung der Arbeit einer Mehrzahl von Menschen in ihren verschiedenen Formen, vor allem in der Form der Arbeitsteilung, welche den Erfolg der Produktion durch Zerlegung der Produktion in einzelne Teilproduktionen unter gleichzeitiger Vereinigung dieser einzelnen Leistungen steigern konnte. Endlich aber ist es von der größten Bedeutung geworden, daß es den Menschen gelungen ist, ein Moment in den Produktionsprozeß einzubeziehen, das mit der Bezeichnung Verwendung von Kapital umschrieben ist.

Man hat die beiden Produktionsmittel der Arbeit und der zu bewirtschaftenden Naturgaben (Leistungen von Grund und Boden, soweit diese nicht in bester Qualität in überreicher Menge zur Verfügung stehen) als die originären Produktionsmittel bezeichnet, welchen das Kapital als produziertes Produktionsmittel gegenübergestellt wurde. Wenn man aber diese Formulierung annimmt, so darf man dabei nicht vergessen, daß bei der Verwendung von Kapital — da ja dieses immer nur aus originären Produktionsmitteln gewonnen werden kann — niemals die Verwendung eines neuartigen Produktionsmittels gegeben sein kann, sondern nur eine besondersartige Verwendung der originären Produktionsmittel. So kann auch die Problematik des Kapitals nur gesucht werden in der Frage der Verwendung originärer Produktionsmittel, in der Frage, unter welchen Umständen und mit welchen Wirkungen originäre Produktionsmittel in jener Art verwendet werden, welche wir in der Kapital verwendenden Produktion sehen. Wer diese Selbstverständlichkeit im Auge hat, wird mit Leichtigkeit viele Fehler vermeiden können, in welche irregeleitete Spekulationen oft gefallen sind. Er wird im Voraus sehen, daß Kapital mit Geld zunächst überhaupt nichts zu tun hat: „Geldkapital" kann nur eine in der Geldwirtschaft zum Ausdrucke gelangende Erscheinungsform von Verhältnissen sein, welche sich im Rahmen der Güterverwendungen ergeben[1]. Kapital kann auch nicht etwas einer bestimmten sozialen Organisation Spezifisches sein: Die Produktion ist „Kapital verwendend" oder eine „kapitalistische Produktion", wenn sie eine bestimmte Art der Verwendung von originären Produktionsmitteln durchführt, ohne Rücksicht darauf, ob sie „kapitalistisch" organisiert ist, was gewöhnlich heißen soll, daß der private Kapitalbesitz eine bestimmte soziale Rolle spielt. Kapital kann schließlich noch weniger eine außerhalb der Realität der Güterwelt liegende Produktivkraft, ein imaginärer Fonds von Leistungen oder etwas Ähnliches sein; in dieses Gebiet sich verirren, ist für die ökonomische Theorie noch gefährlicher als irgendwo anders.

Die folgenden Ausführungen sollen zunächst das Wesen der Kapital verwendenden Produktion im Anschlusse an allgemein bekannte Lehren darstellen. Wir werden dabei diese Lehre nur so weit entwickeln, daß sie uns dann später bei der Behandlung der marktwirtschaftlichen Erscheinungen als Grundlage dienen kann. Darum wird manches, das bei der Darstellung einer vollständigen Theorie des Kapitals vorzutragen wäre, hier fehlen und erst an einer späteren Stelle gebracht werden, aber nur in

---

[1] Diese Formel schließt nicht aus, daß von Seite der Verhältnisse des Geldes her Verschiebungen in dem Aufbau der Produktion hinsichtlich des Bestandes an Kapital eintreten können. Darüber später.

jener Gestalt besprochen, in welcher es in der marktwirtschaftlichen Organisation der Produktion in Erscheinung tritt.

§ 2. DIE PRODUKTIONSUMWEGE

Menschliche Arbeit kann in der Produktion zunächst in der Weise verwendet werden, daß sie unmittelbar auf die Erlangung des fertigen Produktes ausgeht. Ein treffendes Beispiel für diese Art der Produktion ist der seit *Roscher* immer wieder angeführte Fall eines Fischervolkes, bei dem die Arbeit unmittelbar zum Fangen von Fischen verwendet wird. Einen höheren Grad der Ergiebigkeit wird diese Arbeit erreichen, wenn die Fischer in die Lage kommen, sich ein Boot und die zum Fangen der Fische geeigneten Geräte zu erzeugen. Da muß menschliche Arbeit zunächst zur Erzeugung dieser „produzierten Produktionsmittel" aufgewandt werden, der größere Ertrag der Arbeit wird aber diese Aufwendung belohnen. Das Wesen dieses Prozesses wurde darin erkannt *(Jevons, Böhm-Bawerk)*, daß die Kombination von menschlicher Arbeit und Gaben der Natur in einen zeitraubenden Produktionsumweg gelenkt wird.

Die Aufgabe, vor welche das Fischervolk hier gestellt ist, ist die Vermehrung des Produktes. Es wäre nun wohl eine Vermehrung des Produktes möglich durch Einsetzen von mehr Arbeitskräften: Wenn das Volk sich vermehrt, so ist zu erwarten, daß (bei genügendem Reichtum der Gewässer an Fischen) die Vermehrung der arbeitenden Hände auch eine Steigerung des Ertrages mit sich bringen wird. Bei der Einschlagung des Produktionsumweges handelt es sich aber um einen anderen Weg zur Steigerung des Ertrages; die Zahl der Arbeiter ist unverändert. Das

Produktionsmittel der Arbeit wird aber nunmehr nicht in „Augenblicksproduktion" unmittelbar für die Erzeugung des fertigen Produktes verwendet, sondern es wird in einen Produktionsumweg gelenkt; es wird zunächst zur Erzeugung von produzierten Produktionsmitteln verwendet, mit deren Hilfe dann erst in weiterer Arbeit das fertige Produkt erzielt wird, wobei diese Art der Produktion wohl zu einer Steigerung des Ertrages führt, aber gegenüber dem Falle der „Augenblicksproduktion" ein längerer Zeitraum zwischen dem Einsetzen des Produktionsmittels Arbeit im Produktionsprozesse und der Erzielung des fertigen Produktes vergeht. Nicht erst in der modernen Produktion, sondern bereits seit dem Aufsteigen der Menschheit über die Stufen der primitivsten Zivilisation ist praktisch jede Produktion eine Arbeit im Produktionsumwege; kaum etwas von dem, was die Menschen heute verzehren und sonst gebrauchen, könnte überhaupt anders als im Produktionsumwege erzeugt werden.

Die allgemeine These würde nun lauten: Eine Steigerung des Ertrages einer Produktion ist nicht nur durch Vermehrung der Produktionsmittel, sondern auch durch Verlängerung des Produktionsumweges möglich, also dadurch, daß ohne Vermehrung der Produktionsmittel die Verwendung dieser Produktionsmittel in der Weise erfolgt, daß zwischen ihrem Einsetzen in die Produktion und der Erzeugung des fertigen Produktes eine längere Zeit vergeht. Nur bildhaft kann da die Formel gebraucht werden: Ein Opfer an Zeit dient der Steigerung des Ertrages.

Zu dieser These ist zu bemerken:

1. Nicht jede Verlängerung des Produktionsumweges muß notwendig zu einer Steigerung des Ertrages führen. Vielmehr ist die Sachlage die, daß unter den möglichen Verlängerungen des Produktionsumweges eine „kluge

Wahl" *(Böhm-Bawerk)* solche finden kann, in welchen sich eine Steigerung des Ertrages ergibt.

2. Die Verlängerung des Produktionsumweges besteht darin, daß die Produktionsmittel nicht unmittelbar und ohne Zeitverlust auf die Erzeugung eines Produktes verwendet werden, sondern daß diese Produktionsmittel zunächst in die Erzeugung von Zwischenprodukten gelenkt werden, aus welchen sich erst das fertige Endprodukt (und zwar in der Regel unter Zusatz weiterer Produktionsmittel) ergibt. Mit der Einschlagung von weiteren Produktionsumwegen wird also die Zeitdauer, welche zwischen der Aufwendung von Produktionsmitteln und der Erzielung des fertigen Produktes liegt, verlängert. Eine Verlängerung des Produktionsumweges liegt bei jeder Verschiebung des Einsetzens von Produktionsmitteln nach einem früheren Zeitpunkte im Ablauf des Produktionsprozesses vor.

3. Unter Steigerung des Ertrages ist zunächst zu verstehen die Erzielung eines günstigeren Verhältnisses zwischen der Menge der aufgewandten Produktionsmittel und der Menge des Produktes. Es wird also pro aufgewandte Produktionsmitteleinheit infolge Einschlagung oder Verlängerung des Produktionsumweges mehr an Produkten erzielt. Ein Maß dafür sehen wir zunächst nur dann deutlich, wenn wir von der Betrachtung der Aufwendung eines einzigen Produktionsmittels ausgehen, also etwa von der Aufwendung menschlicher Arbeit gleicher Qualität. Nur da ist die Menge der aufgewandten Produktionsmittel ohne weiteres addierbar und in ein Verhältnis zum Ertrag zu setzen. Dort, wo es sich um die Aufwendung mehrerer verschiedenartiger Produktionsmittel handelt, werden wir später eine einfache Formel finden, welche auch in diesem Falle das Verhältnis von Aufwand und Ertrag feststellen läßt.

4. Wir werden später zu erweisen haben, daß bei immer weiterer Verlängerung des Produktionsumweges der Ertrag in immer geringerem Ausmaße wächst. Hier sei das zunächst nur als Behauptung angeführt, wir werden diesen Satz zu begründen haben, bevor wir aus seiner Anwendung Folgerungen ziehen.

Der Satz von der Mehrergiebigkeit der Produktionsumwege ist in der wirtschaftlichen Praxis ohne weiteres zu belegen. Die Tatsache, daß die Produktion ständig in Produktionsumwegen arbeitet, und zwar in immer längeren, steht außer Zweifel; es würde niemand ein Interesse daran haben, zeitraubende Produktionsumwege einzuschlagen, wenn sich nicht daraus eine Erhöhung des Ertrages ergeben würde[1]. Fast immer kann das, was man gewöhnlich Verbesserung der Produktion nennt, für die rein ökonomische Betrachtung nicht anders aufgefaßt werden als mit der Formel Verlängerung des Produktionsumweges, nämlich immer dann, wenn nicht ausschließlich ein Fortschritt in der Arbeitsteilung oder eine neuartige Verwendung von Naturkräften (technischer Fortschritt) vorliegt. Wenn etwa der Landwirt beim Getreidebau — einem Prozeß, dessen Dauer durch die naturgegebene Reifezeit der Pflanzen bestimmt scheint, — Chemikalien als Dünger verwendet, so benützt er „vorgetane" Arbeit zur Steigerung seines Ertrages, er verwendet in seinem Produktionsprozeß etwas, das nichts anderes ist, als das Ergebnis früher aufgewandter originärer Produktionsmittel. Wenn der Landwirt in seiner Produktion Maschinen verwendet, so liegt ganz in gleicher Weise eine Verlängerung des Produktionsumweges deshalb vor, weil damit schon früher aufgewandte Produktions-

---

[1] Vgl. dazu die Ausführungen über das Zusammenwirken von Produktionsmitteln S. 81 ff. und S. 128 ff.

mittel der Produktion dienstbar gemacht werden. Wenn eine Automobilerzeugung von den Verhältnissen einer in Einzelproduktion arbeitenden Mechanikerwerkstätte auf die Verhältnisse einer Produktion am laufenden Bande umgestellt wird, so werden wiederum in weitestem Ausmaße Maschinen verwendet, nichts anderes als früher aufgewandte Produktionsmittel, welche erst später einen Ertrag bringen. Warum wird das alles gemacht? Doch nur deshalb, weil eben infolge der Verlängerung des Produktionsumweges der Ertrag steigt. Und es ist deutlich zu sehen, daß das Wesen dieses Prozesses der Umstellung der Produktion nicht in der Verwendung von mehr oder von anderen Produktionsmitteln liegt. Wohl werden andere Produktionsmittel aufgewendet in dem Sinne, daß die Ergebnisse der vorgetanen Arbeit — Dünger, Maschinen usw. — etwas anderes sind als jene Produktionsmittel, welche früher allein in Verwendung genommen wurden. Aber man hafte nicht an einer rein sachlichen Betrachtung. Auch diese neuen Produktionsmittel sind nichts anderes als Arbeitsleistungen und Naturgaben, welche schon früher aufgewendet worden sind. Sieht man diese Produktionsmittel als Ergebnis der Aufwendung von originären Produktionsmitteln an, so liegt das Wesen des Prozesses darin, daß diese originären Produktionsmittel zeitlich früher aufgewandt wurden. Niemand würde etwa die Verwendung von Maschinen in einer Produktion identifizieren können mit der Verwendung von mehr originären Produktionsmitteln im Ablaufe des zeitlich unverändert gebliebenen Produktionsumweges.

Man pflegt nun die „produzierten Produktionsmittel", welche in diesem Produktionsumwege aufscheinen, mit dem Ausdrucke Kapital zu bezeichnen, und die Formel von der Mehrergiebigkeit der Produktionsumwege wird dann einfach in der Weise ausgedrückt, daß man sagt: Die Verwendung von Kapital (= früher aufgewandte originäre Produktionsmittel) steigert den Ertrag der Produktion. Wir möchten nicht Gefahr laufen, durch vorzeitige Einführung des so vieldeutigen und umstrittenen Kapitalbegriffes unsere Ausführungen auf eine unsichere Basis zu stellen. Deshalb wollen wir zunächst der Verwendung dieses Wortes aus dem Wege gehen. Das Wesen eines jeden Produktionsprozesses, welcher Kapital verwendet, besteht in der zeitlich früheren Aufwendung von Produktionsmitteln; jedes Kapital ist nur in der Weise entstanden, daß früher mit originären Produktionsmitteln etwas erzeugt worden ist, das dann in der Produktion weiter verwendet werden kann. Die Frage nach der Möglichkeit dieses früheren Aufwendens von Produktionsmitteln zum Zwecke der Erlangung eines erst später fertigen Produktes soll uns nun beschäftigen. Es wird aber jetzt von Vorteil sein, wenn wir dabei alles das außer acht lassen, was mit einem irgendwie umschriebenen Kapitalbegriffe zusammenhängen mag. Erst nach Klarstellung der Funktion des Kapitals im Produktionsumwege wollen wir die Bestimmung des Kapitalbegriffes suchen.

§ 3. DIE LÄNGE DER PRODUKTIONSUMWEGE

Wir nehmen den Fall an, daß in einem Lande die Produktion von Grund auf neu aufzubauen ist. An Produktionsmitteln stehen der Bevölkerung außer den gegebenen Arbeitskräften nur die von der Natur zur Verfügung gestellten Produktionsmittel zur Verfügung. Wenn nun die Produktion in einem Produktionsumweg durchgeführt werden soll, und zwar in einem solchen in der Länge von einem Jahre, so ist es selbstverständlich, daß diese Produktion nur dann begonnen werden kann, wenn der Bevölkerung außer diesen originären Produktionsmitteln auch noch ein Subsistenzmittelfonds zur Verfügung steht, welcher ihre Ernährung und sonstige Versorgung in der Dauer eines Jahres sicherstellt. Die Bevölkerung hätte jedenfalls ein Interesse daran, die Länge des Produktionsumweges möglichst auszudehnen, da ja jede „klug gewählte" Verlängerung des Produktionsumweges eine Mehrergiebigkeit zur Folge hat. Die Ausdehnung des Produktionsumweges ist aber beschränkt durch die Begrenztheit des Subsistenzmittelfonds. Je größer dieser ist, desto länger ist der Produktionsumweg, welcher eingeschlagen werden kann, desto größer wird aber auch der Ertrag sein.

Es ist klar, daß unter diesen Umständen mit der Größe des Subsistenzmittelfonds bzw. mit der Zeitdauer, für welche dieser ausreicht, die „richtige" Länge des Produktionsumweges eindeutig bestimmt ist. Würde mit einem Subsistenzmittelfonds, welcher für ein Jahr ausreicht, ein kürzerer Produktionsumweg eingeschlagen werden, so wäre der Ertrag geringer als er hätte sein können. Würde aber der Produktionsumweg zu lange ausgedehnt sein, so könnte er nicht ungestört bis zu Ende durchgeführt werden. Es sei gleich hier auf die Möglichkeiten, welche sich dann ergeben, hingewiesen. Wenn ein Produktionsumweg etwa in der Länge von zwei Jahren eingeschlagen wird und die Bevölkerung nach einem Jahre bemerkt, daß sie wohl Halbfertiges erzeugt hat, mit dem in einem weiteren Jahre ein größerer Ertrag erzielt werden könnte, daß aber für dieses zweite Jahr gar nichts zum Leben zur Verfügung steht, so muß der Produktionsumweg abgebrochen werden und die Bevölkerung wird bestrebt sein müssen, „von der Hand in den Mund zu leben" und mit dem auszukommen, was an jedem

Tag in „Augenblicksproduktion"[1] gewonnen werden kann. Es wird das naturgemäß bedeutend weniger sein, als bei Vollendung des Produktionsumweges hätte gewonnen werden können; ja es wird sogar, wenn die Zahl der Bevölkerung im Verhältnisse zum naturgegebenen Reichtum des Landes zu groß ist, überhaupt nicht möglich sein, die Bevölkerung zu ernähren, und ein Teil der Menschen wird verhungern müssen. Diese vollständige Einstellung eines zu langen Produktionsumweges ist aber nicht die einzige Möglichkeit, welche hier gegeben ist. Wenn die Bevölkerung es rechtzeitig bemerkt, daß der Subsistenzmittelfonds zu Ende geht, so kann sie — von der Möglichkeit einer Verkürzung der Rationen, in welchen der Subsistenzmittelfonds verzehrt wird, soll hier abgesehen werden — auch den Versuch machen, den einmal eingeschlagenen Produktionsumweg zu verkürzen, um auf diese Weise *schon früher* einen Ertrag zu erzielen, einen Ertrag, welcher allerdings geringer sein muß als der bei unbehinderter Fortführung des Produktionsumweges erzielbare, welcher aber doch noch immer größer sein wird, als jener, welcher in Augenblicksproduktion erreicht werden kann. Dieses Verkürzen des Produktionsumweges mag man sich etwa in der Weise vorstellen, daß von der bereits angefangenen Produktion ein Teil, etwa die Hälfte, weitergeführt wird, während auf den anderen Teil der Produktion verzichtet wird. Die fortgeführte Produktion wird durch einen verstärkten Auf-

---

[1] Auch die „Augenblicksproduktion" ist ein physischer Prozeß, welcher in der Zeit abläuft. Der Produktionsumweg dauert jedoch durch eine „ökonomisch relevante" Zeit, das ist im Sinne des vorhin Ausgeführtem eine Zeit, durch welche zwischen dem Einsetzen des originären Produktionsmittels und dem Erzielen des Produktes nur dann gewartet werden kann, wenn eine Versorgung durch bereits fertige Subsistenzmittel möglich ist.

wand von originären Produktionsmitteln, insbesondere von Arbeit, zu einer rascheren Fertigstellung gebracht. Näheres über diesen Prozeß der Verkürzung von Produktionsumwegen werden wir noch später auszuführen haben. Hier haben wir nur ein ganz allgemeines Schema gegeben. Es ist klar, daß hier vor allem die Frage, in welcher Weise *technisch* die Verkürzung der Produktionsumwege möglich sein kann, also die Frage, ob und wie es geschehen kann, daß ein bereits in Angriff genommener Produktionsumweg verkürzt wird, zu beantworten sein wird[1].

Wir haben festzuhalten, daß die Größe des Subsistenzmittelfonds, welcher die Bevölkerung über die Zeit, die der Produktionsumweg in Anspruch nimmt, „alimentiert", die Länge des Produktionsumweges bestimmt. Das Problem der Produktionsumwege entsteht offenbar daraus, daß eine fortlaufende Versorgung der Bevölkerung notwendig ist, während das Aufwenden von originären Produktionsmitteln, soweit dieses in zeitraubenden Produktionsumwegen erfolgt, erst später einen Ertrag an Subsistenzmitteln hervorbringt.

Nun wird es notwendig sein, unseren konstruierten Fall etwas abzuändern und damit ein Bild zu gewinnen, das die Verhältnisse der realen Wirtschaft deutlicher wiedergibt.

---

[1] Die Grenze zwischen einer die Fortführung der Produktionsumwege vollständig einstellenden „Augenblicksproduktion" und einer Verkürzung der Produktionsumwege wird nur für eine rein theoretische Betrachtung scharf zu ziehen sein. Praktisch wird auch im ersten Falle die Verwendung des Halbfertigen in irgendeiner Weise möglich sein. Für uns hat hier aber die scharfe theoretische Scheidung deshalb eine Bedeutung, weil bei der Verkürzung der Produktionsumwege die dauernde Aufrechterhaltung verkürzter Produktionsumwege unter Umständen möglich sein wird, während die Verwendung des Halbfertigen in dem Prozesse, den wir hier Augenblicksproduktion nennen, in einem noch zu umschreibenden Sinne Kapitalaufzehrung ist.

Wir behalten dabei das hier Gesagte im Auge, um die Problematik der Länge der Produktionsumwege in ihrer Wesenheit immer gegenwärtig zu haben. Wenn wir die Verhältnisse des eben besprochenen Aufbaues einer Produktion in einem graphischen Bilde anschaulich machen wollen, so werden wir die Dauer der Zeit, in welcher die Produktionsaufwendungen sukzessive in den Produktionsumweg eingeworfen werden, mit einer Geraden bezeichnen. Die Produktion wird in einem Zeitpunkte aufgenommen, nach Ablauf einer Zeit t (etwa ein Jahr[1], wie wir das früher in dem Beispiele angeführt haben) ist die Produktion vollendet. Alle originären Produktionsmittel sind während dieser Zeit für die in einem einzigen umwegigen Produktionsprozesse erstrebten Produkte aufgewandt worden. Die Wirtschaft hat in diesem Produkte einen neuen Subsistenzmittelvorrat erlangt, welcher wiederum nach Ablauf der Zeit t, nach Wiederholung des gleichen Produktionsumweges neuerlich produziert erscheint. Daß der nach Ablauf der Zeit t erlangte Subsistenzmittelfonds wiederum für die gleiche Zeit ausreicht, also wenigstens so groß ist, wie es der Anfangsfonds war, ist noch keine Selbstverständlichkeit. Es wird das erst später im Rahmen der Betrachtung des Verhältnisses von Aufwand (Kosten) und Ertrag begründet werden. Hier müssen wir aber an dieser Frage vorbeigehen.

In der Realität der modernen Produktion sind die Verhältnisse gegenüber diesem einfachen Falle in vielen Beziehungen geändert. Es wird aber nicht schwer sein, das eben entwickelte einfachste Schema durch Einsetzen einiger weiterer Annahmen so weit auszugestalten, daß es eine

[1] Es wäre aber gut, dabei nicht an die einjährige Produktionsdauer landwirtschaftlicher Produktion zu denken. Dies deshalb, weil auch in diesem Falle der Produktionsumweg — infolge Verwendung von vorgetaner Arbeit — ein längerer sein kann.

Form annimmt, in welcher es die Verhältnisse unserer Produktion in ihrem Wesen völlig klarstellt.

Nun war es eine ganz unrealistische Voraussetzung in unserem Schema, wenn wir davon ausgegangen sind, daß die gesamte Produktion des Landes mit einem Zeitpunkte neu eingerichtet wird und die Produktion von Anfang bis zum Ende unter Heranziehung eines Subsistenzmittelfonds durchgeführt wird. Tatsächlich sehen wir immer mehrere Produktionen nebeneinander laufen, und zwar so, daß die einzelnen Produktionen zu verschiedenen Zeiten fertig werden. Wir wollen nun diesen Tatbestand der „Synchronisierung der Produktion" *(Clark)* wieder in einer streng

stilisierten Weise in unser Schema einbauen. Die Produktion findet also nicht in einem einzigen Prozesse statt, sondern sie wird in mehrere — wie wir hier noch annehmen wollen: gleiche — Teile zerlegt, und zwar so, daß innerhalb des Zeitraumes *t* (z. B. ein Jahr) sechs voneinander unabhängig laufende Produktionen fertiggestellt werden. Jede Produktion — so wollen wir wiederum ganz roh schematisierend annehmen — erzeugt dieselbe Art von Produkten in der gleichen Länge des Produktionsumweges und jede Produktion wird nach Abschluß wiederum von neuem in Angriff genommen. Wir stellen diesen Fall in einem graphischen Bilde dar.

Uns interessiert hier die Rolle des Subsistenzmittelfonds. Es ist zunächst klar, daß bei Abschluß eines jeden Produktionsprozesses ein Subsistenzmittelfonds in der Größe von einem Sechstel jenes Subsistenzmittelfonds gegeben sein wird, welchen wir in dem ersten Falle der in einem Zuge durchgeführten Produktion als notwendig angesehen haben. Während der ganzen Zeit t wird der Subsistenzmittelfonds, der der Bevölkerung zur Verfügung steht, dieselbe Größe haben wie in dem ersten Falle. Daß aber bei Abschluß einer von den sechs Produktionen nicht der Subsistenzmittelfonds in dieser Größe vorhanden sein muß, hat hier seinen Grund darin, daß neben dem fertigen Subsistenzmittelfonds auch noch fünf in verschiedenen Stadien der Reife stehende unfertige Subsistenzmittelfonds gegeben sind. Wir haben bei Durchführung der Produktion in einem einzigen Zuge am Anfang einen Subsistenzmittelfonds von einer bestimmten Größe gesehen, welcher während der Dauer des Produktionsumweges sukzessive abnimmt, bis er am Ende desselben völlig erschöpft ist; zugleich aber konnte in derselben Zeit ein neuer Subsistenzmittelfonds heranreifen. Hier nun ist am Ende einer Produktion ein Subsistenzmittelfonds in der Größe des sechsten Teiles des früheren gegeben, aber dafür ist auch schon ein unfertiger Subsistenzmittelfonds in der gleichen Größe in einem solchen Stadium der Reife, daß nach Verzehr des bereits fertigen Subsistenzmittelfonds wieder ein gleich großer zur Verfügung stehen wird.

Wir möchten nun hier, bevor wir dieses Schema mit weiteren Annahmen der Wirklichkeit noch näher bringen, etwas festhalten, von dem wir erst später sehen werden können, daß es für die Analyse der Produktionsumwege von der größten Bedeutung ist. Hier wird sich die Formulierung als eine Selbstverständlichkeit darstellen.

Die in sechs Teile zerlegte Produktion einer Wirtschaft, bei welcher ein Teil in den anderen gewissermaßen hineingreift, kann selbstverständlich nur dann auf die Dauer fortgeführt werden, *wenn der nach Abschluß einer jeden dieser Produktionen gewonnene Subsistenzmittelfonds tatsächlich dazu dient, die Inangriffnahme einer neuen Produktion zu ermöglichen,* diese Produktion zu „alimentieren"[1]. Da wir hier den Prozeß einer Produktionsumwege einschlagenden Produktion betrachten, ohne irgendwie auf die sozialwirtschaftliche Organisation einzugehen, müssen wir diese Feststellung in dieser Form machen und bemerken nur, daß die Art und Weise, in welcher dieses Verwenden eines Subsistenzmittelfonds durch die weitere Produktion geschehen wird, je nach der Verfassung der Wirtschaftsgesellschaft in ganz verschiedenartiger Form in Erscheinung treten wird. Wenn eine solche Produktion etwa unter der Herrschaft eines Wirtschaftsdiktators in einer zentral geleiteten Wirtschaft vor sich gehen wird, so wird dieser den gewonnenen Subsistenzmittelfonds zwar den Einwohnern des Landes zuweisen, er wird aber auch dafür sorgen, daß weiter gearbeitet wird. Wenn dagegen in der arbeitsteiligen Verkehrswirtschaft die Produktion von einer Mehrzahl von selbständigen Unternehmern geleitet wird, welche die Produktionsmittel im Tausche gegen ihre Produkte erwerben, so wird die Produktion nur dann fortgeführt werden, wenn die gewonnenen Konsumgüter wiederum zum „Einkaufe" von Produktionsmitteln dienen. Würde aber — gleichgültig in welcher Art der Wirtschaftsorganisation — der einmal gewonnene Subsistenzmittelfonds verzehrt werden, ohne daß die Verwendung dieses Subsistenzmittelfonds die

---

[1] Wir möchten den bereits an früherer Stelle gebrauchten Ausdruck „Alimentieren" hier als *terminus technicus* anwenden. Es wird sich später zeigen, daß damit ein Prozeß gekennzeichnet ist, welcher in der geldwirtschaftlichen Organisation einer Verkehrswirtschaft mit dem Ausdrucke „Finanzierung" bezeichnet zu werden pflegt.

Weiterführung der Produktion sichert, so würde die fortlaufende Produktion eine Störung erfahren: Es würde sich nach Aufzehrung des Subsistenzmittelfonds zeigen, daß ein weiterer Nachschub an Unterhaltsmitteln nicht da ist. Es sei diese Selbstverständlichkeit in einer kurzen Formel festgehalten. Die Produktion kann nur dann aufrechterhalten werden, wenn der jeweils gewonnene Subsistenzmittelfonds zur Alimentierung eines weiteren Produktionsumweges dient. Nicht also die Tatsache, daß ein Subsistenzmittelfonds da ist, ermöglicht das Fortführen der Produktion, sondern erst die Art der Verwendung dieses Subsistenzmittelfonds: Er darf nicht „rein konsumtiv" verwendet werden, sondern er muß gewissermaßen im Sinne eines „reproduktiven Konsums" verwendet werden, im Sinne eines solchen Konsums, welcher zugleich die Gewähr für die Weiterführung der Produktion gibt.

Wir haben damit — später werden wir in ganz einem anderen Zusammenhange darauf noch zurückkommen müssen — zwei Momente für die Bestimmung der Funktion des Subsistenzmittelfonds im Rahmen der umwegigen Produktion festgehalten: Es müssen *erstens* Produkte da sein, welche physisch zur Alimentierung der Bevölkerung geeignet sind, und es müssen *zweitens* diese Konsumgüter in der Weise verwendet werden, daß zugleich mit ihrer Aufwendung das spätere Erlangen eines neuen Ertrages an Konsumgütern gesichert ist.

Und nun können wir wiederum dazu übergehen, unser Schema noch weiter auszubauen. Einige kleinere Züge werden nur zu erwähnen sein, weil sie an dem bisher Behandelten nichts Wesentliches ändern. Zunächst ändert sich am Wesen unseres Schemas nichts, wenn wir die Annahme fallen lassen, daß jede von den einzelnen ineinandergreifenden Produktionen ein gleichartiges Produkt an Konsumgütern erzielt. Wir können uns in unserer Zeichnung an die Stelle eines jeden einzelnen der sechs ineinandergreifenden Produktionsumwege eine Vielzahl von Produktionsumwegen gesetzt denken, von denen jeder ein anderes Produkt erzeugt. Dann können wir auch ohne weiteres annehmen, daß die Länge des Produktionsumweges in den verschiedenen Produktionen auch eine verschieden große sein wird. Das mag je nach der Ergiebigkeit einer weiteren Verlängerung des Produktionsumweges in den einzelnen Produktionen der Fall sein; darüber wird später gesprochen werden. An dem Verhältnisse zwischen Subsistenzmittelfonds und Produktionsumwegen ändert sich da nichts, wenn nur dafür vorgesorgt ist, daß einerseits fortlaufend der die Aufrechterhaltung der Produktionsumwege ermöglichende Subsistenzmittelfonds in ausreichender Größe und in einer dem Bedarfe entsprechenden Zusammensetzung zur Verfügung steht und daß anderseits auch die Produktionsumwege so weit ausgedehnt sind, als es bei der Größe des Subsistenzmittelfonds möglich ist. Schließlich wird auch in unser Schema die Tatsache einbezogen werden können, daß praktisch die Produktion so stark zerlegt ist, daß bei den meisten Produktionen in ganz kurzen Abschnitten Produkte fertig werden, bei vielen Produktionen an jedem Tage. Daß von der Erzeugung des einen Beitrages zum Subsistenzmittelfonds bis zur Erzeugung des nächsten ein längerer Zeitraum vergeht, wird in erster Linie dort gegeben sein, wo die Produktion an den Rhythmus der Jahreszeiten gebunden ist oder wo der Bedarf nach den Jahreszeiten schwankt.

Wir wollen aber hier noch einmal einen Rückfall in die Betrachtung eines starren Schemas machen. Nehmen wir an, daß die Produktion in einer solchen Weise gegliedert wäre, daß bei allgemeiner Länge der Produktionsumwege

DIE KAPITALISTISCHE PRODUKTION

von einem Jahre in jeder Woche ein gleicher Teil des Produktes fertig wird. Es würde sich also ergeben, daß der Subsistenzmittelfonds, welcher für die Fortführung der Produktion jeweils fertig zur Verfügung steht, auf den Bedarf einer Woche herabgesetzt ist. Neben dem Subsistenzmittelfonds finden wir dann jeweils unfertige Produkte in den verschiedenen Stadien der Verarbeitung. Der Bestand an unfertigen Produkten ist in der Weise aufgebaut, daß in jeder folgenden Woche je ein Subsistenzmittelfonds in der Größe eines Wochenbedarfes fertig wird. Der jeweils fertig vorhandene Subsistenzmittelfonds der Wirtschaft ist auf ein Minimum zusammengeschrumpft. Es ist aber auch in diesem Falle klar, daß die kontinuierliche Fortführung der Produktion nur dann möglich ist, wenn dieser Subsistenzmittelfonds wieder so verwendet wird, daß die im Rahmen dieses Produktionsaufbaues hineinpassenden Produktionsumwege fortlaufend durchgeführt werden. Je stärker die zeitliche Zerlegung der Produktion in eine Mehrzahl von synchronisierten Produktionen ist, desto kleiner wird der jeweils fertig gegebene Subsistenzmittelfonds sein. Es wird im Bestande des Gütervorrates der Volkswirtschaft der fertige Subsistenzmittelfonds völlig zurücktreten neben dem Bestand an jenen Gütern, welche unter reichster Gliederung jeweils in den verschiedenen Stadien der Reife in Bearbeitung stehen. Aber wohlgemerkt: Hinsichtlich der Funktion des Subsistenzmittelfonds ändert sich nichts. Die Aufrechterhaltung der Produktionsumwege ist auch unter diesen Umständen nur dann möglich, wenn regelmäßig ein Fonds an Konsumgütern erzeugt wird, welcher zur weiteren Alimentierung der Produktionsumwege verwendet wird.

Jetzt aber heißt es noch einen entscheidenden Schritt machen. Die bisher festgehaltene Annahme, daß die Produktionsumwege immer in der Weise durchgeführt werden, daß originäre Produktionsmittel eingesetzt werden und sukzessive bis zur Fertigstellung des Produktes weiter gearbeitet wird, worauf dann wieder derselbe Prozeß von neuem beginnt, ist durchaus nicht unrealistisch in dem Sinne, daß eine solche Produktion nicht möglich wäre. Ein bloßer Hinweis darauf, daß da etwa für die Verwendung von Maschinen in einem Produktionsprozesse, der schließlich zur Herstellung eines Konsumgutes dienen muß, die Gewinnung von Eisen von Anfang an begonnen werden müßte, während erst dann, wenn der nächste Produktionsumweg in demselben Stadium ist, die Eisengewinnung von neuem aufgenommen werden müßte, zeigt, daß eine solche Produktion ganz unrationell arbeiten würde. Es ist nun zunächst schon ein wesentlicher Vorteil der Ineinanderschachtelung (Synchronisierung) von Produktionen, daß die Produktion von Rohstoffen, welche in den einzelnen Produktionen gebraucht werden, kontinuierlich vor sich gehen kann. Der einzelne Produktionsumweg durchläuft dann gewissermaßen verschiedene Betriebe, welche kontinuierlich arbeiten, indem sie für jeden einzelnen Produktionsumweg einen bestimmten Beitrag leisten.

Nun ist aber hier noch die Tatsache einzubeziehen, daß praktisch jeder Betrieb in mehr oder weniger großem Ausmaße produzierte Produktionsmittel verwendet, welche ihre Leistungen für die Zwecke einer größeren Zahl von Produktionen erbringen. Wenn also zunächst der einzelne Produktionsumweg in der Weise aufgefaßt war, daß originäre Produktionsmittel aufgewendet werden und das sich ergebende „Zwischenprodukt" unter immer weiterem Zusatz von weiteren originären Produktionsmitteln bis zum fertigen Produkte ausgestaltet wird, daß also das einzelne Zwischenprodukt nur im Hinblick auf die *einmalige* Erzeugung von Produkten erzeugt worden ist, ändert sich der

Sachverhalt für unsere Betrachtung jetzt in der Weise, daß nunmehr „*ausdauernde Produktionsmittel*" erzeugt werden. Diese Art von produzierten Produktionsmitteln war immer weit mehr Gegenstand der Behandlung des Problems der Produktion als jener Subsistenzmittelfonds, von welchem wir zunächst allein gesprochen haben. Wir werden aber bald sehen, daß beide nebeneinander in der Problematik der Produktionsumwege berücksichtigt werden müssen und daß letzten Endes in beiden Fällen ein und dasselbe Problem vor uns steht.

§ 4. RELATIV DAUERHAFTE PRODUKTIONSMITTEL

Das Wesen des Produktionsumweges ist deutlich zu sehen, wenn man sich vorstellt, daß menschliche Arbeit aus der Natur Rohstoffe gewinnt, welche unter Zusatz von weiterer Arbeit und gegebenenfalls unter Heranziehung von aus der Natur gewonnenen Hilfsstoffen im Ablauf der Zeit zum fertigen Konsumgut heranreifen, ohne daß dann, wenn das fertige Produkt gewonnen ist, irgendein anderes für die weitere Produktion in Betracht kommendes Ergebnis der Produktionsmittelaufwendungen übrig bleibt. Das bearbeitete Material verwandelt sich durch die verschiedenen Stadien des heranreifenden Produktes in das fertige Konsumgut und damit ist der Produktionsprozeß abgeschlossen.

Diese Betrachtung ist insoweit unvollständig, als sie die Tatsache vernachlässigt, daß in der Regel die Produktion Hilfsmittel erzeugt, welche auch für weitere Produktionen zur Verfügung bleiben. Schon in der primitivsten Produktion werden Werkzeuge verwendet, welche gegenüber dem einzelnen Prozesse der Erzeugung eines fertigen Produktes *relativ dauerhaft* sind. In der modernen Produktion wird die Verwendung von derartigen Produktionsmitteln, welche im allgemeinen mit dem Stichworte „Maschinen" zu umschreiben sind, von der größten Bedeutung sein. Es ist notwendig, nochmals in aller Deutlichkeit darauf hinzuweisen, daß das Wesen des Produktionsumweges nicht erst mit der Verwendung von „produzierten Produktionsmitteln" dieser Art gegeben ist. Jede Produktion, welche über das Stadium „von der Hand in den Mund" hinaus fortschreitet und durch Übernahme eines „Opfers an Zeit", durch die Übernahme des „Wartens" von dem Einsetzen der originären Produktionsmittel bis zur Erlangung des Produktes eine Steigerung des Ertrages erstrebt, muß angesichts der Tatsache, daß die Produktion der Versorgung von Menschen dient und nur insoweit sie dieser dient, begründet sein kann, von der Voraussetzung abhängig sein, daß sie sich in den Rahmen einer fortlaufenden Versorgung der Menschen einfügt. Sie mag technisch „richtig" und sogar die beste sein, sie wird wirtschaftlich unrationell und unmöglich, wenn sie nicht in der Weise eingerichtet ist, daß sie sich der Beschränktheit der jeweils gegebenen und heranreifenden Unterhaltsmittel anpaßt. Wenn heute originäre Produktionsmittel aufgewendet werden, welche erst später einmal einen Ertrag an Konsumgütern ergeben, und wenn vor der Fertigstellung dieser Konsumgüter für die notwendige Versorgung nichts da ist, so wird sich die Einleitung dieser Produktion als verfehlt erweisen müssen. In dem Prozesse des Einsetzens von originären Produktionsmitteln für die Erlangung eines erst später fertigen Ertrages ist die Erzeugung von dauerhaften Produktionsmitteln nur eine besondere Erscheinungsform. Auch hier liegt im Wesen nichts anderes vor als ein Einsetzen von heute zur Verfügung stehenden originären Produktionsmitteln zum Zwecke der späteren Erreichung eines Ertrages. Die Besonderheit ist nur die, daß in der Erzeugung von „Maschinen" verhältnismäßig viele originäre Produktionsmittel aufgewendet („investiert") werden, wobei das spätere Zusetzen von relativ wenigen weiteren Produktionsmitteln zur Leistung („Arbeit") der Maschinen für längere Zeit hindurch fortlaufend einen relativ großen Ertrag ergeben kann. Und je größer die Investition von originären Produktionsmitteln in solchen dauerhaften Produktionsmitteln ist, desto mehr verschiebt sich das Verhältnis zwischen den noch weiter notwendigen Aufwendungen und dem Ertrag. Wenn es aber der allgemein anerkannte Vorteil dieser Art der Gestaltung des Produktionsumweges ist, daß eine im Verhältnis zur Aufwendung von originären Produktionsmitteln ganz wesentliche Steigerung des Ertrages erzielt werden kann, so ist es klar, daß hier für unsere Betrachtung nichts anderes vorliegt als das Einschlagen besonders langer Produktionsumwege[1].

Hier haben wir nun danach zu fragen, welche allgemeine Gesichtspunkte für die Einordnung derartiger Produktionen in den Ablauf einer „richtig" aufgebauten Produktion zu gelten haben. Wenn wir eben darauf hingewiesen haben, daß da in der Regel eine relativ große Verlängerung des Produktionsumweges vor uns liegt, so ist es klar, daß auch hier ganz so wie bei der früher be-

---

[1] Die „Produktionsdauer", d. h. die Zeit, welche für die Verarbeitung des einzelnen Werkstückes zum fertigen Produkte notwendig ist, wird bei stärkerer Aufwendung von dauerhaften Produktionsmitteln oft eine kürzere werden. Wenn man hier eine Relation zur Länge des Produktionsumweges sucht, so kann man vielleicht im allgemeinen sagen, daß die Produktionsdauer in der Regel desto kürzer sein wird, je länger der Produktionsumweg ist, d. h. je mehr dauerhafte Produktionsmittel verwendet werden. Wir verweisen auf das bekannte Beispiel *Böhm-Bawerks* von der Nähmaschine; in der neuesten Entwicklung ist die Verkürzung der Produktionsdauer besonders oft zu sehen gewesen.

sprochenen Gestaltung der Produktionsumwege die Begrenztheit des Vorrates an Subsistenzmitteln, welche während der Zeit zwischen dem Einsetzen von Produktionsmitteln und dem Erlangen des fertigen Produktes zur Verfügung stehen, für die Begrenzung der Länge des Produktionsumweges entscheidend sein muß.

Die Gewinnung von dauerhaften Produktionsmitteln in größerem Ausmaße erfordert einen verhältnismäßig großen Subsistenzmittelfonds, sie ist nur möglich, wenn in relativ langer Zeit ein bereits früher gewonnener (oder aus anderen Produktionen heranreifender) Subsistenzmittelfonds die Bevölkerung während der Investierungszeit erhalten kann. Ist aber einmal die Investition durchgeführt, so ist — allein für die Zwecke der Durchführung der mit dieser Anlage möglichen Produktionen — nur mehr eine relativ kurze Produktionsdauer notwendig. Die einmal getätigte Investition stellt einen Reichtum der Volkswirtschaft dar, bedeutet die Möglichkeit, mit relativ wenigen weiteren Produktionsmitteln einen großen Ertrag zu erzielen. So hat diese Anlage des erzeugten dauerhaften Produktionsmittels eine Gestalt, in welcher sie als ein selbständiger Produktionsfaktor erscheint, als ein Mittel, den Ertrag der Produktion zu steigern, welches selbständig neben den originären Produktionsmitteln steht. Man glaubt ein neues, selbständig dastehendes drittes Produktionsmittel gewonnen zu haben. Seine Gewinnung war abhängig davon, daß früher einmal ein Subsistenzmittelfonds zur Verfügung gestanden ist, welcher die Anschaffung dieses Produktionsmittels ermöglicht hat; ist dieses aber einmal da, so steht es der weiteren Produktion als ein bleibender Helfer zur Verfügung.

Da ist es nun notwendig, darauf hinzuweisen, daß alle Investitionen an produzierten Produktionsmitteln, welche als dauerhaft bezeichnet werden können, nur als *relativ dauerhafte* angesehen werden dürfen. Sie überdauern wohl den einzelnen Produktionsprozeß, ja es wird eine immer weitere Verstärkung der Investition dazu führen können, daß die einmal getätigte Investition der Erzeugung einer immer größeren Zahl von Produkteinheiten dienen kann. Aber jede derartige Investition wird einmal aufgebraucht sein[1]. Ihre Neuherstellung wird nur dann möglich sein, wenn ein neuer Subsistenzmittelfonds zur Verfügung steht, welcher für die Dauer der Durchführung der Reinvestition ausreicht. Stellen wir uns etwa — wieder einmal von der Synchronisierung der Produktion absehend — vor, daß die ganze Produktion einer Wirtschaft in der Weise aufgebaut worden ist, daß ein großer Subsistenzmittelfonds zuerst bedeutende Investitionen in Maschinen („dauerhaften" Anlagen) möglich gemacht hat, daß dann der Besitz dieser produzierten Produktionsmittel fortlaufend eine reiche Versorgung der Bevölkerung möglich gemacht hat, daß dann schließlich doch diese ganze Anlage völlig abgenützt und unbrauchbar geworden ist. Ein weiteres Beibehalten der bisher möglichen reichen Versorgung der Bevölkerung ist nur dann möglich, wenn in der Zwischenzeit ein ausreichender „Erneuerungsfonds" zurückgelegt worden ist, ein Subsistenzmittelfonds, welcher die Bevölkerung in der Zeit des Wiederaufbaues der Produktionsmittelanlagen (und während der Dauer der Produktion der ersten Produkte) versorgt. Fehlt dieser Fonds, so ist nur der Übergang zu der die schmalste Versorgung gewährenden Augenblicksproduktion möglich. Ist dieser Erneuerungsfonds nur gering, so wird der Übergang zu einer in geringerem Ausmaße Anlagen von dauerhaften Produktionsmitteln verwendenden Produktion, zu einer Produktion in einem kürzeren Pro-

[1] Eine hier notwendige Einschränkung wird in der Anmerkung S. 42 behandelt.

duktionsumwege notwendig sein, welche auch einen entsprechend geringeren Ertrag liefert.

Dieses starre Schema sollte nur die Aufgabe des Erneuerungsfonds zeigen. Die Aufrechterhaltung einer *kontinuierlichen* Gewinnung von Konsumgütern im Rahmen einer in der Form der Erzeugung und Verwendung von dauerhaften Produktionsmitteln weite Produktionsumwege einschlagenden Produktion wird nur in der Weise erfolgen können, daß fortlaufend ein entsprechender Teil des Produktes die Funktion des Erneuerungsfonds übernimmt. Und mit diesem fortlaufend bereitgestellten Erneuerungsfonds wird die Nachschaffung aller jener produzierten Produktionsmittel erfolgen müssen, welche zum Ersatz der verbrauchten Anlagen notwendig sind. Wir wollen ein streng stilisiertes Beispiel bringen.

In einer Volkswirtschaft erzeugen mehrere Fabriken in jeder Woche je eine bestimmte Zahl von Rationen an Unterhaltmitteln im weitesten Sinne dieses Wortes. Die Fabriken brauchen für die fortlaufende Erzeugung die Leistungen von Arbeitern und des weiteren Roh- und Hilfsstoffe, welche zunächst unmittelbar aus der Natur gewonnen und dann von anderen Fabriken verarbeitet werden. Wir nehmen dabei an, daß in allen den Fabriken, also sowohl bei der Erzeugung der fertigen Konsumgüter wie auch bei der Erzeugung der Materialien bedeutende Anlagen von (relativ) dauerhaften Produktionsmitteln gegeben sind. Es ist sonach außer dem Prozesse der laufenden Produktion der Subsistenzmittel auch noch die laufende Wiedererzeugung der in den Fabriken gegebenen Anlagen notwendig. Auch dieses geschehe in Fabriken, in welchen gleichfalls in weitem Ausmaße Anlagen von produzierten Produktionsmitteln verwendet werden.

Die Frage, die wir uns stellen, ist die: In welcher Weise

muß der regelmäßig erzeugte Subsistenzmittelfonds (eine bestimmte Zahl von Rationen an Unterhaltsmitteln in jeder Woche) verwendet werden, damit diese Produktion fortlaufend aufrecht erhalten werden kann. Der Subsistenzmittelfonds kann immer nur zum Unterhalt von Menschen dienen, zugleich mit dem Verbrauche der Subsistenzmittel muß aber die Fortführung der Produktion ermöglicht werden in der Form des von uns früher umschriebenen „reproduktiven" Konsums. Es ist klar, daß da verschiedene Verwendungen des Subsistenzmittelfonds zu unterscheiden sein werden:

1. Der Subsistenzmittelfonds muß jene erhalten, welche in der Erzeugung des fertigen Produktes beschäftigt sind.

2. Der Subsistenzmittelfonds muß jene erhalten, welche in der Erzeugung der Roh- und Hilfsstoffe für die Erzeugung der Subsistenzmittel beschäftigt sind.

3. Der Subsistenzmittelfonds muß jene erhalten, welche in der Erzeugung von Maschinen (relativ dauerhaften Produktionsmitteln) beschäftigt sind, und zwar sowohl jener Maschinen, welche in der Konsumgüterproduktion unmittelbar gebraucht werden, wie auch jener Maschinen, welche in den der Konsumgütererzeugung vorgelagerten Produktionen verwendet werden.

4. Der Subsistenzmittelfonds muß schließlich auch jene erhalten, welche in der Gewinnung der Roh- und Hilfsstoffe, die in der Maschinenindustrie gebraucht werden, beschäftigt sind.

Die Konsumgüterproduktion muß also mit ihrem Ertrage auch die Erzeugung der dauerhaften Produktionsmittel und die Gewinnung der Roh- und Hilfsstoffe „alimentieren", d. h. sie muß diese *Produktionen, welche ja selbst nichts erzeugen, das als Konsumgut unmittelbar in Betracht kommt,* mit jenen Konsumgütern versorgen, welche zur Erhaltung der in diesen Produktionen Beschäftigten notwendig sind. In welcher Form diese Alimentierung vor sich gehen wird, hängt naturgemäß von der Art der Organisation der Wirtschaftsgesellschaft ab. In der für uns aktuellen arbeitsteiligen Verkehrswirtschaft wird dieser Prozeß im Wege des Tausches vor sich gehen, in der Weise, daß der Besitzer eines die fertigen Konsumgüter herstellenden Unternehmens aus dem Ertrage seiner Produktion jene bezahlt, welche ihm originäre Produktionsmittel für die weitere Produktion zur Verfügung stellen, dann jene, welche ihm Roh- und Hilfsstoffe übergeben, und schließlich jene, welche seinen Maschinenbestand ersetzen. Der Maschinenfabrikant wird wiederum mit jenem Fonds „arbeiten" können, welchen er aus dem Erlös der von ihm erzeugten produzierten Produktionsmittel erhält. Er wird seinerseits aus diesem Fonds jene bezahlen, welche ihm originäre Produktionsmittel zur Verfügung stellen, ihm Rohstoffe verkaufen und ihm einen Ersatz für die verbrauchten Maschinen liefern. Ganz in derselben Weise werden die Erzeuger der Roh- und Hilfsstoffe ihre Produktion mit jenem Fonds an Konsumgütern alimentieren, welchen sie aus dem Verkaufe ihrer Produkte erzielt haben. Das wäre das einfachste Schema. Alle diese Tauschakte werden nun auch über Zwischenhände gehen können. Es wird insbesondere oft möglich sein, auf dem Wege über Zwischenhände Diskontinuitäten zu überbrücken. So wird etwa ein Unternehmer, dessen Maschinenanlagen noch nicht zu erneuern sind[1], der aber bereits fortlaufend von seinem Produkte einen Teil zurücklegt, um mit diesem Er-

---

[1] Richtiger sollte es heißen: für deren Erneuerung noch keine Arbeitsaufwendungen notwendig sind. Im allgemeinen wird ja der Prozeß der Wiedererzeugung in seinen ersten Stadien schon sehr lange vor dem Auftreten des Bedarfes beginnen müssen.

neuerungsfonds später die Wiedererzeugung seiner Anlagen „alimentieren" zu können, diesen Subsistenzmittelfonds nicht *in natura* aufbewahren müssen. Er kann ihn an jemanden übergeben, welcher diesen Subsistenzmittelfonds erst später zurückgeben wird; und von dieser Stelle aus kann — da ja nicht die Rückgabe derselben Stücke notwendig ist — dieser Subsistenzmittelfonds vorläufig — wahrscheinlich auch im Wege einer Weitergabe — zur Alimentierung einer anderen Produktion verwendet werden, aus deren Produkt dann die rechtzeitige Rückgabe an jenen möglich sein soll, welcher diesen Subsistenzmittelfonds zuerst als einen Erneuerungsfonds zurückgelegt hat. Man kann sich auch vorstellen, daß ein Subsistenzmittelfonds von einer Konsumgüterindustrie einer dieser Produktion weit vorgelagerten Erzeugung von Rohstoffen zugeführt wird, für welche die Konsumgütererzeugung erst später einen Bedarf haben wird. Nach Abschluß dieser vorgelagerten Produktion wird die Konsumgütererzeugung an Stelle des Erneuerungsfonds die jetzt benötigten fertigen Rohstoffe (oder auch in einem anderen Falle: Maschinen) erhalten. Es wird sich nichts Wesentliches an der Sachlage ändern, wenn dieser Prozeß schließlich in der Geldwirtschaft hinter dem „Schleier des Geldes" verborgen wird, wenn der Unternehmer, welcher einen Erneuerungsfonds bildet, gar nicht weiß, daß das Geld, das er aus dem Erlös seines Produktes in seine Bank legt, „Repräsentant" eines Subsistenzmittelfonds ist, wenn derjenige, welcher von der Bank Geld leiht, gar nicht sich dessen bewußt wird, daß er damit einen irgendwo anders in der Volkswirtschaft zurückgelegten Erneuerungsfonds an Subsistenzmitteln an sich zieht, daß er, wenn er das Geld zurückzahlt, diesen Erneuerungsfonds oder ein mit Zuhilfenahme desselben erzeugtes Produkt wiederum zur Verfügung stellt. Hier aber handelt es sich zunächst darum, jene Vorgänge, welche sich in der Sphäre der realen Güter abspielen, klar darzustellen. Da ist zunächst festzuhalten, daß die ganzen Anlagen der Wirtschaft an dauerhaften Produktionsmitteln nur mit Zuhilfenahme eines Erneuerungsfonds, *welcher in der Konsumgütererzeugung entstanden ist,* wiedererzeugt werden können, ganz so, wie die laufende Fortführung des einzelnen Produktionsprozesses von der Gewinnung des Rohstoffes bis zur Fertigstellung des Konsumgutes nur möglich ist, wenn der für die Dauer dieses Prozesses notwendige Subsistenzmittelfonds zur Verfügung steht. Wenn dieser zuletzt genannte Prozeß dem Falle der von uns früher behandelten Produktion entspricht, in welcher ein Rohstoff ohne Gewinnung von dauerhaften Produktionsmitteln zum fertigen Produkt heranreift, wobei ein Subsistenzmittelfonds die notwendige Alimentierung dieses Prozesses versorgt, so sehen wir jetzt neben diesem Prozesse einen zweiten ablaufen, in welchem die Wiedererzeugung von einmal erzeugten Anlagen erfolgt, wobei auch dieser Prozeß aus dem Ertrag an Subsistenzmitteln alimentiert werden muß. Zur Veranschaulichung der Zusammenhänge sei das vorhin gebrachte Schema als Ziffernbeispiel weiter ausgeführt.

Nehmen wir an, daß von dem Ertrag der Konsumgüterproduktion im Ausmaße von 50.000 Rationen in der Woche 10.000 an die in der Konsumgütererzeugung verwendeten Arbeiter gegeben werden, ein ebenso großer Betrag an die Lieferanten der Roh- und Hilfsstoffe, während 30.000 Rationen den Erneuerungsfonds bilden. Dieser Erneuerungsfonds wird an jene Produktionen weitergegeben, welche die in der Konsumgüterproduktion verwendeten Maschinen erzeugen. Hier dient das, was für die Konsumgütererzeugung Erneuerungsfonds war, wiederum den gleichen Zwecken, wie im Rahmen der Konsumgütererzeugung das ganze Produkt: Es wird ein Teil (z. B. 10.000 Rationen) den beschäftigten Arbeitern übergeben werden, einen Teil (10.000 Rationen) erhalten die Lieferanten von Roh- und Hilfsstoffen, ein weiterer Teil (10.000 Rationen) dient wiederum als Erneuerungsfonds für die Wiedererzeugung der in dieser Produktion verbrauchten Anlagen. Jener Teil des Ertrages der Produktion an Subsistenzmitteln aber, welcher den Erzeugern der Roh- und Hilfsstoffe zukommt (je 10.000 Rationen von der Konsumgütererzeugung und von den dieser vorgelagerten Produktionen), muß von diesen wiederum den eben umschriebenen Verwendungen zugeführt werden. Es wird ein Teil (5000 Rationen) an die beschäftigten Arbeiter übergeben werden, während ein weiterer Teil (vielleicht ein größerer Teil, etwa 10.000 Rationen) an jene übertragen wird, welche die originären Produktionsmittel des Bodens zur Verfügung gestellt haben, ein letzter Teil (5000 Rationen) wird wiederum als Erneuerungsfonds für die verwendeten dauerhaften Produktionsmittel dienen müssen. Wir nehmen hier schließlich der Einfachheit halber an, daß die Erneuerung der Anlagen sowohl der die Roh- und Hilfsstoffe erzeugenden Betriebe wie auch der die dauerhaften Produktionsmittel erzeugenden in Betrieben erfolgt, welche ausschließlich originäre Produktionsmittel verwenden. Wenn wir diesen Prozeß in seiner Gesamtheit überblicken, so sehen wir, daß der gesamte Subsistenzmittelfonds, welcher Ertrag der Konsumgütererzeugung ist, entweder direkt von dieser oder aber von dieser auf dem Umwege über andere Produktionen originären Produktionsmitteln zugekommen ist, und zwar durchwegs Produktionsmitteln, welche an der weiteren Erzeugung des Produktes an Konsumgütern beteiligt sind, und dies wiederum direkt in der Konsumgütererzeugung oder aber in Produktionen, welche entweder Roh- und Hilfsstoffe oder auch ausdauernde Produktionsmittel (Maschinen), die in diesem Produktionsprozesse gebraucht werden, liefern[1]. Darüber hinaus ist aber noch eines festzuhalten.

Die Aufwendung eines originären Produktionsmittels im Rahmen der umwegigen Produktion muß — *wenn die Produktion in unverändertem Ausmaße aufrechterhalten werden soll* — nach Ablauf einer gewissen Zeit an derselben Stelle des Produktionsablaufes wiederholt werden können. Und damit das möglich ist, muß zur richtigen Zeit die entsprechende Ration an Subsistenzmitteln zur Verfügung

---

[1] Wir haben in dem Beispiele die originären Produktionsmittel, welche der Boden hier zur Verfügung stellt, ausschließlich bei der Gewinnung von Roh- und Hilfsstoffen und bei der letzten Stufe der Erneuerungen unmittelbar mitwirken lassen. Richtiger wäre es wohl, wenn wir diese Leistungen wenigstens in einem geringen Ausmaße (Boden für Fabriksanlagen usw.) auch in den anderen Stadien der Produktion einbezogen hätten. Wir haben davon abgesehen, um die Darstellung nicht gar zu unübersichtlich zu machen. Es ist übrigens bei der Betrachtung der originären Leistungen von Grund und Boden zu beachten, daß eine „Bezahlung" dieser Leistungen aus dem Subsistenzmittelfonds als eine Alimentierung der Besitzer — analog der notwendigen Alimentierung der Arbeiter — nicht als eine notwendige Voraussetzung des Produktionsumweges angesehen werden kann. Über diese Frage soll später in einem anderem Zusammenhange gesprochen werden. — Das Verhältnis der Aufteilung des Subsistenzmittelfonds durch die verschiedenen Stadien des Produktionsverlaufes ist hier durchaus willkürlich gewählt. Es ist klar, daß sich die Relationen je nach dem Grade der Verwendung von dauerhaften Investitionen sehr stark verschieben werden. Übrigens sei hier auch gesagt, daß mit der hier dargestellten Verwendung des Ertrages an Konsumgütern in keiner Weise eine endgültige Lösung der Frage der Aufteilung des Ertrages auf die einzelnen Produktionsfaktoren gegeben sein kann. Deshalb konnten wir hier auch die Frage vernachlässigen, ob nicht in der Produktion Gewinne gemacht werden können, welche über das zur Bezahlung der originären Produktionsmittel Notwendige und den Erneuerungsfonds hinausgehen.

stehen, mit welcher die Aufwendung dieses originären Produktionsmittels im umwegigen Produktionsprozesse ermöglicht wird. Wie das Einsetzen eines originären Produktionsmittels im Produktionsumwege heute nur dann möglich ist, wenn für dieses Produktionsmittel eine Ration an Unterhaltsmitteln zur Verfügung steht, so wird auch die Einsetzung dieses Produktionsmittels an derselben Stelle des Produktionsablaufes bei seiner Wiederholung nur dann möglich sein, wenn die heutige Aufwendung dieses Produktionsmittels für diesen späteren Zeitpunkt die Sicherstellung der notwendigen Ration an Unterhaltsmitteln ergeben hat. Die Zeitdauer, welche vergehen wird, bis die Wiederholung des Einsetzens eines originären Produktionsmittels an derselben Stelle in gleichmäßigem Ablaufe der Produktion notwendig sein wird, wird durchaus verschieden sein. Bei den originären Produktionsmitteln (Arbeitern), welche in der Konsumgütererzeugung unmittelbar beschäftigt sind, wird bald ein Ertrag der Arbeit gegeben sein, unter Umständen so bald, daß hinsichtlich dieser Produktionsmittel von einem zeitlich früheren Einsetzen im Produktionsprozesse nicht gesprochen werden kann[1]. Für jene originären Produktionsmittel, welche der Erzeugung von Roh-

---

[1] Der Bäcker, welcher jeden Tag das fertige Konsumgut herstellt, arbeitet im letzten Stadium eines Produktionsumweges und hier kann die Zeit, welche zwischen dem Einsetzen der Arbeit und dem Erlangen des fertigen Produktes abläuft, praktisch überhaupt außer acht gelassen werden. (Der Arbeiter bekommt seinen Lohn erst nach Fertigstellung des Produktes.) Es wird aber hier unsere Darstellung vereinfachen, wenn wir annehmen, daß auch in der Konsumgüterproduktion eine Alimentierung der Arbeiter aus bereits früher erzeugten Konsumgütern erfolgt. Das ist durchaus nicht wirklichkeitsfremd. Insbesondere (mehr oder weniger) „dauerhafte" Konsumgüter erfordern in der letzten Stufe der Produktion noch eine längere Produktionsdauer.

und Hilfsstoffen für die Konsumgüterproduktion dienen, muß von ihrem Einsetzen schon längere Zeit bis zur Fertigstellung des Konsumgutes gewartet werden. Alle jene originären Produktionsmittel aber, welche in der Erzeugung von ausdauernden Produktionsmitteln beschäftigt sind, — entweder unmittelbar in dieser Erzeugung oder mittelbar durch Arbeit an der Gewinnung der hier gebrauchten Roh- und Hilfsstoffe — müssen besonders lange warten, bis durch die Verwendung dieses Produktionsmittels Produkte an Konsumgütern erstehen, aus welchen ein Erneuerungsfonds abgespalten werden kann, der die Wiederholung der früher investierten Aufwendungen zum Zwecke der Erhaltung der „ausdauernden" Anlagen ermöglicht. Gleichgültig aber, wie lange diese Zeit der Bindung einer produktiven Leistung im Produktionsumwege ist: Für jedes aufgewandte originäre Produktionsmittel muß früher oder später ein wirtschaftlicher Nachfolger in der Gestalt eines fertigen Konsumgutes entstehen, das bei Aufrechterhaltung der Produktion wiederum zur Alimentierung eines originären Produktionsmittels dienen muß, das an der gleichen Stelle eingesetzt wird und dann wiederum durch die gleiche Zeit bis zur neuen Herstellung eines Konsumgutes warten muß. Es ist ja klar, daß für dieses neuerliche Einsetzen eines originären Produktionsmittels im Produktionsprozeß auch rechtzeitig eine Ration des Subsistenzmittelfonds zur Verfügung stehen muß. Wir werden erst später in einem viel umfassenderen Rahmen die Frage zu behandeln haben, welches mengenmäßige Verhältnis zwischen Produktionsmittel und Produkt besteht. Dann erst wird auch die Frage nach einem Überschuß über die Aufwendungen zu behandeln sein. Hier ist etwas anderes Problem. Wenn ein Produktionsumweg aufrecht erhalten werden soll, so ist dies nur in der Weise möglich, daß immer wieder dieselben

Quantitäten an originären Produktionsmitteln eingesetzt werden, und zwar immer wieder in demselben Stadium des in der Zeit ablaufenden Produktionsprozesses. Und da im Produktionsumweg immer zwischen dem Einsetzen eines originären Produktionsmittels und dem Erlangen eines Ertrages eine Zeitspanne vergeht, da dieses gegenüber dem Erlangen des Ertrages zeitlich vorangestellte Einsetzen des Produktionsmittels nur dadurch möglich ist, daß ein Subsistenzmittelfonds zu diesem Zeitpunkte zur Verfügung steht, so muß bei Aufrechterhaltung der Produktion immer wieder aus dem Ertrage desselben etwas für die Wiederholung des Produktionsumweges zur Verfügung stehen. Die Synchronisierung der Produktion wird es freilich im allgemeinen möglich machen, daß ein originäres Produktionsmittel im regelmäßigen Ablauf der Produktion immer wieder an derselben Stelle eingesetzt wird. Man darf es aber nicht als eine Selbstverständlichkeit ansehen, daß dieses Produktionsmittel auch immer die notwendige Ration an Subsistenzmitteln bereit findet.

Hier sollte zunächst nur gezeigt werden, daß die Orientierung der Produktion auf ein rechtzeitiges Beistellen von Subsistenzmitteln für jedes notwendige Einsetzen von originären Produktionsmitteln Voraussetzung dafür ist, daß die Produktion unverändert aufrechterhalten werden kann.

Es ist zu beachten: Das Einsetzen eines originären Produktionsmittels in einem Produktionsumwege fällt unter allen Umständen zusammen mit der Aufwendung einer Ration an Subsistenzmitteln in diesem Zeitpunkte. Es ist hier gleich ob man sagt: Wir verwenden heute eine bestimmte Menge Arbeit, deren Ertrag erst in einem Jahre zu erzielen sein wird, — oder aber ob man sagt: Wir investieren heute eine bestimmte Anzahl von Rationen des Subsistenzmittelfonds, welche das Einsetzen dieser Arbeitskräfte ermöglichen. Beides sind Ausdrücke für ein und denselben Prozeß. Wir können von einem gegenüber dem Erzielen des Produktes zeitlich früheren Aufwenden von originären Produktionsmitteln ganz so wie von einem Investieren von Rationen an Subsistenzmitteln sprechen, schon in dem einfachsten Falle des in einem Zuge eine Produktion von Anfang bis zum Ende ohne dauerhafte Anlagen durchführenden Produktionsprozesses. Wir können diese Formel anwenden auch für die laufende Produktion einer mit großen Anlagen von dauerhaften Produktionsmitteln arbeitenden Produktion wie auch für den Prozeß der Erzeugung von Maschinen und anderen dauerhaften Produktionsmitteln. Der Arbeiter im Erzbergwerk muß genau so fortlaufend seinen Unterhalt erhalten wie der Arbeiter in der Lebensmittelindustrie, der Arbeiter in der Maschinenfabrik ganz so wie der Arbeiter in der Weberei. Alle diese Aufwendungen von Arbeitskräften sind Aufwendungen im Produktionsumwege, sie wären nicht möglich, wenn nicht vorher ein Subsistenzmittelvorrat geschaffen worden wäre, welcher zum Unterhalte der Arbeiter zur Verfügung steht; und es wäre die fortlaufende Produktion nicht möglich, wenn nicht jedesmal, sobald die Arbeit an einer bestimmten Stelle zu erbringen ist, wiederum ein neuer Subsistenzmittelvorrat zur Verfügung stünde. Es ist auch klar, daß erst die mannigfaltige Synchronisierung der Produktion es bewirkt hat, daß in allen Stufen der Produktion eine kontinuierliche Arbeit möglich ist, wobei freilich die Alimentierung der einzelnen Arbeitsleistung im Produktionsumwege nur aus dem Ertrage eines bereits früher durchgelaufenen Produktionsprozesses möglich ist. Erst dort, wo im letzten Akte der Konsumgütererzeugung zwischen dem Einsetzen der letzten Arbeitsleistung und dem Erlangen des fertigen Produktes kein für die hier vorliegende Problematik relevanter

Zeitraum verstreicht, kann ein originäres Produktionsmittel aufgewendet werden, ohne daß schon früher ein Subsistenzmittelfonds zu seiner Versorgung zur Verfügung steht. Wo originäre Produktionsmittel zur Erneuerung der Anlagen von (relativ) dauerhaften Produktionsmitteln dienen, muß ein Erneuerungsfonds beschafft werden. Wir haben Wert darauf gelegt, zu betonen, daß ein solcher Erneuerungsfonds nur in der Konsumgütererzeugung gewonnen werden kann und daß überall dort, wo in vorgelagerten Produktionen eine Erneuerung der Anlagen notwendig ist, diese Erneuerung nur in der Weise möglich ist, daß aus dem dieser Produktion von der Konsumgütererzeugung übertragenen Subsistenzmittelfonds für diese Erneuerung Konsumgüter zur Verfügung stehen. Eine Konsumgüterindustrie, welche mit dauerhaften Produktionsanlagen versorgt ist, kann eine Zeitlang weiterarbeiten, auch wenn eine Erneuerung nicht erfolgt, wenn in den Schwankungen der Wirtschaft die Abspaltung eines Erneuerungsfonds aus dem Ertrage nicht möglich ist; diese Produktion wird erst dann stehen bleiben, wenn die Anlagen verbraucht und völlig abgenützt sind. Die Produktionsmittelerzeugung aber ist in ihrem ganzen Umfange davon abhängig, daß sie aus der Konsumgütererzeugung durch Hingabe des Erneuerungsfonds alimentiert wird; sie wird stehen bleiben, sobald in dieser Produktion kein Erneuerungsfonds geschaffen wird. Der in der Konsumgüterproduktion bereitgestellte Erneuerungsfonds ist der wirtschaftliche Nachfolger der Aufwendungen in der Erzeugung von dauerhaften Produktionsmitteln und die neuerliche Bereitstellung dieses Fonds ist die Voraussetzung dafür, daß die Produktionsmittelerzeugung an der Erneuerung der dauerhaften Anlagen der Konsumgüterproduktion arbeiten kann.

Wenn wir nun gezeigt haben, daß für jedes Einsetzen von

originären Produktionsmitteln in der Erzeugung dauerhafter Produktionsmittel bei Aufrechterhaltung der Produktion dann, wenn die Erneuerung notwendig ist, ein wirtschaftlicher Nachfolger in der Gestalt des wiedererzeugten Subsistenzmittelfonds da sein muß, weil nur unter dieser Voraussetzung ein neuerliches Einsetzen dieses Produktionsmittels möglich ist, so ist damit jede Aufwendung im Prozesse der Erzeugung von Produktionsmitteln in die Problematik der Produktionsumwege restlos eingebaut: Bei jeder Einsetzung von originären Produktionsmitteln muß auch in jedem Teilprozesse der umwegigen Produktion ein Subsistenzmittelfonds vorhanden sein. Freilich ist die Lage hier wesentlich komplizierter als bei dem ersten Schema, an dessen Hand wir die Rolle des Subsistenzmittelfonds im Produktionsumwege dargelegt haben. Es drängt sich die Frage auf, durch welche Reaktionen die Wirtschaft bei diesem kompliziertem Aufbau der Produktionsumwege ihre Lenkung finden wird. Hier war es zunächst unsere Aufgabe, darzulegen, in welcher Weise die Produktionswege ausgebaut sein müssen, damit ein dauernder Ertrag der Produktion zu erwarten sein wird. An diese Lehre von den Produktionsmitteln werden wir später anzuknüpfen haben.

§ 5. DIE GESTALTEN DES KAPITALS

Wir haben bei der Analyse der Produktionsumwege uns darauf beschränkt, die Verhältnisse in der Güterwelt zu betrachten. Die Problemstellung war die, daß wir gefragt haben, was Voraussetzung dafür ist, daß die Produktion sich die Vorteile der mit der Einschlagung von Produktionsumwegen verbundenen Ertragssteigerung zunutze machen kann. Wir haben diese Voraussetzung gefunden in dem Vorhandensein eines Subsistenzmittelfonds. Wir haben dann weiter bei der Betrachtung der Produktionsumwege verschiedene besonders geartete Gütervorräte gefunden, deren Entstehen einerseits Wirkung des Einschlagens von Produktionsumwegen war, deren Aufwendung aber anderseits für die weitere Fortführung des Produktionsumweges notwendig ist, und die schließlich bei Aufrechterhaltung der Produktionsumwege immer wieder von neuem erzeugt werden müssen. Wenn wir nun alle jene Güterkomplexe, welchen wir bei dieser Betrachtung begegnet sind, abschließend betrachten wollen und wenn wir sie dabei als die verschiedenen Ausgestaltungen des Kapitals umschreiben wollen, so sei neuerlich mit aller Deutlichkeit darauf hingewiesen, daß wir hier nicht den geringsten Anlaß haben, den allerengsten Kontakt mit den Verhältnissen der realen Produktionsmittel aufzugeben. Kapital verwendende Produktion heißt Produktion im Produktionsumwege. Problem ist nur, was in diesem Bereich geschieht. Da spielt weder irgendein der Geldwirtschaft spezifisches Moment herein, noch irgendein Moment der sozialen Organisation der Wirtschaft, noch weniger darf da irgend welchen Irrealitäten einer abstrakten Welt eine Rolle zugeschrieben werden.

Wir unterscheiden nun drei Formen des Kapitals, welche wir zugleich mit Namen belegen wollen:

1. „Freies Kapital". Das ist jener Subsistenzmittelfonds (Vorrat an Konsumgütern), welcher für die Alimentierung von Produktionsumwegen zur Verfügung gestellt wird.

2. „Zwischenprodukte". Das sind Roh- und Hilfsstoffe in den verschiedenen Stadien der Verarbeitung vor der Fertigstellung des Konsumgutes. (Die Rohstoffe nehmen im Laufe der Verarbeitung die Form des „heranreifenden" Konsumgutes an.)

3. „Fixes (festes) Kapital" („relativ ausdauernde Produktionsmittel": Maschinen u. a.). Das sind produzierte Pro-

duktionsmittel, welche für eine Mehrzahl von einzelnen Produktionsprozessen verwendet werden können.

Zwischenprodukte und fixes Kapital sind Güter, welche dem Produktionsumwege eigentümlich sind; wir bezeichnen sie mit dem Ausdrucke „Kapitalgüter". Konsumgüter dagegen sind niemals von sich aus Kapital, sie übernehmen die Funktion des Kapitals nur dann, wenn sie in einer bestimmten Weise verwendet werden, welche wir früher mit der Formel „reproduktiver Konsum" umschrieben haben, wenn sie also der Alimentierung von Produktionsumwegen gewidmet werden. Zwischenprodukte und freies Kapital dienen jeweils dem einzelnen Produktionsprozesse, sie können demnach gegenüber dem „konstanten" fixen Kapital als „durchlaufendes" Kapital („Betriebskapital") bezeichnet werden; es muß aber beachtet werden, daß durchlaufendes Kapital auch im Prozesse der Erzeugung von fixem Kapital gebraucht wird.

Der Prozeß der im Produktionsumwege arbeitenden Produktion ist durch die Verwendung dieser drei Formen des Kapitals bestimmt: Es wird durch einen Vorrat an freiem Kapital möglich gemacht, daß originäre Produktionsmittel zuerst in der Erzeugung von Zwischenprodukten verwendet werden, welche erst im Ablaufe einer längeren Zeit zum fertigen Produkte heranreifen. Eine besondere Ausgestaltung der umwegigen Produktion liegt dann vor, wenn außerdem noch — und das ist gleichfalls nur unter der Voraussetzung eines Vorrates an freiem Kapital möglich — originäre Produktionsmittel in der Erzeugung von fixem Kapital verwendet werden, welches dann später unter Heranziehung von Zwischenprodukten und unter Zusetzung von weiteren originären Produktionsmitteln das fertige Produkt erzeugt. Weil aber die Produktion eines Kapitalgutes immer nur unter Heranziehung eines Subsistenzmittelfonds möglich ist, welcher diese Produktion, die ja noch keine Konsumgüter erzeugt, alimentiert, muß jedem Kapitalgute ein freies Kapital zeitlich vorangegangen sein. Das Kapitalgut ist durch Aufwendung von freiem Kapital entstanden. *Neues Kapital kann demnach ausschließlich in der Form von freiem Kapital gebildet werden.* Es kann neues Kapital nur in der Weise entstehen, daß fertige Konsumgüter „gespart" werden und in der Weise verwendet werden, daß sie die Einschlagung eines Produktionsumweges ermöglichen[1]. Das gilt nicht nur für den Fall der Bildung von neuem Kapital, welches den Bestand der Volkswirtschaft an Kapital vermehren soll, das gilt auch für jede Erneuerung von Kapital, welches in der Wirtschaft einmal investiert worden ist. Ein jeder Produktionsumweg beginnt mit der Investie-

[1] Die Lehre von den Produktionsumwegen führt zur Lohnfondstheorie über die These: Eine Verwendung von originären Produktionsmitteln im Produktionsumwege ist ohne Vorsorge für die Alimentierung derselben nicht möglich. Wir haben gesehen, daß da ein Lohnfonds entweder im voraus angesammelt sein oder aus dem Ertrage eines anderen Produktionsablaufes zur Verfügung gestellt werden muß. Hier sei zu einem möglichen Einwand etwas gesagt: Nehmen wir an, daß die Fischer in dem Beispiel *Roschers* ihr Kapital in der Weise bilden. daß sie ihren Konsum einschränken, nur den halben Tag für das Fangen von Fischen verwenden, während sie die übrige Arbeitszeit zum Erzeugen von Kapitalgütern verwenden. Eine Subsumtion in unser Schema ist auch da leicht möglich. Wir unterscheiden zwei nebeneinander laufende Produktionsprozesse; die in dem einen erzeugten Konsumgüter dienen auch zur Alimentierung der anderen — umwegigen — Produktion. Entscheidend ist, daß die Möglichkeit des Produktionsumweges auch da von der Alimentierung abhängig ist. Das gilt auch für den Fall, daß gewissermaßen eine Substituierung des Lohnfonds durch Konsumeinschränkung gegeben ist oder — wie wir das später formulieren werden — die „Virulenz" eines Subsistenzmittelfonds durch Verringerung der Rationen. in welchen er verzehrt wird, vergrößert wird.

rung von freiem Kapital, jeder weitere Schritt im Produktionsprozesse bedeutet eine neue Aufwendung von freiem Kapital. Die Dauer der Bindung dieses freien Kapitals wird verschieden lang sein, es wird auch die Gestalt der Kapitalgüter, welche aus der Bindung von freiem Kapital entstehen, eine verschiedene sein, je nachdem ob dauerhafte Kapitalgüter erzeugt werden oder ob die Investition die Gestalt von Zwischenprodukten annimmt; in beiden Fällen aber ist die Bindung des Kapitals nur eine zeitweilige, es wird das früher einmal gesparte und dann investierte freie Kapital schließlich in der Gestalt von Konsumgütern wiederum „frei". Soll die Produktion aufrecht erhalten werden, so muß dieses freigewordene Kapital wiederum in den Produktionsumweg eingeworfen werden, von neuem das Einsetzen von originären Produktionsmitteln in einem zeitraubenden Produktionsumweg „alimentieren"; wenn das nicht geschieht, so wird diese Produktion für die nächste Produktionsperiode unterbleiben müssen[1]. Das einmal gesparte freie Kapital muß, wenn es nach seiner zeitweiligen

---

[1] Wenn wir davon ausgehen, daß jedes investierte Kapital mit Notwendigkeit wieder freigesetzt werden muß und daß eine Wiederholung jeder Kapitalaufwendung notwendig ist, so betrachten wir dabei im Grunde genommen nur einen Teil des Prozesses der Kapitalaufwendungen. Es gibt zunächst auch Investitionen, in welchen eine Wiederholung der Kapitalaufwendung nicht notwendig ist; das wird bei manchen Arten der Verbesserung von Grund und Boden gegeben sein. Hier kann eine einmalige Kapitalaufwendung dieses originäre Produktionsmittel in einer für alle Zeiten verbesserten Form der Produktion zur Verfügung stellen. Ein ganz deutliches Beispiel: Abtragen eines bei der Bearbeitung eines Feldes im Wege stehenden Felsblockes. Die einmalige Investierung des Kapitals gibt eine dauernde Steigerung des Ertrages. Wir behandeln diese Fälle im folgenden nicht weiter und weisen hier nur darauf hin, daß derartige Aufwendungen bei Geltung eines auf dem Markte gebildeten Zinsfußes ihre

Bindung in einem Zwischenprodukte oder in einer fixen Kapitalanlage wiederum frei wird, in der Kapitalfunktion belassen werden, wenn der Produktionsumweg wiederholt werden soll. Einen recht treffenden Ausdruck hat hier G. Akerman geprägt, welcher von „beibehaltenem Sparen" spricht: Es genügt zur Aufrechterhaltung einer eine dauernde Versorgung ermöglichenden zeitraubenden Produktion nicht, daß einmal gespart worden ist; es muß vielmehr das freie Kapital, das in dieser Produktion investiert

Rentabilitätsrechnung auf Grund des erwarteten Mehrertrages ohne Schwierigkeit aufstellen können. Neben diesem Falle kann hier noch ein zweiter Fall Beachtung verdienen: daß nämlich die erste Aufwendung von Kapital größer ist als das Ausmaß der Aufwendungen, welche späterhin zur Aufrechterhaltung des Produktionsmittels notwendig sind. Als Beispiel können auch hier gewisse Meliorierungen gelten. Es ist selbstverständlich, daß hier der Vergleich zwischen Aufwendung der ersten Investition und der Größe des „Erhaltungsbeitrages", welcher an die Stelle des Erneuerungsfonds tritt, nur über eine Zinsrechnung möglich ist. — Die im Texte vertretene Auffassung der Kapitalverwendungen entspricht wohl dem praktisch weitaus bedeutenderen Umkreis derselben. Wir brauchen sie deshalb, um auf diese Grundlage später die Bedingungen für den Ablauf einer „statisch" (das soll soviel heißen wie stationär) ablaufenden Wirtschaft darstellen zu können. Ein solcher Wirtschaftsablauf muß die immer wiederkehrende Wiederholung derselben Aufwendungen an Investitionen bringen. Die Formulierung der Bedingungen für diesen Wirtschaftsablauf bedeutet gleichzeitig die Formulierung der Voraussetzungen dafür, daß ein bestimmter Ertrag der Produktion immer wieder erzielt werden kann; es sind also sozusagen die Mindestforderungen zu formulieren, deren Erfüllung eine Verarmung der Volkswirtschaft verhindert. In diesen Prozeß können einmalige Investitionen, welche nicht im vollen Ausmaße erneuert werden müssen, nicht einbezogen werden. Der statische Ablauf bedeutet ja, daß jede Aufwendung wiederholt werden muß und unsere Aufgabe ist es, die Voraussetzungen für die Möglichkeit dieser Wiederholungen zu formulieren. Gegenüber dieser Aufgabe tritt für uns die Frage nicht wiederholbarer Investitionen an Bedeutung ganz zurück.

worden ist, — gleichgültig ob es zum Zwischenprodukt oder zur fixen Kapitalanlage geworden ist — nach seiner Freisetzung von neuem investiert werden.

Jede Bindung von freiem Kapital bedeutet eine mehr oder weniger weit gehende Einschränkung der möglichen Verwendungen für das Kapital. Freies Kapital kann in jede mögliche Verwendung in einem Produktionsumwege eingewiesen werden. Wenn aber freies Kapital etwa zur Gewinnung von Eisen verwendet worden ist (in diesem Kapitalgute „investiert" worden ist), so ist der Bereich seiner weiteren Verwendungen bereits ein beschränkter; es ist aber noch immer die Möglichkeit offen, dieses Eisen entweder als Zwischenprodukt zu einem fertigen Konsumgute (z. B. Automobil[1]) heranreifen zu lassen, es kann aber auch zur Erzeugung einer Maschine, eines festen Kapitals verwendet

---

[1] Das ausdauernde „Konsumgut" sollte im Grunde nicht als Konsumgut im strengen Sinne aufgefaßt werden. Das, was da konsumiert wird, sind die „Nutzleistungen", deren „Träger" das ausdauernde Konsumgut ist. Dieses wäre richtigerweise als ein ausdauerndes Kapitalgut aufzufassen das oft — aber nicht immer, so z. B. ein Wohnhaus oder auch ein Automobil — ohne weitere Aufwendungen von Produktionsmitteln seine Nutzleistungen für den Konsum zur Verfügung stellt. Dieser Auffassung steht allerdings der Umstand entgegen, daß man auch heute noch zu gerne an einem „Substanzbegriff" des Gutes festhält. Wenn aber das ausdauernde Konsumgut als Kapitalgut aufgefaßt wird, so ergibt sich hier ohne Schwierigkeit die Einbeziehung in das Problem der Erneuerung. Die „statische" Erhaltung des Hausbesitzes z. B. erfordert die ständige Abspaltung eines Erneuerungsfonds aus dem Ertrage. Wir befassen uns im folgenden nicht weiter mit der Frage der ausdauernden Konsumgüter. — Eine weitere Verlängerung von Produktionsumwegen wird unter dem hier entwickelten Gesichtspunkte wohl auch dann anzunehmen sein, wenn bessere, länger ausdauernde Konsumgüter erzeugt werden. (*Böhm-Bawerk* spricht da von einer „wichtigen Parallelerscheinung der kapitalistischen Produktionsumwege".)

werden. Die Maschine wiederum kann unter Umständen noch einen sehr weiten Verwendungsbereich haben (eine einfache Drehbank, auch die einfachsten Werkzeuge gehören hierher), sie kann aber auch schon für eine ganz bestimmte Verwendung spezialisiert sein (eine komplizierte Textilmaschine), außerhalb welcher sie praktisch überhaupt nicht mehr brauchbar ist. So nimmt das freie Kapital im Ablaufe der Produktion eine mehr oder weniger „spezifische"[1] Gestalt an, so daß nur mehr ein engerer Verwendungsbereich offen steht.

Der Prozeß der Verwandlung des freien Kapitals in Kapitalgüter, welche *oft* einen hoch spezifischen Charakter haben, welche aber *immer* gegenüber den Möglichkeiten für die Verwendung des freien Kapitals einen wesentlich eingeschränkten Verwendungsbereich haben, ist nun aber von der größten Bedeutung, wenn die Bindung des freien Kapitals in Hinblick auf die Möglichkeit, das Kapital im Produktionsprozesse anders zu verwenden, in Frage steht. Und das wird in zwei Hinsichten von Bedeutung sein. Erstens dann, wenn die Umstellung von Kapital aus einer Produktion in eine andere in Frage steht, weil ein Fehler in der Lenkung der Produktion dazu geführt hat, daß von einer Art an Konsumgütern zu viel, von einer anderen zu wenig erzeugt wird, so daß die Produktion der Gestaltung der Nachfrage nicht angepaßt erscheint. Zweitens aber kann hier zum Problem werden, daß die Investierung von freiem Kapital in zu langen Produktionsumwegen erfolgt ist, so daß sich ein Aufbau der Güterversorgung der Wirtschaft ergibt, in welchem neben vielen Kapitalgütern zu wenig freies Kapital gegeben ist. In beiden Fällen wird die

---

[1] Dieser Ausdruck in Anschluß an die Terminologie *Wiesers* bei *Hayek*.

Tatsache, daß Kapitalgüter, welche eine spezifische Form angenommen haben, nicht gebraucht werden, daß vielmehr an ihrer Stelle andere Güter — statt der Kapitalgüter Konsumgüter in zweitem Falle oder aber im ersten Falle statt der tatsächlich gegebenen Kapitalgüter andere — deshalb zu Schwierigkeiten führen, weil die spezifische Qualität der Kapitalgüter Umstellungen erschwert.

Aus der Tatsache aber, daß in Kapitalgütern investiertes freies Kapital nicht dieselben Funktionen ausüben kann wie das freie Kapital, ergibt sich das Problem der Liquidität der Kapitalanlage als ein Problem der Gestaltung des Kapitals. Die Zeit der Bindung des freien Kapitals wird am kürzesten sein bei einem freien Kapital, das zur Beschaffung von originären Produktionsmitteln in der Konsumgütererzeugung dient; sie wird schon länger sein, wenn freies Kapital originäre Produktionsmittel in der Erzeugung von Roh- und Hilfsstoffen alimentiert, sie wird am längsten sein, wenn das freie Kapital dazu dient, originäre Produktionsmittel in die Erzeugung von dauerhaften Kapitalgütern zu lenken. Wenn eine übermäßige Investierung von Kapital vorgenommen ist, dann sind wohl Anlagen in der Wirtschaft, welche einmal das Erzeugen von Subsistenzmitteln ermöglichen würden, es fehlt aber zur Zeit an freiem Kapital, welches die Fortführung der Produktion ermöglicht. Dieser Tatbestand kann am schärfsten in der Formel dargestellt werden, daß jedes Kapitalgut und insbesondere jedes dauerhafte Kapitalgut eine entsprechende Menge von freiem Kapital als *komplementäres Gut* erfordert, wenn es zur Versorgung der Wirtschaft beitragen soll[1]. Es ist dann, wenn

---

[1] Die Lehre von den komplementären Gütern ist von *Menger* entwickelt worden. — Eine Ausnahme gegenüber dem oben angeführten Grundsatze wäre nur dann gegeben, wenn es sich um Kapitalgüter handelt, welche bereits in einem so konsumnahen Zustande der Ver-

Kapitalanlagen die notwendige Ergänzung an freiem Kapital nicht finden, eine „Disproportionalität" im Aufbau der Proportion gegeben, es ist freies Kapital „fehlgeleitet", indem es in zu großem Ausmaße in Anlagen investiert worden ist, ohne daß genügend freies Kapital bereitgestellt wäre, welches die Fertigstellung der Produktion ermöglicht.

Und wenn man den Tatbestand festhalten will, daß da das freie Kapital in zu großem Ausmaße gebunden worden ist, so kann man sagen, daß das Kapital immobilisiert ist, daß die Kapitalanlagen illiquid geworden sind. Ganz trivial ausgedrückt: Es sind Maschinen und Rohstoffe da, aber zu wenig von dem, was die Menschen, welche arbeiten sollen, zu ihrem Lebensunterhalte brauchen; die Arbeiter können nicht auf Vorschuß arbeiten, solange sie nichts zu leben haben. Wenn es der normale Verlauf jeder Verwendung von freiem Kapital ist, daß dieses nach Ablauf einer Zeit der Bindung wiederum zum „liquiden" freien Kapital wird, so ist bei der Immobilisierung das Kapital in zu weitem Ausmaße in Verwendungen gelenkt worden, aus welchen es nicht rechtzeitig und deshalb überhaupt nicht freigesetzt werden kann. Denn der einzige Weg, um freies Kapital, das einmal gebunden (investiert) worden ist, wiederum freizusetzen ist der, daß der einmal unternommene Produktionsumweg bis zum Abschlusse durchgeführt wird: Erst wenn ein Produkt an Konsumgütern da ist, ist das einmal gebundene Kapital aus der Bindung wieder losgelöst worden. Es ist klar, daß eine übermäßige Bindung von freiem Kapital identisch ist mit der Wahl zu langer Produktionsumwege. Die „richtige" Länge der Produktionsumwege ist ja dann

arbeitung sind, daß ohne einen — hier relevanten — Zeitverlust fertige Konsumgüter hergestellt werden können. Für die hier angestellten allgemeinen Erwägungen über die Liquidität von Kapitalanlagen kommen diese Ausnahmen nicht weiter in Betracht.

gegeben, wenn die Produktionsumwege so weit ausgedehnt sind, als bei dem vorhandenen Vorrate an freiem Kapital gerade möglich ist, ohne daß ein Ausfall in dem Nachschub an Produkten stattfindet[1]. Wenn der normale Prozeß der Liquidierung von Kapitalanlagen, die Fortführung der in Aussicht genommenen Produktion, infolge Mangel an freiem Kapital nicht durchgeführt werden kann, so wird eine Verkürzung der Produktionsumwege notwendig sein. Würde die Bevölkerung es überhaupt nicht rechtzeitig merken, daß zu weite Produktionsumwege eingeschlagen worden sind, und würde sie das freie Kapital verzehren und investieren[2], ohne für die rechtzeitige Wiedererzeugung vorzusorgen, und würden dann der Bevölkerung zwar halbfertige Produkte aber keine Konsumgüter zur Verfügung stehen, so muß jeder Produktionsumweg eingestellt werden und die Produktion auf Augenblicksproduktion umgestellt werden. Darauf haben wir schon hingewiesen. Tatsächlich wird es aus zwei Gründen nicht so weit kommen müssen. Erstens

---

[1] Die Wahl zu kurzer Produktionsumwege wird dazu führen, daß der Vorteil der Ausdehnung der Produktionsumwege, die Steigerung des Ertrages, nicht erreicht wird. Es wird sich dies äußern in einer übergroßen Liquidität, also in einer besonders reichen Versorgung mit freiem Kapital, welcher auf der anderen Seite später ein geringerer Ertrag der Produktion gegenüberstehen wird. Wir werden über diesen Zustand später noch etwas zu sagen haben.

[2] Verzehren und Investieren ist hier identisch: Indem freies Kapital (ein Subsistenzmittelfonds) zur Alimentierung von Produktionsmitteln dient, welche im Produktionsumwege arbeiten, welche also noch nicht konsumreife Produkte erzeugen, dient dieses freie Kapital zugleich dem Unterhalt der die originären Produktionsmittel Beistellenden. Verzehren wäre nur insoweit ein weiterer Begriff gegenüber dem Investieren, als Unterhaltsmittel nicht dem „reproduktiven Konsum" dienen. Das ist bei der Umschreibung des freien Kapitals ausgenommen. Es umfaßt dieses ja nur jene Subsistenzmittel, welche zur Alimentierung von originären Produktionsmitteln verwendet werden.

wird wohl der Zustand der Immobilisierung des Kapitalbesitzes noch vor dem Eintreten dieses Zustandes bemerkt werden können. Es wird dann eine Umstellung der Produktion in der Weise erfolgen, daß ein Teil der Produktionsumwege nicht weitergeführt wird, während der andere Teil unter verstärktem Zusatz von originären Produktionsmitteln, welche mit dem noch vorhandenen Rest des freien Kapitals alimentiert werden, fortgeführt wird; das ist gleichbedeutend mit einer Verkürzung des Produktionsumweges bei diesen Produktionen[1]. Zweitens aber wird eine Umstellung der Produktion — gleichfalls im Sinne einer Verkürzung des Produktionsumweges — noch dadurch möglich sein, daß Kapitalgüter, welche nicht besonders spezifischer Natur sind, aus einem vorgesehenen längeren Produktionsumwege in einen kürzeren umgestellt werden. Insoweit das möglich ist, werden Kapitalgüter, welche ihre Entstehung einer übermäßigen Ausdehnung der Produktions-

[1] Wenn freies Kapital in der Menge von n zur Verfügung steht, die Fortführung der ganzen Produktion aber $2n$ erfordern würde, so bedeutet die Fortführung der halben Produktion unter Zusatz von freiem Kapital in der Menge n, also das Zusetzen von relativ mehr originären Produktionsmitteln in der nächsten Zeit, eine Verkürzung des Produktionsumweges dieser Produktionen gegenüber dem Zustande, daß das in diesen bereits investierte Kapital nur mit Zusatz der Hälfte des flüssigen Kapitals n weiter bearbeitet wird; dies deshalb, weil dann relativ mehr originäre Produktionsmittel in einem der Fertigstellung des Produktes näher stehenden Stadium des Produktionsprozesses verwendet werden. (Es könnte das auch in der bekannten Form einer Durchschnittsrechnung anschaulich gemacht werden. — Die durchschnittliche Dauer der Bindung von Kapital in einer Produktion wäre gegenüberzustellen der längsten Dauer, welche zwischen der Aufwendung eines Produktionsmittels und der Wiederholung derselben vergeht; die erste Größe könnte als Index für die Kapitalintensität der Produktion dienen, während die zweite nur eine Abgrenzung für die Länge der Periode gibt, innerhalb welcher im statischen Ablauf die Produktionsaufwendungen wiederholt werden.)

Umwege verdanken, doch noch nutzbar gemacht werden können. Bei dieser Umstellung wird freilich nicht selten ein Verlust an diesen Investitionen zu verzeichnen sein. Darüber soll erst später in einem anderen Zusammenhange gesprochen werden[1].

Hier war es unsere Aufgabe, die Rolle des Kapitals in der Produktion darzustellen. Wir haben gesehen, daß die Funktion des Kapitals ausschließlich durch die Tatsache bestimmt ist, daß Produktionsumwege nur dann möglich sind, wenn ein Subsistenzmittelfonds zum Unterhalt der die originären Produktionsmittel Beistellenden gegeben ist. *Alle Probleme des Kapitals sind aus dieser Formel abzuleiten.* Insbesondere auch das in dauerhaften Produktionsmitteln investierte Kapital darf nicht anders als von der Problematik der Produktionsumwege aus betrachtet werden. Wollte man hier von dem physisch gegebenen Tatbestande ausgehen, daß Sachgüter vorhanden sind, welche in der Produktion mithelfen und deren Ertrag steigern, so könnte man niemals die Aufgabe lösen, welche der wirtschaftlichen Betrachtung gegeben sind. Denn auch diese Kapitalanlagen stehen durch zwei Brücken mit dem Problem der Produktionsumwege in engster Verbindung. Einmal dadurch, daß auch die dauerhafteste Kapitalanlage nur

---

[1] Eine dritte Möglichkeit, die einer „Streckung" des vorhandenen Subsistenzmittelfonds wäre noch gegeben in der Verkürzung der Rationen, in welchen dieser Fonds zur Alimentierung der originären Produktionsmittel verwendet wird. Damit wäre die Möglichkeit gegeben, mit dem vorhandenen Subsistenzmittelfonds die Durchführung eines längeren Produktionsumweges zu unternehmen. Von dieser Möglichkeit sehen wir hier — wie schon an früheren Stellen — deshalb ab, weil wir die Frage der Größe der Rationen erst im Zusammenhange mit der Bildung der Preise der Produktionsmittel, also im Rahmen der Betrachtung der verkehrswirtschaftlichen Organisation der Produktion, behandeln wollen.

als relativ dauerhaft angesehen werden kann, und sonach zu ihrer Erhaltung notwendigerweise das immer erneute Aufwenden von originären Produktionsmitteln erfordert, welche investiert werden müssen, lange bevor sie einen Ertrag an Konsumgütern erzielen können; Aufwendungen, welche nur möglich sind, wenn so wie für jeden Produktionsumweg freies Kapital zur Verfügung steht. Damit hängt es enge zusammen, daß das dauerhafte Kapital in seinem Ertrage einen Erneuerungsfonds an freiem Kapital erzeugen muß, wenn sein Bestand aufrechterhalten werden soll. Dann aber ist die Verbindung der dauerhaften Kapitalanlagen mit dem Problem der Produktionsumwege noch dadurch gegeben, daß dauerhafte Kapitalanlagen immer ein freies Kapital als Komplementärgut verlangen. Es ist klar, daß die Ergänzung des fixen Kapitals durch freies Kapital, das besonders lange gebunden bleibt, dort notwendig ist, wo die Dauer, welche zwischen der Verwendung der Kapitalanlage und der Herstellung von Konsumgütern vergeht, eine so lange ist, wie dies bei den Anlagen der Produktionsmittelerzeugung der Fall sein wird, — während dort, wo die fixe Kapitalanlage unmittelbar zur Herstellung von Konsumgütern dient, ein wesentlich geringerer Bedarf an freiem Kapital für eine kürzere Bindung bestehen wird, ja unter Umständen die Bedeutung des freien Kapitals ganz zurücktreten kann. Aber auch hier ist die Verbindung mit einem Bedarf an freiem Kapital gegeben, ja der Bedarf an freiem Kapital indirekt ein besonders großer, weil ja gerade diese Anlage nur durch fortlaufende Erneuerung in ihrer Leistungsfähigkeit erhalten werden kann; und diese Erneuerung ist nur durch die Aufrechterhaltung der ganzen vorgelagerten Produktionsmittelerzeugung möglich, welche einen großen Bedarf an freiem Kapital, und zwar mit besonders langer zeitlicher Bindung hat.

Wenn wir aber hier die Prinzipien, welche die im Produktionsumwege arbeitende Produktion beherrschen, in allgemeiner Weise dargestellt haben, so haben wir es unterlassen zu fragen, in welcher Weise die die Wirtschaft beherrschenden Kräfte es bewirken, daß sich die Produktion diesen Prinzipien anpaßt. Wenn wir gesehen haben, daß die Produktion die Länge der Produktionsumwege dem Vorrat an freiem Kapital anpassen muß, so haben wir nicht gefragt, wie diese Anpassung erfolgen wird. Die allgemeinen Sätze, daß die Wahl zu kurzer Produktionsumwege eine mögliche Steigerung der Produktion versäumen läßt, daß die Wahl zu langer Produktionsumwege zu einer Immobilisierung des Kapitalvorrates der Wirtschaft führt, sagen noch nichts darüber, in welcher Weise die Anpassung der Produktion an den Kapitalvorrat vor sich gehen wird. Wir werden diese Frage später im Rahmen der Preisbildung innerhalb der Verkehrswirtschaft behandeln. Dann erst werden wir sehen, daß das, was alle Bewegungen der Anpassung der Produktion an den Kapitalvorrat beherrscht, die Höhe des Zinsfußes ist.

ZWEITES KAPITEL

DIE VERTIKALE UND HORIZONTALE VERBUNDENHEIT DER PREISE

§ 1. DAS SYSTEM DER PREISE

Der Prozeß der Verkehrswirtschaft wickelt sich zwischen zwei Polen ab: Dem Angebot an Produktionsmitteln auf der einen Seite und der Nachfrage nach Konsumgütern auf der anderen Seite. Insoweit dieser Prozeß allein bestimmt ist durch das Bewegungsprinzip des Tausches realer Güter (einschließlich der Arbeitsleistungen), ist im voraus eine Identität der nach Konsumgütern Nachfragenden und der die Produktionsmittel zur Verfügung Stellenden gegeben. Kein Wirtschaftssubjekt kann dann aus der Tauschwirtschaft ein Konsumgut erhalten, das nicht eine Gegenleistung in der Form der Lieferung eines Produktionsmittels geboten hätte. Daraus ergibt sich das Bild eines Kreislaufes in der Wirtschaft. Die einzelnen Produktionsmittelbesitzer stellen dem wirtschaftlichen Prozeß ihre Produktionsmittel zur Verfügung und erhalten als Gegenwert Konsumgüter. Damit ist es ihnen aber — soweit die Produktionsmittelbesitzer (Arbeiter) in ihrer wirtschaftlichen Existenz abhängig sind von der Erlangung eines Ertrages ihrer Leistungen — zugleich möglich gemacht, auch weiterhin an dem Wirtschaftsprozesse teilzunehmen, neuerlich ihre Produktionsmittel zur Verfügung zu stellen und immer wieder einen Anteil am Produkte zu erwerben. Es ist selbstverständlich kein Anlaß zur Annahme gegeben, daß in diesem Kreislaufe der Wirtschaft die immer wiederkehrende Wiederholung eines und desselben Vorganges sich zeigen wird. Wenn auch das einzelne Wirtschaftssubjekt immer wieder seine Produktionsmittel zur Verfügung stellt, um dadurch einen Anteil am Produkte zu erzielen, so kann es sich in den Schwankungen der Wirtschaft vor allem immer wieder ergeben, daß einerseits der Besitz an Produktionsmitteln bei dem Einzelnen sich ändert oder aber anderseits auch, daß der Anteil, welchen er an dem Ergebnisse des Wirtschaftsprozesses erhält, selbst bei unveränderter Menge der von ihm zur Verfügung gestellten Produktionsmittel sich ändert. Es werden sich die verschiedensten Anlässe zu solchen Verschiebungen auch zeigen lassen, die wir hier nicht im einzelnen behandeln können. Aus bestimmten Gründen wird es aber jetzt für uns notwendig sein, daß wir den Versuch machen, den Ablauf des Wirtschaftsprozesses unabhängig von diesen möglichen Verschiebungen darzustellen. Nur so wird es uns möglich sein, zwei große und bedeutende Prinzipien des wirtschaftlichen Geschehens in scharfer Weise zu umschreiben, welche sich im Rahmen einer solchen „statischen" Betrachtung[1] als strenge Gesetze darstellen lassen, während sie dann, wenn man das Bild der Wirtschaft durch Einbeziehung dieser Verschiebungen bereichert und der Wirklichkeit näher bringt, nur mehr — wie man das ausgedrückt hat — als

---

[1] Das soll hier immer soviel heißen wie: Betrachtung eines „stationären" Wirtschaftsablaufes, also eines Wirtschaftsprozesses, in welchem immer derselbe Vorgang sich wiederholt. Damit ist also zunächst vorausgesetzt Konstanz der Daten; eine weitere Voraussetzung, welche hier nicht näher begründet werden soll, ist aber auch hinsichtlich der Einordnung der wirtschaftlichen Zielsetzungen in dem Zeitablauf zu machen: Die Wirtschaftssubjekte müssen eine gleichmäßige Versorgung für Gegenwart und Zukunft anstreben. Darüber wird noch einiges zu sagen sein.

„Tendenzen" sich wirksam zeigen. Die große Bedeutung, welche aber diese Prinzipien auch dann haben müssen, wenn sie sich nur als Tendenzen zeigen, rechtfertigt es, daß wir der strengen Ableitung derselben jetzt einen größeren Raum widmen.

Für Produktionsmittel sowohl wie für Produkte werden sich auf dem Markte Preise bilden und je mehr in der arbeitsteiligen Wirtschaft der Prozeß der Verwendung von Produktionsmitteln für die Erzeugung von Konsumgütern in horizontaler und in vertikaler Richtung zerlegt ist, wobei die einzelnen Teilprozesse ihrerseits durch den Tauschverkehr verbunden sind, desto größer wird die Zahl der Preise sein, welche sich auf dem Markte bilden. Auf dem freien Markte wird jeder dieser Preise sich aus dem Zusammentreffen von Angebot und Nachfrage ableiten lassen. Die Grundsätze, welche da gelten, stellt das allgemeine Preisgesetz dar. In diesem Bereiche genügt uns hier die allgemeinste Formulierung: Wenn das Angebot in der Weise geschichtet ist, daß es mit steigenden Preisen zunimmt, während die Nachfrage mit wachsenden Preisen fällt, so gibt es nur einen einzigen Preis, bei welchem das Angebot gleich der Nachfrage ist; bei freier Konkurrenz auf beiden Seiten wird das „ökonomische Ausleseprinzip des Preiskampfes" den Preis in dieser Höhe bilden. Darüber hinaus wird sich aber noch eine notwendige Verbundenheit zwischen verschiedenen Preisen aufzeigen lassen, eine Verbundenheit, welche so enge ist, daß alle Preise zu einem System ausgebaut erscheinen, in welchem jeder einzelne Preis von jedem anderen abhängig ist. Diese Preisverbundenheit besteht nun zunächst in vertikaler Richtung, d. h. es besteht eine Verbundenheit zwischen den Preisen der Produkte und den Preisen der Produktionsmittel, welche im Kostengesetze erfaßt wird. Die Verbundenheit der Preise ist aber zweitens auch in horizontaler Richtung gegeben, sie ergibt sich daraus, daß die verschiedenen Güter im Wirtschaftsprozesse einander ersetzen können und aus einer Verwendung in eine andere überstellt werden können; und dieser Zusammenhang wird in dem Substitutionsprinzip erfaßt.

Von Wichtigkeit ist hier zunächst, daß dieses Prinzip der Preisverbundenheit in deutlicher Weise zu dem allgemeinen Prinzip der Preisbildung in Beziehung gebracht wird. Da jede Preisbildung auf dem freien Markte nur aus Angebot und Nachfrage zu erklären sein kann, wird sich die horizontale und vertikale Verbundenheit der Preise nur daraus ergeben können, daß auf dem Markte das Angebot oder die Nachfrage einer Ware oder aber auch beide in irgendeiner Weise von Preisen abhängig werden, und zwar von den Preisen anderer Waren. Die Lehre von der Verbundenheit der Preise ist also im Wesen eine Lehre von der Bedingtheit bestimmter Angebot- und Nachfragefiguren. Es wird sich also zeigen müssen, daß unter Umständen ungeachtet des Bestehens des Angebot und Nachfrage gleichsetzenden Preises bei einer Ware, aus der Relation dieses Preises zu anderen Preisen heraus mit Notwendigkeit sich Angebot oder Nachfrage dieser Ware ändern werden. Im voraus ist wohl klar, daß es sich dabei in erster Linie um Angebot und Nachfrage von Produkten handeln wird.

Es sei nur noch kurz darauf hingewiesen, daß der Übergang von der Betrachtung isolierter Preisbildungen zur Betrachtung der Verbundenheit der Preise für die ökonomische Theorie den Schritt zur Erfüllung der Forderung des Systems bedeutet. Nur so ist eine gesamtwirtschaftliche Betrachtung möglich. Die Bewegung im einzelnen ist immer nur die Bildung von einzelnen Preisen aus Angebot und Nachfrage und erst dann, wenn es gelingt, diese Bewegungen in allen ihren Wirkungen weiter zu verfolgen bis sich ein Bild ergibt, in welchem jedes einzelne durch alles andere mitbestimmt erscheint, in welchem eine gesetzmäßige Verknüpfung des Ganzen sich aus der Notwendigkeit, welche jedes einzelne beherrscht, ergibt, nur dann ist die Aufgabe erfüllt, den Kosmos der Wirtschaft darzustellen. Es ist dem Denken jeder Gesetzeswissenschaft aufgegeben, ein geschlossenes System zu bilden. Diese Aufgabe erfüllen heißt aber, sich das System aus der Gesetzlichkeit, welche im einzelnen wirkt, erarbeiten.

§ 2. DAS ANGEBOT AN PRODUKTIONSMITTELN

Es wird hinsichtlich des Angebotes an Produktionsmitteln zunächst festzustellen sein, daß es verfehlt wäre, hier einfach auf die beiden originären Produktionsmittel Arbeit und Bodennutzungen sowie auf die produzierten Produktionsmittel (Kapitalgüter) Bezug zu nehmen und es zu übersehen, daß in jeder dieser drei Gruppen von Produktionsmitteln ganz außerordentlich verschiedenartige Angebote nebeneinander stehen. Es ist schon beim Produktionsmittel der Arbeit völlig klar, daß man niemals von Arbeit schlechthin sprechen darf, daß vielmehr Arbeitsleistungen ganz verschiedenartiger Qualifikation nebeneinander bestehen. Ganz so ist es auch bei den Leistungen der Natur. Hier kommt zunächst der Boden als wichtigster Helfer in der Erzeugung der Vegetabilien, also als landwirtschaftlicher Boden, in Betracht, dann aber auch — insbesondere in der Betrachtung der städtischen Entwicklung wird sich daraus ein wichtiger Problemumkreis ergeben — als Träger von Wohn- und Arbeitsstätten und schließlich auch im weitesten Ausmaße als Beherberger aller verschiedener Rohstoffe und als Träger von natürlichen Kraftquellen, von Transportwegen usw. In den folgenden Ausführungen ist, da uns das Problem der Verwendung des Bodens und der Preisbildung für dessen Leistungen nicht als Sonderproblem interessiert, der Einfachheit halber immer nur an landwirtschaftlich genutzten Boden gedacht. Aber auch schon hinsichtlich des landwirtschaftlich genutzten Bodens ist eine große Unterschiedlichkeit der Qualität gegeben. Schließlich ist es bezüglich des Kapitals klar, daß es ein Angebot von ganz verschiedenartigen bereits produzierten Produktionsmitteln neben dem als freies Kapital in Betracht kommenden Subsistenzmittelfonds geben wird; von diesem Angebote wird erst später gesondert gesprochen werden.

Dieser Hinweis auf einen allgemein bekannten Tatbestand ist hier notwendig, um zunächst zu zeigen, daß mit der Frage nach der Preisbildung der Produktionsmittel die Frage nach einer großen Mannigfaltigkeit von Preisen gegeben ist. In manchen Fällen werden verschiedenartige Produktionsmittel einander ohne Schwierigkeit ersetzen können, indem eine Quantität des einen einer Quantität eines anderen hinsichtlich der produktiven Leistung ohne weiteres gleichzusetzen sein wird. In vielen Fällen wird diese Ersetzbarkeit mit mehr oder weniger großen Schwierigkeiten verbunden sein. Eine solche Ersetzbarkeit wird aber — und es ist wichtig, das von allem Anfang an zu beachten — auch zwischen Produktionsmitteln der verschiedenen Gruppen gegeben sein können, wie das einfachste Beispiel der Ersetzung von menschlicher Arbeit durch Maschinenarbeit zeigt. Vorläufig werden wir es aber vorziehen, daß Angebot der einzelnen verschiedenartigen Produktionsmittel völlig „isoliert" zu betrachten. So werden wir eine große Zahl von Angebotskurven erhalten, von denen eine jede relativ begrenzt sein wird.

Hinsichtlich aller dieser Angebotskurven gehen wir nun

von der Annahme aus, daß sie jene Gestaltung haben, welche wir vorhin beim Hinweis auf das allgemeine Preisgesetz zum Ausgang der Betrachtung genommen haben, daß also das Angebot um so größer sein wird, je größer der auf dem Markte erzielbare Preis ist. Es kommt dabei naturgemäß gar nicht darauf an, ob erst eine große Erhöhung des Preises eine Vermehrung des Angebotes hervorbringt oder ob schon bei einer geringen Erhöhung des Preises eine stärkere Vermehrung desselben zu erwarten ist. Es kann sich also die Angebotskurve in dem üblichen graphischen Bilde einer Vertikalen wie auch einer Horizontalen nähern. Vorausgesetzt ist nur, daß eine Erhöhung des Preises nicht zu einer Herabsetzung des Angebotes führen kann. Wir werden später über die Berechtigung dieser Annahme noch etwas zu sagen haben; hier sei nur einiges gesagt, daß sie etwas plausibel macht, damit der Leser ohne Bedenken den weiteren Ausführungen folgen kann.

Bezüglich des Angebotes an Bodenleistungen werden hier wohl keinerlei Schwierigkeiten bestehen. Die Angebotskurve wird horizontal verlaufen oder mit schwachem Anstieg fast horizontal. Das letztere insoweit etwa einzelne Bodenbesitzer bei zu niedrigem Preise ihren Boden für die Produktion nicht zur Verfügung stellen, indem sie diesen etwa als Voluptoir verwenden werden. Beim Angebot von Arbeitskräften ist dagegen unter Umständen eine fallende Angebotskurve vorstellbar. Es ist da z. B. möglich, daß bei einem wachsenden Lohn Arbeiter, welche bereits den von ihnen erstrebten Lebensstandard erreicht haben, oder Arbeitskräfte, welche am Einkommen anderer teilhaben (Ehefrauen), trotz eines für sie erhöhten Lohnes von weiterer Arbeit Abstand nehmen. Aus ähnlichen Gründen kann — und das ist vielleicht praktisch wichtiger, — bei sinkenden Löhnen das Arbeitsangebot steigen: Die Arbeiter arbeiten mehr um den früheren Lebensstandard aufrechtzuerhalten, trotz sinkender Löhne gehen die Frauen von Arbeitern in Arbeit, wenn durch einen verringerten Verdienst des Mannes die Lebenshaltung der Familie zu sehr eingeschränkt wird. Diese Möglichkeiten sollen hier zunächst ganz aus dem Bereich der Betrachtung ausgeschlossen werden. Wir werden erst später sehen können, daß da immer ein Tatbestand gegeben ist, welcher außerhalb des Rahmens der von uns hier angewandten statischen Betrachtung liegt. Es sei aber darauf hingewiesen, daß ein bedeutendes soziales Moment dahin tendieren wird, das Angebot von Arbeitskräften in jener Form zu schichten, welche einer steigenden Angebotskurve entspricht. Das wird leicht einzusehen sein, wenn man bedenkt, was eigentlich der einzelne von den Angebotsposten, welche das Gesamtangebot an Arbeitskräften konstituieren, bedeutet. Es soll ja in dieser Angebotskurve festgehalten werden, zu welchem niedersten Lohne der einzelne Arbeiter in Arbeit zu gehen bereit ist. Wenn der Arbeiter auf den Arbeitsmarkt geht, um seine Arbeitskraft zu verkaufen, so will er auf diesem Wege einen möglichst großen Erwerb finden. Deshalb, weil der einzelne Arbeiter diesen Erwerb zur Fristung des Lebensunterhaltes so sehr dringlich braucht, werden die Arbeiter in ihrer großen Mehrzahl äußerstenfalls schon zu einem recht geringen Lohne in Arbeit zu gehen bereit sein. Es werden sich aber daneben auch immer Arbeiter finden, bei welchen dieser soziale Druck ein etwas weniger starker ist und welche daher erst bei einem höheren Lohne die Mühe („disutility") der Arbeit auf sich zu nehmen bereit sein werden. Die Schichtung nach dem sozialen Drucke, welcher auf dem einzelnen Arbeiter in unterschiedlicher Stärke lastet, wird nun offenbar eine sehr reichhaltige sein. Es sei etwa darauf hingewiesen, daß der

Familienvater unter einem stärkeren Drucke stehen wird und daher äußerstenfalls auch schon bei einem niedrigeren Lohn in Arbeit zu gehen bereit sein wird als der Jugendliche und der unabhängige Arbeiter, welcher vielleicht bei Angehörigen einen Rückhalt hat oder welcher außerhalb des normalen Arbeitsmarktes (wenigstens gelegentlichen) Erwerb finden kann. Motivationen der verschiedensten Art werden bei der Gestaltung des Angebotes der Arbeit noch eine Rolle spielen: So wird etwa gelegentlich der Arbeiter, welcher etwas zum Zusetzen hat, bei verstärktem Lohndruck sein Angebot zurückhalten können. Auf der anderen Seite wird aber jener Arbeiter, welcher von dem Bestreben nach Erlangung größerer Ersparnisse beherrscht ist, selbst durch Annahme eines stark verringerten Lohnes es zu vermeiden trachten, daß er von dem Ersparten etwas zusetzen muß. Es wird aber auch bei den einzelnen Arbeitern das Streben nach Erhaltung eines traditionellen Lohnminimums verschiedenartig zur Geltung gelangen und insbesondere — wiederum nach Maßgabe des sozialen Druckes, der auf dem einzelnen lastet, — das Nachgeben gegenüber einem sinkendem Lohnpreise bei dem einzelnen bald früher und bald später eintreten. Die Argumentation, welche wir hier vorgetragen haben, soll der Kern einer „statischen Analyse" des Arbeitsangebotes geben, welche eine „Schichtung" des Arbeitsangebotes erweist. Die große soziale Bedeutung dieser Schichtung des Arbeitsangebotes für die ihre Arbeit Anbietenden ist klar. Bei Fallen des Lohnes werden zuerst jene Arbeiter aus der Arbeit ausscheiden, für welche das Arbeitsangbot am wenigsten „dringend" ist, welche nur bei einem höheren Lohne zu arbeiten bereit sind, während jene, die dem stärksten sozialen Druck ausgesetzt sind, welche auch zu geringerem Lohne zu arbeiten bereit sind, in Arbeit bleiben werden. Bei verstärkter Nachfrage nach

Arbeitern anderseits wird die Notwendigkeit der Heranziehung von Arbeitern, welche erst bei einem höheren Lohne zu arbeiten bereit sind, auch im Interesse der schwächeren Anbieter von Arbeitsleistungen den Lohn hinaufsetzen. Das alles gilt zunächst schon für jede einzelne Gruppe von Arbeitern. Insoweit aber ein starkes Steigen der Nachfrage auch die Heranziehung von Arbeitern aus weiteren Arbeitergruppen, also gewissermaßen die Heranziehung von Posten einer fremden Angebotskurve notwendig macht, wird auch hier nur durch steigende Löhne eine Erweiterung des Angebotes an Arbeitskräften möglich sein. Das gilt sowohl für die Heranziehung berufsfremder Arbeiter wie auch für die Heranziehung von Arbeitskräften aus örtlich getrennten Arbeitsmärkten, insoweit in beiden Fällen eine ganz reibungslose Kommunikation nicht im voraus gegeben war. Im allgemeinen wird in der Praxis wohl anzunehmen sein, daß die Angebotskurve der Arbeit in der Regel in der Art gestaltet ist, daß sie nach Ansteigen von einem sehr niedrigen Niveau durch ein relativ langes Stück fast horizontal verläuft, um erst später steil aufwärts zu gehen. In dieser Form wollen wir die Angebotskurve der Arbeit zunächst unserer Betrachtung zugrunde legen.

Bezüglich des Angebotes von Kapital sei hier nichts weiter gesagt. Es ist ja klar, daß bezüglich des Angebotes an Kapitalgütern die Problematik des Angebotes an Produkten heranzuziehen sein wird, welches Angebot ja bereits ein „abgeleitetes" ist.

§ 3. DAS ANGEBOT UND DIE NACHFRAGE DER UNTERNEHMER. DAS KOSTENGESETZ

Der Unternehmer kauft Produktionsmittel ein und verkauft das Produkt derselben an seine Abnehmer. Es ist klar, daß kein Unternehmer dabei Produktionen durchführen wird, bei welchen der Erlös des Produktes geringer ist als die Aufwendungen für den Einkauf der Produktionsmittel. Diese Selbstverständlichkeit wird nur dadurch einer näheren Betrachtung wert, daß da ein Tatbestand vorliegt, welcher den Zugang zum Problem der Verwendung aller Produktionsmittel eröffnet. Es wird aber gerade hier notwendig sein, von der Betrachtung der allereinfachsten Fälle auszugehen, um die Umstände genau zu umschreiben, welche die Stellung des Unternehmers als Nachfragenden gegenüber den Produktionsmitteln wie auch als Anbietenden gegenüber den nachfragenden Abnehmern — hier kommen zunächst Konsumenten, dann aber auch Käufer von Zwischenprodukten in Betracht — bestimmen. Wir haben schon früher Gelegenheit gehabt, darauf hinzuweisen, daß hier die Determination von Nachfrage- und Angebotskurven zum Problem wird.

Der Sachverhalt wird hier ein ganz einfacher sein, wenn wir uns vorstellen können, daß der Unternehmer nur ein einziges (originäres) Produktionsmittel in seiner Produktion braucht. Um nicht immer in völlig abstrakten Formeln sprechen zu müssen, wollen wir hier ein Beispiel bringen, wobei gesagt sein muß, daß heute ein so einfacher Tatbestand nur selten gegeben sein wird, so daß die Auswahl der möglichen Beispiele keine gar zu reiche ist und man zufrieden sein muß, ein vielleicht etwas willkürlich konstruiertes Beispiel zu finden, wenn dieses nur auf unseren Fall ohne sonstige wesentliche Bedenken angewendet werden kann. Wir nehmen also an, daß in einer mittelgroßen Stadt eine Reihe von Unternehmungen besteht, welche sich mit dem Gewerbe des Zimmerputzers befassen. Sie nehmen Arbeitskräfte auf und übernehmen es, durch diese Arbeiter die Reinigung von Wohnungen durchzuführen[1]. Die Unternehmer finden sich auf der einen Seite einer Nachfrage nach ihren Leistungen gegenüber, von welcher es klar ist, daß sie bei wachsendem Preise der Leistungen zurückgehen wird — die Hausfrauen werden dann die Putzarbeit in eigener Regie durchführen oder auch einschränken —, die Unternehmer stehen auf der anderen Seite einem relativ beschränkten Angebot an Scheuerfrauen gegenüber, von welchen es gleichfalls klar ist, daß es bei sehr geringem Lohne nur gering sein wird, während in der nur mittelgroßen Stadt eine wesentlich vergrößerte Nachfrage nur bei stärker steigenden Löhnen befriedigt werden könnte.

Es ist nun leicht einzusehen, daß die Nachfrage der Unternehmer nach Arbeitskräften von der Nachfrage der „Konsumenten", welche nach den Leistungen der Unternehmer nachfragen, bestimmt sein wird. Der Unternehmer wird keine Arbeit übernehmen können, bei welcher er nicht wenigstens seine Aufwendungen für den Arbeitslohn ersetzt erhält, er wird darüber hinaus auch einen Gewinn für sich zu erstreben trachten und wahrscheinlich ohne Erzielung eines solchen Gewinnes die Arbeit nicht übernehmen. Der Unternehmer wird aber bei freier Konkurrenz auch keinen „übermäßigen Gewinn" machen können, da sonst ein anderer Unternehmer billiger wäre und ihm die Arbeit wegnehmen könnte; jeder Unternehmer hätte ja ein Inter-

[1] Daß hier keine Produktion im technischen Sinne vorliegt, darf kein Bedenken sein. Die Wahl gerade dieses Beispieles soll es möglich machen, von der Verwendung mehrerer verschiedenartiger Produktionsmittel (wir können hier das „Material" vernachlässigen) abzusehen, des weiteren von der sogenannten „Bevorschussung" der Löhne durch den Unternehmer, also von der Zahlung des Lohnes vor Fertigstellung des Produktes im zeitraubenden Produktionsumwege.

esse daran, durch Ausdehnung seiner Tätigkeit einen größeren Gewinn zu erzielen. Ein einheitlicher Marktpreis wird für den Arbeitslohn sowie auch für die Leistungen der Unternehmungen gelten und schließlich, wenn man will, auch für den Unternehmergewinn. An unserem Beispiele ist aber deutlich der „Mechanismus" des Kostengesetzes auf dem freien Markte zu sehen:

I. Wenn der Preis für die Leistung des Unternehmers ein Verlustpreis ist, so werden die Unternehmer

1. den am wenigsten zahlungsfähigen Abnehmern gegenüber ihr Angebot zurückziehen und nur die zahlungsfähigeren befriedigen, indem sie mit ihren Preisen hinaufgehen; sie werden aber auch

2. einen Teil ihrer Arbeitskräfte entlassen und den Lohn drücken, so daß nur die „billigeren" Arbeitskräfte im Betriebe bleiben, es werden dadurch die Kosten gesenkt werden.

Beide Tendenzen, die Hebung des Produktpreises wie die Senkung des Kostenpreises werden einander entgegenkommen. Die Bewegung wird dort zum Stillstande gelangen, wo die Kosten (einschließlich des Unternehmergewinnes) dem Preise der vom Unternehmer gebotenen Leistung gleich sind.

II. Wenn der Preis für die Leistung des Unternehmers wesentlich über diesem Kostenpreise ist, so werden

1. die Unternehmer sehen, daß sie auch bei Ausdehnung ihres Angebotes weitere Gewinne machen, und die Ausdehnung des Angebotes wird den Preis drücken; sie werden auch

2. dabei mehr Arbeitskräfte brauchen und diese nur zu steigenden Löhnen heranziehen können.

Wiederum werden die beiden Tendenzen, die Senkung des Produktpreises und die Hebung des Kostenpreises einander entgegenkommen und die Bewegung wird erst bei Erreichung jenes Zustandes zum Stillstande gelangen, bei welchem die Kosten (einschließlich des Unternehmergewinnes) gleich dem Preise der Leistung sind.

Dieses einander Entgegenkommen zweier Preisgrößen ist dabei durchaus nicht etwa als Suchen einer „mittleren Linie" aufzufassen. Es ist wohl deutlich, daß da die Bewegung — ganz so wie im einfachsten Falle einer Preisbildung auf dem freien Markte — eine Bewegung auf zwei Kurven ist, die in einem Schnittpunkte zur Ruhe kommen muß. Damit ist auch deutlich, daß es von der Art des Verlaufes der beiden Kurven, von ihrer mehr oder weniger großen Neigung abhängig sein wird, ob die mengenmäßige Verschiebung eine große sein wird und auch, ob der Preis der Leistung der Unternehmer oder der Preis der Kostengüter sich stärker ändern wird. Der ganze Prozeß der Anpassung an das Kostengesetz bedeutet aber — und es ist wichtig, das nochmals zu betonen — nichts anderes als eine Transformation von Angebots- und Nachfragekurven. Betrachten wir etwa den Fall, daß Verlustpreise bestanden haben. Es ist hier ein Gleichgewicht sowohl auf dem Markte, auf welchem Arbeiter aufgenommen werden, als auch auf dem Markte, auf welchem die Leistungen der Unternehmer ausgeboten werden, gegeben gewesen. Die Unternehmer haben eine bestimmte Nachfrage nach Arbeit gezeigt und diese ist nach Maßgabe des gegebenen Angebotes an Arbeitskräften befriedigt worden. Die Unternehmer haben zugleich ein Angebot an ihren Leistungen auf den Markt geworfen und dieses ist von den zahlungsfähigsten Nachfragenden aufgenommen worden. Das Kostengesetz ist noch nicht zur Geltung gelangt, aber auf beiden Märkten, auf welchen sich Preise gebildet haben, sind diese nach den Grundsätzen des allgemeinen Preisgesetzes zustande gekommen. Nach dem Kostengesetz ist aber die Relation zwischen diesen beiden Preisen nicht richtig gewesen und dieser Umstand zwingt die Unternehmer, ihre Stellung zu ändern, und zwar sowohl als Nachfragende gegenüber den Arbeitskräften wie auch als Anbieter ihrer Leistungen. Die Unternehmer müssen ihre Angebots- und Nachfragestellung revidieren, sie müssen unter dem Einflusse von Verlusten es zur Geltung bringen, daß sie bei dem bisherigen Lohne nicht mehr so viel Arbeiter beschäftigen können wie bisher — ihre Nachfrage hat sich geändert —, und daß sie bei dem bisherigen Preise nicht mehr so viel von ihren Leistungen anbieten können — ihr Angebot hat sich geändert.

Damit ist die Funktion des Unternehmers im Rahmen der Wirksamkeit des Kostengesetzes bei freier Konkurrenz deutlich gemacht: Sie übernehmen das Angebot an Produktionsmitteln und stellen es der Nachfrage der Konsumenten gegenüber, oder aber — das wäre im Wesen dasselbe — sie übernehmen die Nachfrage der Konsumenten und stellen sie dem Angebote der Produktionsmittel gegenüber. Ob die Unternehmer als Anbietende oder als Nachfragende auftreten, sie müssen die Schichtung ihres Angebotes und ihrer Nachfrage den Notwendigkeiten anpassen, welche sich daraus ergeben, daß sie nur als Mittler fungieren.

Es war hier unsere Aufgabe, die Beziehungen, welche das Kostengesetz behandelt, in ihrer einfachsten Form darzustellen. Man darf diese Zusammenhänge nicht vergessen, wenn man dazu übergeht, die Erscheinungen der Wirklichkeit in ihrer komplexeren Ausgestaltung zu betrachten.

§ 4. KOMPLEMENTÄRE PRODUKTIONSMITTEL. DAS „GESETZ VOM ABNEHMENDEN ERTRAG" UND DAS PRINZIP DER GRENZPRODUKTIVITÄT

Die bedeutendste von den Vereinfachungen, die wir eben bei der Entwicklung des Kostengesetzes vorausgesetzt haben, war die, daß wir den Unternehmer nur ein einziges Produktionsmittel verwenden ließen. Schon in dem von uns angeführten Beispiele des das Zimmerputzergewerbe betreibenden Unternehmers haben wir dabei im Grunde der Wirklichkeit Gewalt angetan. Überall aber dort, wo Produktionen im technischen Sinne durchgeführt werden, wird es als Regel angenommen werden müssen, daß mehrere Produktionsmittel nebeneinander verwendet werden. Wenn wir nun diesen Tatbestand der Verwendung „komplementärer Güter" als Produktionsmittel in jene Betrachtungsweise einbeziehen, in welcher wir bisher das Kostengesetz untersucht haben, so ist zunächst ohne Schwierigkeit das Wesen des Problems, das vor uns liegt, zu erfassen. Auf dem Markte der einzelnen Produktionsmittel haben sich aus dem Angebot der Produktionsmittelbesitzer und der Nachfrage der Unternehmer Preise gebildet, welche in der Kostenkalkulation des Unternehmers aufscheinen. Die Preise der Kostenaufwendungen müssen dem Preise des Produktes gegenübergestellt werden und der Mechanismus des Kostengesetzes muß auch hier eine Anpassung herbeizuführen streben. Wenn wir früher gesagt haben, daß der Unternehmer die Nachfrage der Konsumenten übernimmt und dem einzigen Produktionsmittel gegenüber zur Geltung bringt, so ergibt sich hier bei dem Nebeneinanderstehen mehrerer Produktionsmittel das Problem der Zerfällung der einheitlichen Nachfrage der Konsumenten nach dem Produkte in eine Mehrzahl von Nachfragekurven gegenüber den einzelnen Produktionsmitteln. Es steht also die Frage der Zerlegung einer Nachfrage in eine Mehrheit von Nachfragen zur Diskussion. Enge mit dieser Frage aber wird eine zweite Frage verbunden sein, welche sich hier aus dem Zusammenwirken einer Mehrzahl von Produktionsmitteln ergeben muß, während wir ihr früher, bei Annahme eines einzigen Produktionsmittels, noch nicht begegnen konnten. In aller Regel wird nämlich bei der Kombination mehrerer Produktionsmittel in einer Produktion die Sachlage nicht die sein, daß diese Produktionsmittel nur in einer einheitlich gegebenen unveränderlichen Art der Kombination verwendet werden können. Es ist vielmehr fast überall der Fall, daß die produktive Kombination variiert werden kann, daß also eines von den Produktionsmitteln in größerer Menge zum Nachteile der anderen herangezogen werden kann, aber auch daß in einer solchen Kombination ein Produktionsmittel überhaupt abgestoßen werden kann, um durch ein andersartiges, das bisher nicht verwendet worden ist, ersetzt zu werden. So steht neben dem Problem der Zerfällung der Nachfrage das Problem der Substitution jener Produktionsmittel, auf welche sich die Nachfrage bezieht. Beide Probleme können nur zusammen gelöst werden.

Es sei darauf hingewiesen, daß wir uns da vor einem der großen Probleme der Wirtschaft befinden. Sind die Gegebenheiten, von welchen auszugehen ist, zunächst Produktionsmittel und Nachfrage von Konsumenten, so ist die Frage jetzt die, in welcher Weise die Produktionsmittel verwendet werden. Ob ein Produktionsmittel dieser oder jener Produktion zugeführt wird, ob es dieses oder jenes Konsumgut erzeugen wird, ob von diesem oder jenem Konsumgute mehr produziert und den Konsumenten zur Verfügung gestellt wird, ob die Besitzer der einzelnen Produktionsmittel viel oder wenig für ihren Einwurf in den Wirtschaftsprozeß erhalten, ja auch, ob dieses oder jenes Produktionsmittel überhaupt verwendet wird, alles das steht hier in Frage. Ganz deutlich ist zu sehen, welche entscheidende Funktion in der Bestimmung des Wirtschaftsprozesses alle jene Fragen haben, welche sich um das Kostengesetz gruppieren. Es darf da nicht Wunder nehmen, daß die Fragen, welche so weitgehende Antworten heischen, auch manche Schwierigkeiten bereiten. Nun hat die ökonomische Theorie ein Hilfsmittel gefunden, das eine ganz außerordentlich einfache Lösung des Problems ermöglicht, bei dem es vielleicht heute nur mehr darauf ankommen kann, daß man es in einer richtigen Weise verwendet, in einer Weise, in welcher es einerseits tatsächlich eine Lösung zu geben vermag, in welcher es aber auch nicht dazu führt, daß der Wirklichkeit Gewalt angetan wird. Dieses Hilfsmittel, das wir jetzt anwenden wollen, ist der Grundsatz von der Grenzproduktivität.

Nehmen wir an, daß von mehreren verschiedenen Produktionsmitteln — z. B. von zweien, es könnten aber auch beliebig viele sein, — mehrere Einheiten in einer Produktion verwendet werden, und nehmen wir dann, von einer bestimmten Kombination dieser Produktionsmittel ausgehend an, daß bei einem derselben die Zahl der in Anspruch genommenen Einheiten vermehrt oder vermindert wird; es wird da möglich sein, zwischen diesen Verschiebungen und der Größe des Ertrages der Produktion eine bestimmte Relation zu finden, welche in der Formel des abnehmenden Ertrages ausgedrückt wird. Wir erörtern den Zusammenhang zunächst in der einfachsten Formel des sogenannten Gesetzes vom abnehmenden Bodenertrag.

Eine Vermehrung der Aufwendungen von Arbeit auf einem gegebenen Boden kann wohl eine Vermehrung des Ertrages mit sich bringen, doch ist der Ertragszuwachs notwendigerweise nicht proportional dem Zusatz an Arbeitsaufwendungen, sondern bleibt hinter diesem Verhältnisse zurück. *Dieser Zusammenhang ergibt sich mit Notwendigkeit aus der Tatsache, daß es sich da ausschließlich um im wirtschaftlichen Mengenverhältnisse stehende Güter handelt.* Wenn das Gesetz vom abnehmenden Ertrag nicht gelten würde, wenn also eine Verdoppelung der Aufwendungen etwa des Produktionsmittels der Arbeit auch eine Verdoppelung des Ertrages nach sich ziehen würde, so würde kein Landwirt eine Vermehrung seines Bodenbesitzes aus wirtschaftlichen Gründen wünschen können, also auch nicht für eine Vermehrung seines Bodenbesitzes zum Zwecke der Erzielung eines größeren Ertrages etwas zu zahlen bereit sein. Denn selbst eine Verdoppelung des Bodenbesitzes kann bei gleichzeitiger Verdoppelung der Arbeitsaufwendungen nur eine Verdoppelung des Ertrages geben; es wäre aber diese Verdoppelung des Ertrages bei Verdoppelung der Arbeitsaufwendungen auch schon auf dem gegebenen Boden möglich, wenn nicht das Gesetz vom abnehmenden Ertrag gelten würde. Wenn nun aber tatsächlich eine Verdoppelung des Bodenbesitzes einem jeden Landwirt in den Verhältnissen unserer Wirtschaft erwünscht erscheinen wird, wenn jeder Landwirt weiß, daß für diese Verdoppelung des Bodens eine Bezahlung gerechtfertigt ist, so folgt daraus, daß bei Verdoppelung des Bodens und gleichzeitiger Verdoppelung des Arbeitsaufwandes mehr erzielt werden kann als bei alleiniger Verdoppelung des Arbeitsaufwandes ohne Verdoppelung des Bodens. Umgekehrt müßte auch, wenn das Gesetz vom abnehmenden Bodenertrag nicht gelten würde, eine Verminderung des Bodenbesitzes auf die Hälfte gleichgültig sein, weil ja die gleiche Aufwendung auf den halben Boden bedeuten würde, daß auf dieser halben Bodenmenge die Aufwendung an Arbeit verdoppelt worden ist. Wenn diese

Verdoppelung des Arbeitsaufwandes eine Verdoppelung des Ertrages mit sich brächte, so könnte der Landwirt ohne Bedenken die Hälfte seines Bodens hergeben[1].

Wenn man diese Relation in dem gebräuchlichen graphischen Bilde festhält, so zeichnet man den Ertragszuwachs, welchen bei gegebenem Boden „zusätzliche" Arbeiter bringen können, in der Weise ein, daß man jedem, auf der x-Achse aufgetragenen Arbeiter einen in der Form eines schmalen Rechteckes aufgetragenen Ertragszuwachs zuordnet. Jeder zusätzliche Arbeiter bringt einen Ertragszuwachs, der bei immer weiterer Einstellung von Arbeitern immer kleiner wird. Bei jeder gegebenen Zahl von Arbeitern ist das Grenzprodukt der Arbeit zu messen an dem Ertrag des „letzten" eingestellten Arbeiters oder aber an dem Ertragsausfall, den das Ausscheiden eines Arbeiters nach sich ziehen würde.

Ehe wir aber jetzt weitergehen, wird es notwendig sein, den Gedanken, welchen wir jetzt entwickelt haben, zur allgemein gültigen Formel von der Grenzproduktivität weiterzuführen. Wir hätten in unsere Ableitung statt vom Boden und Arbeit ohne weiteres auch von Produktionsmitteln schlechthin sprechen können. Das zeigt sich schon darin, daß wir im Falle des abnehmenden Bodenertrages die Rolle von Arbeit und Boden einfach umkehren können. Es besteht auch gar kein Anlaß, das Prinzip des abnehmenden Ertrages nur bei der Verwendung von Grund und Boden als Produktionsmittel gelten zu lassen. Das, was das „Gesetz vom abnehmenden Ertrag" hinsichtlich des Bodens so anschaulich macht, ist nur der mehr äußerliche Umstand, daß

---

[1] Wir hätten hier statt von der Verdoppelung eines der mitwirkenden Produktionsmittel auch von einer Vermehrung in einem beliebigen Verhältnis sprechen können. — Vgl. dazu die Ausführungen S. 128 ff.

hier augenscheinlich eine sehr verschiedentliche Intensität der Bearbeitung, also die Verwendung von viel oder wenig Arbeit möglich ist, und daß diese uneingeschränkte Variabilität der Produktionsmittel insbesondere in Hinblick auf eine kontinuierliche Vermehrung oder Verminderung des Ertrages bei Zusetzen oder Abziehen eines komplementären Produktionsmittels ohne weiteres vorstellbar ist. Anders scheint die Sachlage zu sein, wenn man etwa eine moderne Maschine in Kombination mit anderen Produktionsmitteln betrachtet. So wird etwa bei einer modernen Zigarettenmaschine eine Vermehrung des Ertrages durch Beistellung von mehr Arbeit und mehr Rohmaterial nur bei Verlängerung der täglichen Arbeitszeit[1] möglich sein, darüber hinaus wird aber eine Steigerung des Ertrages auch nach dem Prinzip des abnehmenden Ertrages überhaupt nicht mehr möglich sein. Ganz ebenso wird aber auch eine Verminderung der Aufwendung an Arbeit und an Rohmaterial den Ertrag linear kürzen, weil die Maschine im Tag durch eine kürzere Zeit laufen wird. Ein Grenzprodukt der Arbeit wäre da überhaupt nicht zu erfassen. Aber auch diese Schwierigkeit ist ohne weiteres zu überwinden. Man muß es nur verstehen, sich von einem Haften in einer technischen Befangenheit loszulösen. Fassen wir die Zigarettenmaschine als Produkt von Eisen und menschliche Arbeit auf, — wobei wir die Besonderheiten, welche sich aus dem zeitraubenden Produktionsumwege ergeben, noch nicht in Betracht ziehen müssen. Die konkret vor uns stehende Maschine kann nun freilich in die Produktionsmittel, aus welchen sie entstanden ist, nicht mehr zurückverwandelt werden. Aber nicht auf das kommt es an. Stellen wir uns das Problem so, wie es bei der Betrachtung des allgemeinen Grundsatzes

[1] In begrenztem Ausmaße vielleicht auch bei Beschleunigung des Ganges der Maschine.

der Grenzproduktivität gegeben ist. An Stelle der zu einer Maschine gewordenen Kombination von Arbeit und Eisen, welche nur mit einer bestimmten weiteren Arbeitsmenge kombiniert werden kann, soll eine andersartige Kombination gestellt werden. Es soll weniger Eisen und weniger „vorgetane" Arbeit und mehr „laufende" Arbeit verwendet werden. Wenn wir das Problem so stellen, so ist ohne weiteres eine Auflösung der Frage nach der Grenzproduktivität der Arbeit möglich. Von der primitivsten Erzeugung des Drehens und Stopfens der Zigarette mit der Hand bis zum modernsten Automaten sind alle nur denkbaren Kombinationen von Eisen, vorgetaner Arbeit und laufender Arbeit möglich. Wir haben nichts anderes als mögliche Kombinationen von Produktionsmitteln vor uns. Von welcher beliebigen „klug gewählten"[1] Kombination wir ausgehen wollten, immer würden wir sehen, daß die Vermehrung eines dieser Produktionsmittel einen Mehrertrag bringt, daß aber der Ertrag nicht in demselben Verhältnisse steigen kann wie die Vermehrung dieses einen Produktionsmittels, weil ja immer erst eine gleichmäßige Vermehrung aller Produktionsmittel eine Steigerung des Ertrages im selben Verhältnisse mit sich bringen könnte. Auf der Basis dieser Argumentation läßt sich das Prinzip der Grenzproduktivität bei jedem Produktionsmittel in Anwendung bringen.

Es ist nun klar, daß wir mit dieser Entwicklung des Grundsatzes der Grenzproduktivität einer Reihe von bedeutenden Problemen aus dem Wege gegangen sind. Schon bei dem Beispiel der Zigarettenmaschine könnte man Einwendungen machen. Wenn eine Fabrik eine Mehrzahl von

[1] Wir werden noch sehen, daß eine Kombination von frei beweglichen Produktionsmitteln, bei welcher die Vermehrung eines Produktionsmittels einen steigenden Ertrag bringt, in einem rationellen Wirtschaftsplan keinen Platz finden kann.

DIE VERBUNDENHEIT DER PREISE

Maschinen stehen hat, so bedeutet der Wegfall eines Arbeiters nach dem anderen immer wieder einen gleichmäßigen Ausfall an Produkt. Wenn die Hälfte der Arbeiter fortgeht, so wird die Hälfte der Maschinen stehen müssen und nur die Hälfte des Produktes erzeugt werden können. Irgendein Zusammenhang, der dem Grundsatze des abnehmenden Ertrages entsprechen würde, ist da überhaupt nicht zu sehen, die Berechnung eines Grenzproduktes der Arbeit ist völlig unmöglich. Darüber hinaus aber können noch weitergehende Einwendungen kommen. Man spricht jetzt nur zu häufig von Fällen, in welchen die Vermehrung eines Produktionsmittels eine überproportionale Steigerung des Ertrages mit sich bringen kann. Eine Fabrik, in welcher bedeutende Aufwendungen für die Arbeitsbereitschaft notwendig sind, wird bei einer Ausdehnung ihrer Produktion von einem ganz geringen Produktionsquantum aus durch eine relativ geringe Vermehrung der Aufwendung zusätzlicher Produktionsmittel ihren Ertrag überproportional steigern können, es wird ein „Gesetz des zunehmenden Ertrages" gelten. Wir werden uns erst später mit diesen Fällen des näheren auseinandersetzen können. Der Weg, auf welchem wir die Lösung dieses Problems bei dem Beispiele der Zigarettenmaschine vorhin angedeutet haben, wird uns auch da zu einer Klarstellung führen können. Es wird sich im Wesen wohl immer darum handeln, daß eine Produktion in Ausnützung des Prinzips der Grenzproduktivität aufgebaut werden kann und daß der Aufbau der Produktion, welcher diesem nicht angepaßt ist, sich in irgendeinem Sinne als verfehlt erweisen muß. Darüber soll erst später gesprochen werden. Wir wollen aber hier zu einer abschließenden Betrachtung des Kostengesetzes gelangen, indem wir allein mit dem Prinzipe der Grenzproduktivität arbeiten.

Die Frage der Zerfällung von Nachfrageposten dem Angebote der einzelnen Produktionsmittel gegenüber ist durch die Anwendung des Prinzips der Grenzproduktivität mit einem Schlage gelöst: Die Nachfrage nach der einzelnen Produkteinheit tritt dem Angebote der einzelnen Produktionsmitteleinheit unmittelbar gegenüber. Jedes Mehr an Produkt bedeutet da nicht ein Mehr an allen Produktionsmitteln, welche in der produktiven Kombination verwendet werden, sondern ein Mehr an diesem oder an jenem Produktionsmittel. Der Unternehmer wird die Nachfrage nach Produktionsmitteln, welche eine mögliche Produktion und einen möglichen Verkauf eines Produktes bedeuten, dem Angebote der einzelnen Produktionsmittel gegenüberstellen und mit jenem Produktionsmittelbesitzer abschließen, welcher das ihm günstigste Angebot macht. Jedes Produktionsmittel, dessen Grenzprodukt einen Preis erzielen kann, der größer ist als der Preis dieses Produktionsmittels, wird in weiterem Ausmaße in Verwendung genommen werden, bis diese beiden Preise einander angeglichen sind. Und ebenso werden auch von einem jeden Produktionsmittel, das mehr kostet als der Preis seines Grenzproduktes beträgt, einzelne Einheiten aus der Verwendung ausgeschieden werden, und dies so lange, bis diese Preisangleichung erreicht ist. Man sieht, daß die ganze Argumentation hier völlig gleichlautend ist mit jener, welche wir früher bei der Besprechung des Falles des einzigen in der Produktion verwendeten Produktionsmittels vorgetragen haben.

Der Mechanismus des Kostengesetzes muß hier zwei Ausgleichungen anstreben:

1. Die Gleichsetzung des Preises eines jeden Produktionsmittels mit dem Preise des Grenzproduktes dieses Produktionsmittels.

2. Die Gleichsetzung des Preises der gesamten Kostenaufwendungen (einschließlich des Unternehmergewinnes) mit dem Gesamterlös.

Damit ist die Auflösung der für die Verwendung der einzelnen Produktionsmittel entscheidenden Frage der Relation von Produktionsmittelpreis und Produktpreis gegeben, die bei Vorliegen der Verwendung einer Mehrzahl von Produktionsmitteln gestellt ist[1].

§ 5. DER KAPITALZINS UND DIE REGULIERUNG DES AUFBAUES DER PRODUKTION IN DER ZEIT

Wir haben schon darauf hingewiesen, daß die Erweiterung einer Produktion grundsätzlich durch zwei verschiedene Maßnahmen möglich ist: einerseits durch Vermehrung der verwendeten Produktionsmittel, wobei die Vermehrung der Menge eines in Verwendung genommenen Produktionsmittels dem Grundsatze vom abnehmenden Ertrag unterliegen wird; anderseits aber ist eine Erweiterung der Produktion ohne Vermehrung der Zahl der Produktionsmittel in der Weise möglich, daß eine zeitliche Rückwärtslegung des Einsetzens der einzelnen Produktionsmittel stattfindet, wobei der Vorteil des Einschlagens von Produktionsumwegen zu einer Steigerung des Ertrages führt. Das haben wir in der zusammenhängenden Darstellung der Lehre von den Produktionsumwegen des näheren auseinandergesetzt. Es hat sich dabei auch gezeigt, daß einer Verlängerung der Produktionsumwege, so sehr sie auch im Interesse einer Steigerung der Ergiebigkeit der Produktion gelegen ist, doch eine Schranke gesetzt ist, daß durch den Vorrat der

---

[1] Zur Frage der „Koordination" der beiden vorhin genannten Ausgleichungen vgl. zunächst die Ausführungen von *Wicksteed* und *Hicks*.

KAPITAL UND PRODUKTION

Wirtschaft an Kapital die Länge der möglichen Produktionsumwege begrenzt ist. Hier wird es sich nun darum handeln, diese Lehre von den Produktionsumwegen mit der Lehre von der Preisbildung der Produktionsmittel und mit dem Kostengesetze in Zusammenhang zu bringen. In der Wirtschaft, welche durch den Tauschverkehr bewegt ist und in welcher die einzelnen Produktionsmittelbesitzer den Erfolg ihrer wirtschaftlichen Tätigkeit wie auch den Mißerfolg an Preisen messen, kann auch nur auf dem Wege über Preisbildungen die Verwendung des Kapitals, die Einschlagung der Produktionsumwege, bestimmt werden. Der Kapitalbesitzer wird an Preisen messen, in welcher Art er sein Kapital richtig, d. h. hier mit dem größten für ihn erzielbaren Ertrag anlegen kann. Es fragt sich zunächst, welche Preise dabei in Betracht kommen.

Nehmen wir an, es soll eine einen Produktionsumweg einschlagende Produktion von einem Unternehmer aufgebaut werden. Um die Funktion des Kapitals dabei völlig klar zu sehen, nehmen wir einen besitzlosen Unternehmer an, welcher von dem Kapitalbesitzer Kapital erwirbt; wir nehmen — um die Sachlage nicht unnötig zu verwirren — des weiteren an, daß der Unternehmer außer dem, was er von dem Kapitalbesitzer erwirbt, an Produktionsmitteln nur noch Arbeitskräfte benötigt.

Wenn Verfügung über Kapital nichts anderes bedeutet als die Möglichkeit, Produktionsumwege einzuschlagen, also heute Produktionsmittel aufzuwenden, welche erst später einen Ertrag geben, so ist diesem Kapitalmarkte der Tausch von „Gegenwartsgütern" gegen „Zukunftsgüter" eigentümlich. Der Kapitalbesitzer gibt also dem Unternehmer etwas hin und verlangt nicht sogleich eine Gegenleistung, sondern er macht es dem Unternehmer möglich, das, was er vom Kapitalbesitzer erhalten hat, in einem

DIE VERBUNDENHEIT DER PREISE 79

Produktionsumwege „anzulegen", wobei der Kapitalbesitzer mit einer späteren Gegenleistung zufrieden ist, mit einer Gegenleistung, welche erst aus dem Erfolge des Produktionsumweges zu erbringen ist. Und fragen wir jetzt nach dem, was der Kapitalbesitzer dem Unternehmer übergibt, so können wir an den früher ausgeführten einfachsten Fall anknüpfend dieses Kapital zunächst mit einem Subsistenzmittelfonds identifizieren. Wir stehen da vor dem Falle des Aufbaues einer Kapital verwendenden Produktion aus dem „Naturzustande" einer noch keine produzierten Produktionsmittel besitzenden Wirtschaft. Ersparte Subsistenzmittel sind hier zunächst die einzige Form des Kapitals. Der Unternehmer wird nicht mehr die von ihm aufgenommenen Arbeiter — das wäre ja das Gegenstück der den Produktionsumweg einschlagenden Produktion — in „Augenblicksproduktion" verwenden und ihren Lohn jeweils aus dem sofort erhaltenen Erträgnis dieser Produktion bezahlen, sondern er wird die Arbeit in den Produktionsumweg lenken können und bis zur Erlangung des Produktes die Arbeiter aus dem freien Kapital, das er von dem Kapitalbesitzer erworben hat, bezahlen. Der Subsistenzmittelfonds, welcher die Kapitalfunktion allein ausübt, dient, indem er sukzessive während der Dauer des Produktionsumweges aufgezehrt wird, dem Unterhalte der Arbeiter. Es ist klar, daß der Unternehmer die Arbeiter, welche ja nicht selbst Kapitalbesitzer sind, welche also den Ertrag ihrer Arbeit fortlaufend beziehen müssen, nicht in einem Produktionsumwege verwenden kann, wenn er nicht über einen solchen Subsistenzmittelfonds verfügt.

Um nun Angebots- und Nachfragekurven zu erhalten, nehmen wir an, daß in einer Wirtschaft, welche bisher ausschließlich in Augenblicksproduktion gearbeitet hat, eine Mehrzahl von Unternehmern in einem oder in einigen wenigen Produktionszweigen, in welchen die Einschlagung von Produktionsumwegen eine große Steigerung des Ertrages mit sich bringen kann, in der eben dargestellten Weise unter Heranziehung eines Subsistenzmittelfonds Produktionsumwege einzuschlagen beginnen. Es wird ihnen das dadurch möglich gemacht, daß andere Wirtschaftssubjekte, welche durch Sparen Kapitalbesitzer geworden sind, auf dem sich bildenden Kapitalmarkte einen Subsistenzmittelfonds gegen spätere Rückgabe ausbieten. Wenn Unternehmer Arbeiter aus anderen Produktionen an sich heranziehen — wir haben der Einfachheit halber Arbeit als einziges Produktionsmittel angenommen — und Produktionsumwege einschlagen, werden sie schließlich mit diesen Arbeitern einen größeren Ertrag erzielen als dies in der Augenblicksproduktion möglich gewesen wäre. Wenn wir diesen Prozeß in der Sphäre der Preise verfolgen wollen, werden wir zwei Bewegungen erkennen: Zunächst wird der Lohn der Arbeiter gestiegen sein. Denn nur durch Überbietung im Lohn werden die Arbeitskräfte aus ihren bisherigen Verwendungen herausgezogen werden können. Dieses Moment mag nun allerdings bei der Bewegung der Einführung von Produktionsumwegen, welche relativ kleine Räume der Wirtschaft umfassen, kaum eine wesentliche Bedeutung erlangen. Es kann übrigens ganz in Wegfall gelangen, wenn wir uns vorstellen, daß Unternehmer, welche bisher in Augenblicksproduktion gearbeitet haben, mit den bisher beschäftigten Arbeitern die Produktionsumwege einzuschlagen beginnen. Zweitens aber — und das ist von größerer Bedeutung — werden wir nach Beendigung der Produktionsumwege ein Fallen des Preises des Produktes erwarten müssen. Dies deshalb, weil in der umwegigen Produktion mehr Produkte erzeugt werden. Durch diese Bewegungen in den Preisen wird die

Spanne, welche die Mehrergiebigkeit des Produktionsumweges für einen Gewinn über den Arbeitskosten offen läßt, herabgesetzt. Wir werden nun sehen, daß bei richtiger Disposition der Unternehmer dennoch eine solche Spanne übrig bleiben muß, daß also nur dann ein Produktionsumweg eingeschlagen werden kann, wenn sich eine solche Spanne zwischen den Kosten der Arbeit und dem Preis des Produktes ergibt.

Um das deutlich zu zeigen, wollen wir an eine Formulierung anknüpfen, welche wir schon an einer früheren Stelle verwendet haben. Der Unternehmer hat zwei Möglichkeiten, seine Produktion auszudehnen: Er kann entweder mehr Arbeiter verwenden oder den Produktionsumweg verlängern. Bezüglich der Mehreinstellung von Arbeitern ist die Sachlage im voraus klar: Es liegt in diesem Falle eine lineare Erweiterung der Produktion vor. Doppelt soviel Arbeiter werden in der gleichen Augenblicksproduktion ein doppelt so großes Produkt erzielen[1]. Bezüglich der Verlängerung des Produktionsumweges muß aber zu dem, was wir schon früher über diesen Gegenstand gesagt haben, etwas hinzugefügt werden.

Es muß außer Zweifel stehen, daß eine „klug gewählte" Verlängerung des Produktionsumweges, das Einschalten einer Zeitspanne zwischen der Aufwendung des Produktionsmittels und der Erzielung des Fertigproduktes den Ertrag steigern kann. Sobald einmal dieser Ausgang feststeht, ist dasjenige, was den Produktionsumweg möglich macht, ein Mittel zur Steigerung des Ertrages, ganz so wie eine zusätzliche Menge von irgendeinem originären Produktionsmittel. Wir können „das den Produktionsumweg Ermög-

[1] Ein abnehmender Ertrag kommt nicht in Frage, da wir Arbeit als einziges Produktionsmittel angenommen haben.

lichende" ganz so wie Arbeit oder Grund und Boden als ein Produktionsmittel P_1 bezeichnen, welches mit einem anderen Produktionsmittel P_2 — z. B. menschliche Arbeit — „kombiniert" werden kann, wobei in der Art der Kombination eine sehr weitgehende Variabilität gegeben ist. Das Zusammenwirken zweier im wirtschaftlichen Mengenverhältnis stehender Produktionsmittel muß aber dem Prinzipe des abnehmenden Ertrages unterliegen[1]. Das heißt, daß die Kombination einer gegebenen Menge von P_1 mit einer wachsenden Zahl von Einheiten P_2 einen immer abnehmenden Ertragszuwachs ergibt. Die Ableitung dieses Prinzips des Zusammenarbeitens von Produktionsmitteln haben wir zunächst bezüglich des sogenannten Gesetzes vom abnehmenden Bodenertrag gegeben, dann haben wir gleich gesehen, daß da ein allgemeines Prinzip der Kombination von Produktionsmitteln vorliegt: Niemand würde in der Produktion für einen Zusatz von P_1 etwas geben, wenn er schon durch eine Vermehrung der Verwendung von P_2 einen dieser Vermehrung proportionalen Mehrertrag erzielen könnte. Daraus ergibt sich: Wenn eine beliebige Kombination von P_1 und P_2 gegeben ist, kann durch Zusetzen einzelner Einheiten von P_1 oder auch durch Zusetzen von einzelnen Einheiten von P_2 ein „abnehmender" Mehrertrag erzielt werden. Und damit ist für P_1 wie auch für P_2 die Formel der Grenzproduktivität anwendbar. Dabei ist es gleichgültig, welches dieses Produktionsmittel ist, ob es Arbeit ist oder Grund und Boden oder aber auch „dasjenige, was die Einschlagung von Produktionsumwegen möglich macht". Damit sind wir bei der Anwendung des Prinzips der Grenzproduktivität hinsichtlich der Verwendung des Kapitals. Weil das Verwenden von freiem Kapital

[1] Vgl. dazu die Ausführungen S. 128 ff.

in unserem Beispiele das Einschlagen des Produktionsumweges ermöglicht, weil der Subsistenzmittelfonds jenes „Produktionsmittel" ist, welches durch die Verlängerung des Produktionsumweges die Steigerung des Ertrages ermöglicht, so erhält auch dieses Produktionsmittel einen Anteil am Ertrage nach Maßgabe seines Grenzproduktes. Denken wir wieder zurück an eine Formel, die wir früher verwendet haben. Der Unternehmer übernimmt die Nachfrage der Konsumenten und verwandelt sie in eine Nachfrage nach verschiedenen Produktionsmitteln. Er wird jedes Produktionsmittel nach Maßgabe seiner Grenzproduktivität bezahlen können. Er wird dabei in seiner Nachfrage jenes Produktionsmittel bevorzugen, welches ihm einen Mehrertrag zu einem billigeren Kostenpreis verschafft, er wird von jedem Produktionsmittel, dessen Grenzprodukt geringer ist als der Preis, den er für die Verwendung desselben bezahlen müßte, so lange einzelne Einheiten abstoßen, bis das Grenzprodukt mit diesem Preise übereinstimmt. Er wird keine Einheit eines Produktionsmittels verwenden, wenn es ihm nicht wenigstens einen Ertragzuwachs im Ausmaße der Kosten der Verwendung dieses Produktionsmittels einbringt. So wie für Arbeit und Grund und Boden gilt das auch für den Subsistenzmittelfonds. Der Unternehmer kann bei „richtiger" Durchführung der Produktion jenem, welcher ihm einen Subsistenzmittelfonds zur Verfügung stellt und ihm dadurch die Einschlagung eines Produktionsumweges ermöglicht, nicht nur diesen Subsistenzmittelfonds zurückgeben, sondern ihm auch noch einen Zins zahlen. Das erste ist im voraus klar: Denn die Größe des Subsistenzmittelfonds, welcher in der Produktion aufgewendet wird, ist identisch mit der Höhe der Lohnsumme. Dieser Kostenaufwand muß ohne weiteres im Produkte gedeckt sein. Auch das zweite ist aber klar: jede „Ration" des Subsistenzmittelfonds, welche für eine Lohnzahlung gedient hat. hat bedeutet, daß nicht nur eine Arbeitseinheit aufgewendet werden konnte, sondern auch, daß sie um jene Zeitspanne früher in den Produktionsprozeß eingesetzt werden konnte, durch welche dieser Teil des Subsistenzmittelfonds in der Produktion gebunden war. Wäre dieser Teil des Subsistenzmittelfonds nicht gegeben gewesen, so hätte diese Arbeit auch aufgewendet werden können, — aber nur im letzten Augenblick der Produktion, wobei sie sogleich aus dem Ertrage entlohnt worden wäre. Daß diese Arbeit früher eingesetzt werden konnte und daß damit der Ertrag gesteigert worden ist, das ist der Erfolg der Mitarbeit des Subsistenzmittelfonds. Nur diesem Umstande ist ein Mehrertrag zu danken, von diesem Umstande, von der Tatsache. daß ein Subsistenzmittelfonds verwendet worden ist, ist ein Mehrertrag abhängig gewesen. Die Verwendung des Subsistenzmittelfonds muß also eine Spanne zwischen den Kosten der Arbeit und dem Preise des Produktes schaffen. Von der Aufwendung des Subsistenzmittelfonds ist ein Anteil am Ertrage abhängig, welcher sich in der Formel von der Grenzproduktivität erfassen läßt. Deshalb kann der Unternehmer nach Maßgabe des Grenzproduktes einen Zins bezahlen[1]. Der Unternehmer wird aber den Kapitalzins auch zahlen müssen, solange einem begrenzten Kapitalangebot eine Nachfrage gegenübersteht, welche durch Verwendung von mehr Kapital, durch Verlängerung der Produktionsumwege, ihren Ertrag steigern kann. Nur wenn der Unternehmer den Kapitalzins zahlen kann, wird er

---

[1] Die Formulierung bei *Knut Wicksell* lautet: „Das Kapital ist ersparte Arbeitskraft und ersparte Bodenkraft; der Kapitalzins macht den Unterschied zwischen der Grenzproduktivität der ersparten (aufgespeicherten) Arbeits- und Bodenkraft und der Grenzproduktivität der laufenden (gegenwärtigen) aus." Vorlesungen, Bd. 1, S. 218.

neben anderen mit ihm konkurrierenden Unternehmern auf dem Kapitalmarkte zum Zuge gelangen können.

Wenn wir aber früher darauf hingewiesen haben, daß der infolge der Einschlagung von Produktionsumwegen zu erwartenden Steigerung des Ertrages in der Erhöhung des Lohnes auf der einen Seite und in der Herabsetzung des Produktionspreises auf der anderen Seite eine Tendenz zur Minderung der Gewinnspanne gegenübersteht, so kann nun kurz darauf hingewiesen werden, daß die Situation bei der Einschlagung von Produktionsumwegen in keiner Weise andersartig ist als sonst bei einer neuen Produktion. Wenn irgendeine neue Produktion eingeführt wird, so muß der Unternehmer Produktionsmittel an sich heranziehen und er wird durch Vermehrung des Produktes den Preis desselben drücken. Der Unternehmer wird aber bei „richtiger Wahl" seiner Betätigung nur eine solche Produktion beginnen können, bei welcher er trotz dieser Gegenwirkungen keine Verluste erleidet. Oft wird ja das Auftreten eines einzigen Unternehmers weder den Preis des Produktionsmittels so stark in die Höhe setzen noch den Preis des Produktes so weit senken, daß es notwendig wäre, mit diesen beiden Bewegungen überhaupt zu rechnen. Hier war nur in minuziöser Weise auf diesen Fall hinzuweisen, um die Anwendung für den Fall der Einschlagung von Produktionsumwegen zu geben: Auch hier wird der Unternehmer nur solche Produktionsumwege einschlagen dürfen, bei welchen er einen Mehrertrag erzielt, aus welchem er neben den anderen Kosten den Kapitalzins bezahlen kann.

Das weitere ist nur mehr eine Anwendung von Gedankengängen, welche uns bereits vertraut sind. Bleiben wir zunächst noch bei dem Subsistenzmittelfonds als Form des Kapitals. Je mehr Kapital dieser Art gebildet ist, desto mehr und desto längere Produktionsumwege können eingeschlagen werden, bis schließlich praktisch alle Produktionen nur mehr in Produktionsumwegen durchgeführt werden. Die Mehrergiebigkeit dieser Produktionsumwege wird an sich eine sehr verschiedene sein. Es werden jene Produktionsumwege vorgezogen werden müssen, bei welchen sich der größte Kapitalertrag ergibt. Die Verschiebungen werden sich dabei nicht nur auf Verschiebungen von einer Produktion in eine andere erstrecken, nicht nur auf eine Erweiterung dieser und Einschränkung jener Produktion, sondern es werden auch innerhalb der einzelnen Produktionen die Produktionsumwege verkürzt oder verlängert werden müssen. Jener Gegenstand, welcher auf dem Kapitalmarkte gehandelt wird, ist nicht der Subsistenzmittelfonds als solcher, sondern dieses freie Kapital mit Rücksicht auf die Zeit zwischen der Zurverfügungstellung und der Rückzahlung, also ein Gegenstand, welcher in der Formel Kapital mal Zeit zu erfassen ist. Und es ist schließlich klar, daß sich für diesen Gegenstand des Kapitalmarktes auf einem reibungslos funktionierenden Markte ein Preis bilden muß in der Form einer einheitlichen Zinsrate. Die Kapitalbesitzer können einen so hohen Zins als möglich zu erlangen trachten, die Unternehmer werden infolge der Mehrergiebigkeit der Produktionsumwege in der Lage sein, das, was sie erhalten haben, vermehrt um einen Zins zurückzuzahlen. Dem Angebote der Kapitalbesitzer steht die Nachfrage der Unternehmer gegenüber, welche nach dem Maß der Mehrergiebigkeit der einzelnen Produktionsumwege, nach der Eignung dieser Produktionsumwege einen mehr oder weniger hohen Zins zu tragen, geschichtet sein wird. So wie bei jeder Preisbildung wird jene Nachfrage zum Zuge gelangen, welche den höchsten Preis — in diesem Falle: den höchsten Zins — zu zahlen in der Lage ist. Unter allen den möglichen Produktionsumwegen werden nur jene durchgeführt werden können, welche den sich auf dem Markte bildenden Zins als Mehrerträgnis herauswirtschaften können; jene Produktionsumwege, welche diesen Zins des freien Marktes nicht zahlen können, müssen unterbleiben. Die Schichtung der Nachfrage nach Kapital wird aber nicht nur bedingt sein durch die Möglichkeit der Erzielung eines mehr oder weniger großen Ertrages in dieser oder in jener Produktion, vielmehr auch noch darüber hinaus durch die Möglichkeit, je nach der Länge des Produktionsumweges in jeder einzelnen Produktion einen mehr oder weniger großen Ertragszuwachs zu erzielen. Und damit sehen wir eine entscheidende Funktion des Kapitalzinses, daß nämlich nur dieser die Möglichkeit bietet, dem Unternehmer eine Abgrenzung für die Länge des Produktionsumweges anzuzeigen. Eine Herabsetzung des Zinses bedeutet die Möglichkeit, Kapital auch in längeren Produktionsumwegen, in solchen, in welchen das „Grenzprodukt" des Kapitals ein geringeres ist, anzulegen, während eine Erhöhung des Zinses zu einer Verkürzung der Produktionsumwege zwingt.

Das, was für den Unternehmer in der Kapital verwendenden Produktion ein neuer Kostenfaktor geworden ist, ist ausschließlich die Höhe des Zinses, auf keinen Fall etwa die Größe des Subsistenzmittelfonds, welchen er als Kapital zu verwenden gedenkt. Denn in dem hier zunächst allein betrachteten Falle, daß die Produktion vom Anfang bis zum Ende von einem Unternehmer durchgeführt wird, daß also keine Kapitalgüter auf den Markt gelangen, ist das Kapital identisch mit der Lohnsumme, welche der Unternehmer vor Erzielung des Produktes zur Bezahlung der Arbeiter „vorschießen" muß. Die Sachlage ist einfach die, daß jede Lohnaufwendung für die Arbeit, welche früher geleistet worden ist, im Produkt nicht nur ihren Gegenwert als Posten der Lohnkosten ersetzt erhalten muß, sondern darüber hinaus auch noch den Kapitalzins unter Berücksichtigung der Zeitdauer der „Bindung" dieses Kapitals. Eine andere Aufwendung eines Subsistenzmittelfonds kann sich in der Preiskalkulation nicht als gerechtfertigt erweisen. In der vielseitig gegliederten Volkswirtschaft muß der Kapitalbesitzer seinen Subsistenzmittelfonds in einer solchen Weise anlegen, daß er für jede Zeit der Anlage seines Kapitals den auf dem Markt geltenden Zinssatz gerechnet für diese Zeit erhält. Der Unternehmer wird das Kapital nicht erhalten können, wenn er nicht diese „zusätzliche" Kostenbelastung tragen kann.

Es wird aber zu beachten sein, daß infolge der bereits erwähnten verschieden möglichen Verschiebungen in der Kapitalverwendung der „Mechanismus" des Kostengesetzes bezüglich des Kapitals komplizierter sein wird als bei den anderen Produktionsfaktoren. Jedenfalls wird auch hier das Prinzip des Grenzproduktes anzuwenden sein. Ein Mehr an Kapital bedeutet die Vermehrung eines Produktionsfaktors, welche dem Prinzipe des abnehmenden Ertrages unterliegen wird. Hier sei dazu nur gesagt, daß die „kluge Wahl" der produktiven Kombination jene Art der Verschiebung zwischen den Produktionsfaktoren vorziehen wird, bei welcher der zu erwartende Mehrertrag ein größerer ist. Dasselbe wird naturgemäß auch in entsprechender Weise bei einer Einschränkung der Verwendung von Kapital in einer Produktion zu gelten haben.

Jetzt kann es uns keine Schwierigkeit bereiten, von dem konstruierten Fall der Durchführung der Produktion durch einen Unternehmer vom Anfang bis zum Ende zu dem der praktischen Wirtschaft entsprechenden Falle überzugehen, in welchem die Produktion nicht in einer ungebrochenen Folge von einem einzigen Unternehmer durchgeführt wird, sondern „vertikal" auf eine Mehrzahl von Unternehmern aufgeteilt erscheint. Das, was hier zum Problem wird, ist die Preisbildung der Kapitalgüter. Nachdem es ohne weiteres klar ist, daß die Preise dieser Kapitalgüter so wie alle anderen Preise von Produkten im statischen Wirtschaftsablaufe Kostenpreise sein werden, genügt hier ein ganz kurzer Hinweis auf die Auswirkung von Kostenaufwendungen innerhalb einer durchlaufend geführten Produktion. Bei Zerlegung dieser Produktion wird ja das Kapitalgut zu jenem Preise getauscht werden müssen, welcher den für seine Erzeugung aufgewendeten Kosten entspricht. Im Laufe der Produktion werden originäre Produktionsmittel aufgewendet und diese Kostenaufwendungen bestimmen in jedem Augenblick den Kostenwert des Produktes, welcher zum Kostenpreise und damit bei einer dem Kostengesetze entsprechenden Einrichtung der Produktion zum Marktpreis wird, sobald ein Kapitalgut aus der Unternehmung auf den Markt gelangt. Daß aber für jeden Anteil eines zeitlich früher aufgewendeten Kapitals der Zins nach dem Verhältnis der Zeitdauer der Bindung dieses Kapitals zu den Kosten gerechnet werden muß, ist nach dem Bisherigen wohl außer Zweifel. Ebenso wird es keinem Zweifel unterliegen können, daß auch bei der Verwendung des Kapitalgutes für die Zeit der Bindung dieses Kapitals ein weiterer Zins als Kostenfaktor gerechnet werden muß. Schließlich wird es auch klar sein, daß dort, wo ein Kapitalgut (eine Maschine) zur Erzeugung einer größeren Zahl von Produkteinheiten verwendet wird, welche erst im Laufe einer längeren Zeit fertiggestellt werden können, die durchschnittliche Dauer der Bindung des in diesem Produktionsmittel angelegten Kapitals zur Berechnung der Kostenbelastung durch den Zins heranzuziehen ist. Der Grundsatz der Preisbildung wird also für dauerhafte Kapitalgüter ganz in derselben Weise zur Wirksamkeit gelangen wie für Zwischenprodukte. Wenn aber der Kapitalzins zum Ausleseprinzip bei der Wahl der Länge des Produktionsumweges wird, so wird er damit auch bestimmend für das Ausmaß, in welchem freies Kapital in die Gestalt von dauerhaften Kapitalgütern verwandelt werden kann. Auch dauerhafte Kapitalgüter entstehen nur durch Investierung von freiem Kapital, ganz so wie Zwischenprodukte. Der Unternehmer, welcher dauerhafte Kapitalgüter erzeugt, schlägt einen besonders langen Produktionsumweg ein, er investiert freies Kapital in einem Produktionsumwege, aus welchem erst relativ spät eine volle Wiederfreisetzung möglich ist. Sonach ist es klar, daß ein niedriger Zinsfuß die Bildung von dauerhaften Kapitalgütern fördern wird. Schon aus diesem Umstande ist deutlich zu sehen, wie notwendig die Zinsrechnung in der umwegigen Produktion ist. Ohne die Zinsrechnung wäre ja gar kein Anhalt dafür gegeben, in welchem Ausmaße die Bindung von Kapital in dauerhaften Anlagen möglich ist, ohne daß ein Mangel an dem Komplementärgut des freien Kapitals entsteht. Über diesen Zusammenhang wird später noch einiges zu sagen sein.

§ 6. DIE VERSORGUNG MIT KAPITAL

Wir haben früher darauf hingewiesen, daß neues Kapital nur in der Form von freiem Kapital entstehen kann. Subsistenzmittel, welche einem Wirtschaftssubjekte als Einkommen zufließen, werden von ihm nicht konsumiert, sondern für die Einschlagung eines Produktionsumweges zur Verfügung gestellt. Nur die „Umdisponierung der Einkommensverwendung", welche darin liegt, daß jemand, welcher ein Einkommen bezieht und es verzehren könnte, ohne seinen Vermögensstand anzugreifen, Subsistenzmittel zur

DIE VERBUNDENHEIT DER PREISE 91

Einschlagung eines Produktionsumweges zur Verfügung stellt, ist die Quelle einer Neubildung von Kapital in der Verkehrswirtschaft[1]. Dieses Beistellen für die Zwecke eines Produktionsumweges stellen wir uns in der Weise vor, daß dieser Subsistenzmittelfonds an einen Unternehmer übergeben wird, welcher mit seiner Hilfe einen Produktionsumweg einschlägt und erst später aus dem Ertrage der Produktion die Rückzahlung leistet. Der Unternehmer kauft mit dem freien Kapital Produktionsmittel ein, wir nehmen zunächst an: er bezahlt mit diesem Arbeiter. Das freie Kapital wird nunmehr von den Arbeitern verzehrt, dafür stehen im Besitze des Unternehmers jene Kapitalgüter — verarbeitete Rohstoffe oder dauerhafte Anlagen —, welche von den Arbeitern erzeugt worden sind. Ist der Produktionsprozeß vollendet, so ist das ursprünglich aufgewendete freie Kapital wiederum reproduziert (sowie um den Kapitalzins vermehrt, das interessiert uns an dieser Stelle nicht weiter) und es kann dem Kapitalbesitzer zurückgegeben werden. Diese Reproduktion erfolgt je nach der Art der Verwendung des freien Kapitals mehr oder weniger schnell. Soweit freies Kapital in einem konsumnahen Stadium der Produktion zur Zahlung von Arbeitern verwendet wird, ist es mit Abschluß dieser Produktion wiederum frei disponibel geworden und es ist wiederum in der Gestalt von neuen Konsumgütern ein freies Kapital hergestellt. Wird das Kapital in einem weiter rückwärts liegenden Stadium der Produktion verwendet, so dauert seine Wiederfreisetzung länger, eben deshalb, weil die Konsumgüter, an deren Erzeugung das Kapital seinen Anteil hat, erst bei vollständigem Abschluß des Produktionsprozesses zur Verfügung stehen. Wird aber das Kapital in der Erzeugung von

[1] Uns interessiert weder hier noch im folgenden die Frage der qualitativen Zusammensetzung des freien Kapitals.

festem Kapital investiert, so wird die Wartezeit bis zur Wiederherstellung ganz wesentlich verlängert: es wird erst nach Fertigstellung von Konsumgütern mit dieser Anlage sukzessive wieder freigesetzt, und zwar in jenem Maße, in welchem in der fortlaufenden Produktion der Erneuerungsfonds geschaffen wird. So wird die Dauer der Bindung von freiem Kapital im Produktionsprozesse eine ganz verschieden lange sein. Aber jeder Teil des freien Kapitals, das in den Produktionsprozeß eingesetzt wird, selbst jenes, welches in den „schwersten" Investitionen verwendet wird, verwandelt sich schließlich wiederum in die ursprüngliche Form des Kapitals, in freies Kapital, zurück. Dieses freie Kapital kann der Kapitalbesitzer weiter in derselben Verwendung belassen: Es bleibt dann weiter zur Verfügung des Unternehmers, welcher denselben Produktionsprozeß wiederholt. In diesem Falle bleibt das einmal gebildete Kapital auf die Dauer erhalten, es wandelt sich mehr oder weniger langsam über die Gestalt von Kapitalgütern wiederum in die Gestalt von Konsumgütern, die neuerlich zur Investierung gelangen. Ein Verlust wird nur dort eintreten, wo die Produktion nicht gelungen ist. Es kann das zunächst heißen, daß die Produktion im technischen Sinne mißglückt ist; in den Schwankungen der Wirtschaft kann es sich aber auch ergeben, daß eine technisch gelungene Produktion deshalb zu einem Mißerfolg führt, weil sie sich in den Rahmen der Wirtschaft nicht einfügt, keine entsprechend zahlungswillige Nachfrage findet. Darüber werden wir noch später zu sprechen haben. Hier ist noch einiges zur Frage der Liquidität von Kapitalanlagen zu sagen.

Der Grundsatz, daß freies Kapital, welches einmal in der Produktion verwendet worden ist, erst nach Fertigstellung seines Produktes, also unter Umständen erst sehr spät wiederum zur Verfügung steht, ist durchaus vereinbar mit der Tatsache, daß in einer Verkehrswirtschaft eine privatwirtschaftliche Liquidität in weit höherem Ausmaße gegeben sein kann. Das ergibt sich bereits bei jeder vertikalen Zergliederung der Produktion. Wenn ein Unternehmer ein Kapitalgut erzeugt und dieses an einen Unternehmer, welcher es etwa als Erneuerung seiner Anlagen braucht, verkauft, wobei er dafür freies Kapital erhält, so ist das in diesem Kapitalgut investierte freie Kapital für den Unternehmer, welcher es erzeugt hat, wieder disponibel, er kann insbesondere das etwa von ihm ausgeliehene Kapital dem Kapitalbesitzer zurückzahlen. Aber es ist doch klar, daß jenes tatsächlich hier investierte Kapital in diesem Tausche nicht frei wird, sondern daß hier nur gewissermaßen ein Tausch zwischen den Positionen zweier Kapitalbesitzer vorliegt: Der Käufer, welcher freies Kapital gehabt hat, übergibt dieses dem Unternehmer gegen Übergabe des im Kapitalgute gebundenen Kapitals. Das Verhältnis zwischen freiem Kapital und Kapitalgütern (gebundenem Kapital) in der Wirtschaft kann durch einen solchen Tausch nicht geändert werden.

Die Frage des Preises der Kapitalgüter unter der Annahme der strikten Wirkung des Kostengesetzes haben wir bereits behandelt. Ein jedes Kapitalgut stellt im Zuge des Prozesses der Aufwendung von Produktionsmitteln zur Herstellung von Konsumgütern ein bestimmtes Stadium dar. Und wie der Preis der Aufwendungen nach dem Kostengesetz dem Preise des Produktes gleich sein muß, so muß auch in jedem Stadium des Produktionsablaufes ein Kapitalgut im Preise gleich sein der Summe der Aufwendungen, welche zu seiner Erzeugung notwendig waren, oder aber auch dem diskontierten Preise des Produktes abzüglich der für dessen Fertigstellung noch notwendigen Aufwendungen. Auf jede Abweichung des Preises eines Kapitalgutes von dieser Höhe wird Angebot und Nachfrage entsprechend reagieren; es werden damit Bewegungen mit der Tendenz zur Anpassung an den Kostenpreis ausgelöst. Es ist selbstverständlich, daß hier die Reaktionen des Angebotes oft erst spät zur Geltung gelangen werden, dies infolge der Tatsache, daß die Erzeugung vieler Produkte eine längere Produktionsdauer in Anspruch nimmt. Es kann bei Schwankungen in der Wirtschaft die Tatsache, daß Kapital in lange dauernden Produktionsumwegen gebunden ist, dazu führen, daß an Kapitalgütern bedeutende Gewinne und Verluste gemacht werden. Im ersten Falle werden Einkommen geschaffen, welche wenigstens möglicherweise zu einer erweiterten Kapitalbildung durch Sparen führen können, im zweiten Falle kann es eintreten, daß der notwendige Erneuerungsfonds nicht gebildet wird und damit eine Kapitalaufzehrung stattfindet. Für die Preisbildung der Kapitalgüter wird sich aber auf jeden Fall der bezüglich aller Produkte geltende Grundsatz durchsetzen, daß nicht die Größe der Aufwendungen den Preis bestimmt, sondern die Zahlungswilligkeit und Zahlungsfähigkeit der nachfragenden Unternehmer: Wenn für das Produkt ein großer Erlös zu erwarten ist, so wird sich der Preis des Kapitalgutes auch diesem anpassen, wenn ein geringerer Erlös zu erwarten ist, wird ohne Rücksicht auf die getätigten Aufwendungen der Preis fallen. Erst die Veränderungen im Nachschub eines Kapitalgutes werden die Anpassung dieser Preise an die Kostenhöhe mit sich bringen.

Die in einer Wirtschaft vorhandenen Vorräte an Kapital, das jeweils gegebene freie Kapital und die vorhandenen Kapitalgüter sind im Zuge der fortlaufenden Produktion in einer ständigen Bewegung. Freies Kapital wird gebunden und aus den Kapitalgütern wächst immer wieder neues freies Kapital heran. Es ist klar, daß dieser Besitz an Kapital in den Bewegungen der Wirtschaft weitaus mehr Schwankungen ausgesetzt sein muß als der Besitz an den anderen Produktionsmitteln, an Arbeitskräften sowie an Grund und Boden. Verluste, welche da eintreten, wenn die Produktion zu keinem Erfolge geführt hat, werden nur zu leicht das Ausmaß dessen, was an freiem Kapital gebildet wird, schmälern können, große Gewinne werden die Möglichkeit zur erweiterten Bildung von neuem Kapital geben. Die Bewegungen, welche sich in den verschiedenen Produktionszweigen, in den einzelnen Unternehmungen ergeben, bestimmen in der Summe ihrer Wirkungen die Menge des jeweils zur Verfügung stehenden freien Kapitals, damit die Möglichkeit, Produktionsumwege einzuschlagen und damit bestimmen sie in einer Wirtschaft, in welcher die Produktion ausschließlich in Produktionsumwegen läuft, die Größe des Erfolges der Produktion.

Noch eines. Man hat viel Mühe auf den Versuch verwendet, die Bildung von neuem Kapital in der Form einer Angebotskurve zur Darstellung zu bringen. Da dasjenige, was der Sparer für die Hingabe des Kapitals gewissermaßen als „Lohn"[1] für die „Spartätigkeit", als Entschädigung für den Verzicht auf einen Konsum erhält, der Kapitalzins ist, wäre die Frage der Relation zwischen dem Umfang der Spartätigkeit und der Höhe des Kapitalzinses aufzuwerfen. Es muß beachtet werden, daß die Argumentation, welche hier anzuwenden ist, kaum zu einer eindeutigen Bestimmung wird führen können. Es wird wohl seine Berechtigung haben, wenn man sagt, daß ein höherer Zins die Spartätigkeit anregen wird, daß also bei hohem Zins das Angebot an neu gebildetem Kapital wächst, daß dabei auch der Anreiz zur

---

[1] Dieser Ausdruck ist freilich einer Mißdeutung im Sinne einer Wertung („gerechter" Lohn) ausgesetzt. Korrekter wäre hier die Formulierung „wirtschaftlicher Nachfolger des Konsumverzichtes".

Erhaltung von Kapital, zur Vermeidung der Aufzehrung desselben ein größerer sein wird, während auf der anderen Seite ein niedriger Zins zur Verringerung der Spartätigkeit führt und — was vielleicht noch wichtiger ist — die Hemmungen, welche manchen vom Aufzehren des Kapitals zurückhalten, verringert. Man könnte dann die Konsequenz ziehen, daß das Sinken des Zinses unter ein gewisses Minimum nicht möglich sein wird, weil schon früher das Ausbleiben der Neubildung von Kapital und die Verstärkung der Kapitalaufzehrung das Kapitalangebot so sehr verringern würden, daß der Zins wiederum steigen müßte. Ohne es zu bestreiten, daß im großen und ganzen diese Zusammenhänge bestehen werden, möchten wir hier aber doch darauf hinweisen, daß auch ein Zusammenhang in völlig entgegengesetzter Richtung bestehen kann: Wer zum Zwecke der Erlangung eines bestimmten Zinseinkommens spart, wird bei höherem Zins dieses Einkommen früher erreichen und auch früher zu sparen aufhören. Da man zweifellos auch diesen Zusammenhang als möglich ansehen muß, ergibt es sich, daß eine allgemeine Aussage über einen zwingenden Zusammenhang zwischen Spartätigkeit und Kapitalzins überhaupt nicht möglich ist.

§ 7. DIE PREISE DER ORIGINÄREN PRODUKTIONSMITTEL IN DER KAPITALISTISCHEN PRODUKTION

Die theoretische Bestimmung der Höhe des Arbeitslohnes auf dem freien Markte ergibt sich ohne Schwierigkeit aus der Anwendung des allgemeinen Preisgesetzes und des Grundsatzes der Grenzproduktivität. Der Preis wird sich in jener Höhe bilden, in welcher das Angebot an Arbeitskräften gleich ist der Nachfrage der Unternehmer. Da der Unternehmer seine Nachfrage nach Maßgabe des Grenzproduktes erstellen muß, — er kann nicht mehr bieten,

DIE VERBUNDENHEIT DER PREISE

da er sonst bei der Einstellung eines Arbeiters einen Verlust erleiden würde, er wird auch den Arbeiter nicht billiger bekommen können, da dieser zu einem Lohne in der Höhe des Grenzproduktes wo anders Arbeit finden kann, — wird der Preis der Arbeit mit dem des Grenzproduktes übereinstimmen. Wenn man das Angebot der Arbeitskräfte nach der Dringlichkeit desselben geordnet denkt, wird der Lohn zugleich dem Angebote des „teuersten" (das heißt also des mit dem höchsten Angebote auf den Markt kommenden) noch beschäftigten Arbeiters entsprechen[1]. Damit ist das Prinzip dargelegt, nach welchem der Anteil der Arbeiter an dem Produkte bestimmt ist. Für den Fall einer Augenblicksproduktion genügt auch diese Betrachtung. Bei der Betrachtung einer im zeitraubenden Produktionsumwege ablaufenden Produktion ergibt sich aber eine Komplikation dadurch, daß eine Bestimmung für die Größe der Lohnsumme auch noch aus der Größe des Lohnkapitals, also jenes Teiles des freien Kapitals, welches für die Bezahlung von Arbeitslohn zur Verfügung steht, gegeben ist.

Das ist ohne Schwierigkeit zu sehen. Sehen wir ganz ab von der Mitwirkung des zweiten originären Produktionsfaktors Grund und Boden, und sehen wir auch ganz ab von dem Bereiche jener menschlichen Arbeit, welche ausschließlich in der unmittelbaren Fertigstellung von Kon-

---

[1] Man wird hier an die berühmte Formel von *Thünen* erinnert. Fassen wir die Größe a im Sinne der Grenzanalyse in der Weise auf, daß sie den geringsten Lohn (Unterhalt) darstellt, zu welchem jene von den beschäftigten Arbeitern, welche dem geringsten sozialen Druck unterliegen, noch in Arbeit zu gehen bereit sind, und fassen wir — wiederum im Sinne der Grenzanalyse — die Größe p als das Produkt des „letzten" zur Einstellung gelangenden Arbeiters (Grenzprodukt der Arbeit) auf, so ist a gleich p und die Höhe des Lohnes durch eine jede von diesen Größen oder auch durch die Formel $\sqrt{a.p}$ bestimmt.

sumgütern beschäftigt ist, und zwar in der Weise, daß die Fertigstellung des Produktes erfolgen kann, ohne daß dem Arbeiter im voraus ein Lohn zur Verfügung gestellt werden müßte[1]. Bei allen anderen Arbeitern ist es klar, daß sie etwas erzeugen, das erst viel später als Konsumgut verzehrt werden kann. Die Arbeiter müssen etwas zum Leben haben, bevor noch der Erfolg ihrer Arbeit zu einem Konsumgut herangereift sein kann. Der notwendige Subsistenzmittelfonds muß von irgend jemandem zur Verfügung gestellt werden, sonst ist eine umwegige Produktion unmöglich[2]. Die Funktion dessen aber, welcher diesen Fonds zur Verfügung stellt, ist die Funktion des Kapitalbesitzers, die Funktion jenes, welcher gegenwärtig vorhandene Güter zur Verfügung stellt, um sie erst später zurück zu erhalten.

Es ist hier von Wichtigkeit, die Einordnung dieses Prozesses der Kapitalinvestition in dem Ablauf der Gesamtwirtschaft im Auge zu behalten. Der Unternehmer, welcher in einer der Konsumgüterproduktion vorgelagerten Produktion den Arbeitern einen Lohn zahlt, erhält sogleich

[1] Es ist also, abgesehen von jener Arbeit, bei welcher zwischen der Aufwendung der Arbeit und dem Erzielen eines fertigen Produktes von Konsumgütern kein „ökonomisch relevanter" Zeitraum vergeht. (Vgl. dazu die Anmerkung S. 11.) — Es ist übrigens klar, daß da für die Betrachtung unserer Produktion nur ein verhältnismäßig kleiner Sektor der Arbeitsleistungen aus dem Schema ausgeschieden ist.

[2] Wenn der Arbeiter selbst diesen Subsistenzmittelfonds besitzt, so ist er natürlich hinsichtlich dieses Besitzes selbst „Kapitalist". Die theoretische Analyse muß aber ihren Ausgang von einer die verschiedenen Funktionen trennenden Betrachtung nehmen, weil nur so die Funktion eines jeden Produktionsfaktors — und ein solcher ist bei umwegiger Produktion auch das freie Kapital — beim Aufbau der Produktion richtig erkannt werden kann. Das würde auch dann gelten, wenn die „Personalunion" zwischen Arbeiter und Kapitalbesitzer praktisch von größerer Bedeutung wäre als dies heute tatsächlich der Fall ist.

einen Gegenwert in der Gestalt des fertigen Werkstückes, welches durch die Bearbeitung in seinem Werte vermehrt ist und — bei entsprechender vertikaler Gliederung der Produktion in einzelne Unternehmungen — auf dem Markte verkauft werden kann. Der Unternehmer erhält beim Verkauf des Kapitalgutes sofort einen Gegenwert. Eine „Bevorschussung" der Arbeit scheint da höchstens für die Zeit zwischen der Bezahlung des Arbeiters und dem Verkaufe des Erzeugnisses notwendig, keinesfalls aber für die Zeit zwischen der Bezahlung der Arbeit und der — oft erst nach Ablauf längerer Zeit zu erwartenden — Herstellung des mit einem Kapitalgut erzeugten Konsumgutes. So erscheint die Sachlage im Bereiche der Kalkulation des einzelnen Unternehmers; sein freies Kapital muß die Produktion von dem Einsetzen der Arbeit bis zum Verkaufe des von ihm hergestellten Produktes ermöglichen, — ihn interessiert es da nicht weiter, ob das, was er erzeugt hat, ein fertiges Konsumgut ist oder ein Kapitalgut, das vielleicht erst nach langer Zeit ein konsumreifes Gut ergibt. Gerade die naturalwirtschaftliche Betrachtung kann nun zeigen, daß ein die Kapitalfunktion ausübender Subsistenzmittelfonds die Voraussetzung des Einschlagens zeitraubender Produktionsumwege ist. Die Bezahlung des Erzeugnisses einer vorgelagerten Produktion kann nur in Subsistenzmitteln erfolgen; dies deshalb, weil der die vorgelagerte Produktion durchführende Unternehmer nur mit Subsistenzmitteln die Alimentierung jener durchführen kann, welche ein Produkt erzeugen, das noch nicht zum Konsum geeignet ist. Wenn aber ein Subsistenzmittelfonds in dieser Weise verwendet wird, so bedeutet das, daß er in einer Produktion investiert wird, daß er aufgewendet wird, um erst später einmal ein fertiges Erzeugnis an Konsumgütern zu erzeugen. Das in dieser Weise investierte Kapital wird erst dann wiederum verfügbar, wenn es bei Fertigstellung des Produktionsprozesses freigesetzt wird. Durch diese ganze Zeit bleibt es gebunden, diese ganze Zeit muß durch das Warten von der Investierung bis zur Freisetzung überbrückt werden. Wir haben bereits gesehen, daß der Tatbestand der Synchronisierung an diesem Verhältnisse nichts ändert[1].

Insoweit also Arbeit im Produktionsumwege aufgewendet wird, ist die Aufwendung dieser Arbeit abhängig von

[1] Eines sei hier wiederholt: Es ist nicht notwendig, daß ein Kapitalist, dessen Kapital etwa in einem zwei Jahre dauernden Produktionsumwege angelegt wird, auch tatsächlich durch diese zwei Jahre auf das Freiwerden seines Kapitals warten muß. Er kann das erzeugte Kapitalgut verkaufen und erhält damit freies Kapital. Dieser Verkauf eines Vorproduktes ist aber naturgemäß nur dann möglich, wenn ein anderer Kapitalist ein freies Kapital zur Bezahlung desselben hergeben kann und — gewissermaßen den ersten Kapitalisten ablösend — sein Kapital bis zur Fertigstellung der Produktion oder aber wiederum bis zu einem neuerlichen Verkaufe gebunden hält. Wenn in dieser Weise ein investiertes Kapital vor Fertigstellung der Produktion frei wird, so liegt für eine Betrachtung, welche über die Verhältnisse des einzelnen hinwegblickt, nichts anderes als ein *interpersoneller Wechsel in der Position der Liquidität* vor. Daß ein solcher gerade bei Synchronisierung der Produktionen immer wieder gegeben ist — nämlich jedesmal dann, wenn ein Kapitalgut aus einer Produktionsstufe in die von einem anderen Unternehmer geführte nächste Produktionsstufe übergeht —, darf aber nicht darüber hinwegtäuschen, daß auch bei synchronisierter Produktion die Bezahlung eines Kapitalgutes mit freiem Kapital nur deshalb möglich ist, weil bereits früher in einem anderen Produktionsablaufe Konsumgüter erzeugt worden sind, welche die Funktion des freien Kapitals übernehmen. — Das Übersehen des Umstandes, daß die Synchronisierung am Wesen des Produktionsumweges nichts ändern kann, daß auch bei synchronisierter Produktion die Durchführung von Produktionsumwegen nur unter der Voraussetzung der Beistellung von „freiem Kapital" möglich ist, hat vielfach zu schweren Irrtümern geführt.

dem Beistellen eines Subsistenzmittelfonds. Wir haben schon gesagt, daß es ein Irrtum wäre, die in der Wirtschaft fertig vorhandenen Konsumgüter — und bei Betrachtung eines Zeitraumes, innerhalb dessen mehrere synchronisierte Produktionen fertig werden, auch die in diese Zeit heranreifenden Konsumgüter — schlechterdings als jenen Fonds zu bezeichnen, welcher für die Alimentierung der Arbeiter zur Verfügung steht. Diese Konsumgüter sind nur insofern Kapital, als ihre Besitzer sie in die Kapitalfunktion einweisen, insoweit also, als sie für die Zwecke der Investition — wir haben früher gesagt: für den „reproduktiven Konsum" — aufgewendet werden.

Wenn nun die Bezahlung von im Produktionsumwege tätigen Arbeitern nur aus diesem die Kapitalfunktion ausübenden Subsistenzmittelfonds erfolgen kann, so ergibt sich hier eine Determination für die Höhe der Lohnsumme. Haben wir früher gesagt, daß der Anteil des Arbeiters am Produkt bestimmt ist durch die Größe des Grenzproduktes der Arbeit, haben wir also die — in einem bestimmten Sinne aufzufassende — „Produktivität" der Arbeit als Grundlage für die Bestimmung der Lohnhöhe festgestellt, so sehen wir hier einen ganz anders gearteten Bestimmungsgrund für den Lohn der Arbeit: *Es kann den im Produktionsumwege tätigen Arbeitern nicht mehr an Subsistenzmitteln übertragen werden, als die Kapitalbesitzer für die Zwecke der Investierung gespart haben und zur Verfügung stellen.* Die Größe der Lohnsumme ist demnach identisch mit der Größe des ersparten und zur Investierung gelangten Teiles des Produktes an Konsumgütern[1].

[1] Lohnfonds ist dabei naturgemäß nicht nur jener Teil des Produktes an Konsumgütern, welcher neu gespart wird, sondern auch jener, bezüglich dessen ein früher einmal getätigtes Sparen „beibehalten" wird.

Hier ergibt sich für uns die wichtige Frage, wie diese Lehre vom Lohnfonds vereinbar ist mit der Lehre, daß die Grenzproduktivität bestimmend für die Größe des Lohnes ist. Eine Antwort auf diese Frage ist ohne Schwierigkeit zu finden, wenn man sich nur die Mühe nimmt, aus jenem Grundsatze, welcher das Problem des Lohnfonds erstehen läßt, die letzten Folgerungen zu ziehen. Wir müssen davon ausgehen, daß wir von einer Produktion sprechen, bei welcher zwischen dem Einsetzen der Arbeit und dem Erzielen des fertigen Produktes an Konsumgütern ein „ökonomisch relevanter" Zeitraum vergeht, ein Zeitraum, innerhalb dessen die Alimentierung der Arbeitenden eine Vorsorge erfordert. Wir müssen des weiteren bedenken, daß innerhalb der kapitalistischen Produktion eine mehr oder weniger weite Ausdehnung der Produktionsumwege möglich ist, daß wohl die Ausdehnung der Produktionsumwege im Interesse der Steigerung des Ertrages gelegen ist, daß sie aber in der gegebenen Alimentierungsmöglichkeit ihre Grenze findet. Der Lohnfonds dient immer zur Versorgung von Arbeitern innerhalb einer gewissen Zeit. Und wenn wir bei der Aufteilung des Lohnfonds die Zeit, für welche dieser ausreichen soll, als Variable betrachten, so ist die Verbindung zwischen dem Grundsatze der Grenzproduktivität und dem der Aufteilung eines Lohnfonds ohne weiteres gegeben.

Der Lohnfonds soll zur Entlohnung der Arbeiter während der Dauer des Produktionsumweges ausreichen. Wenn er dazu nicht ausreicht, so ist das ein Zeichen, daß zu weite Produktionsumwege eingeschlagen worden sind. Die unzureichende Versorgung mit freiem Kapital muß den Zinsfuß in die Höhe treiben und damit eine Verkürzung der Produktionsumwege erzwingen. Da den verkürzten Produktionsumwegen ein geringeres Grenzprodukt der Arbeit entspricht, muß der Lohn sinken. Zugleich wird (bei entsprechender Gestaltung des Angebotes der Arbeit) die Zahl der Beschäftigten zurückgehen. Wir sehen also, daß bei unzulänglicher Versorgung mit dem Lohnfonds die Länge des Produktionsumweges zurückgeht, die Höhe des Lohnes fällt und die Zahl der Arbeiter geringer wird. Dadurch ergibt sich eine Anpassung des Bedarfes an die Größe des Lohnfonds. Zu beachten ist, daß die Umstellung durch den Zinsfuß erzwungen wird. Die Umkehrung dieses Falles ist dann gegeben, wenn der Lohnfonds größer ist als der bei dem gegebenen Produktionsaufbau sich zeigende Bedarf. Die Herabsetzung des Zinsfußes wird zu einer Verlängerung des Produktionsumweges, zu einer Erhöhung des Lohnes und unter Umständen zu einer Vermehrung der Zahl der Beschäftigten führen. In beiden Fällen ergibt sich ein Aufbau der Produktion, bei welchem der Lohnfonds zur Bezahlung aller Beschäftigten nach Maßgabe des Grenzproduktes der Arbeit durch die ganze Dauer des Produktionsumweges ausreicht[1].

[1] In meinem Seite 245, Anm. 1, genannten Aufsatz habe ich diese Zusammenhänge an der Hand einer Formel dargestellt. Wenn L die Größe des Lohnfonds ist, a die Zahl der Arbeiter, r die Größe der Rationen, in welcher der Lohnfonds zur Verteilung gelangt, w die Zahl der Auszahlungen, welche während der Dauer des Produktionsumweges erfolgen (z. B. Lohnwochen), endlich g die Größe des Grenzproduktes, so sind folgende Gleichungen aufzustellen:

$$L = a . r . w$$
$$r = g.$$

Wenn der Lohnfonds nicht der Größe der rechten Seite der Lohnfondsgleichung entspricht, werden sich infolge der Änderung des Zinsfußes alle drei Größen, welche auf dieser Seite stehen, ändern. Wenn L kleiner ist, wird eine Erhöhung des Zinsfußes die Größen w (durch Verkürzung der Länge der Produktionsumwege), r und gegebenenfalls auch a verkleinern, bis die Gleichheit gegeben ist. Umgekehrt wird bei Überwiegen der Größe L das Heruntergehen des

Im Bereiche der Lehre von den Produktionsumwegen sind hinsichtlich der Beziehungen zwischen Lohn und Kapital zwei wichtige Grundsätze zu beachten. Einerseits der Satz von der Komplementarität zwischen Arbeit und Lohnfonds, also der Satz, daß Arbeit im Produktionsumwege nur dann beschäftigt werden kann, wenn als komplementäres Gut ein Lohnfonds zur Verfügung steht. Anderseits der Satz, daß die Virulenz des Kapitals, seine Fähigkeit, mehr oder weniger lange Produktionsumwege zu ermöglichen, von der Höhe des Lohnes abhängig ist. Zu diesen beiden Sätzen ist hier noch etwas zu sagen.

Arbeit kann auch anders als im Produktionsumwege verwendet werden. Wenn ein Arbeiter Beeren pflücken geht, so ist eine Aufwendung von Kapital nicht notwendig; der Arbeiter wird von dem täglichen Erträgnis seiner Arbeit. bzw. von dem Erlös desselben leben. Daß sich da nur für eine beschränkte Zahl von Arbeitern ein recht dürftiger Unterhalt ergeben wird, daß es des weiteren schwer sein wird, viele andere Beispiele zu bringen, welche ähnliche Möglichkeiten aus unserer Zeit darstellen, das zeigt nur, wie weit wir heute von den Verhältnissen einer Augenblicksproduktion entfernt sind. Die Aufwendung eines Subsistenzmittelfonds als Komplementärgut der Arbeit ist des weiteren auch dort nicht notwendig, wo es sich um das letzte Stadium

Zinsfußes die Größen der rechten Seite der Gleichung wachsen lassen.

Ich habe in diesem Aufsatze auf eine zweite wenigstens mögliche Ausgleichstendenz hingewiesen: Wenn die Größe L zu klein ist und der Zinsfuß steigt, so kann die Wirkung eintreten, daß verstärktes Sparen das Angebot an freiem Kapital vergrößert. In diesem Falle wird dem Fallen der Größen der rechten Seite der Gleichung ein Wachsen der Größe L gegenüberstehen, so daß die Ausgleichung erleichtert wird. Das Umgekehrte kann bei Fallen des Zinsfußes gegeben sein.

eines Produktionsumweges handelt, in welchem die Produktionsdauer eine so kurze ist, daß eine „Bevorschussung" der Arbeit nicht notwendig ist. Das Beispiel eines Bäckers haben wir bereits angeführt. Es sei in diesem Zusammenhange nur noch auf eines hingewiesen. Je reicher die Kapitalversorgung der Wirtschaft ist, desto mehr wird diese Arbeit im letzten Stadium des Produktionsprozesses zurücktreten hinter jener Arbeit, welche in vorgelagerten Produktionen beschäftigt ist. In einer modernen Brotfabrik wird die Zahl der das Brot unmittelbar erzeugenden Arbeiter im Verhältnis zur Produktmenge wesentlich geringer sein als bei primitiver Handarbeit. Im ersten Falle hat eben ein größeres Kapital die Einschlagung eines längeren Produktionsumweges ermöglicht und das Wesen dieser Verlängerung des Produktionsumweges liegt ja darin, daß die Aufwendung der Arbeit im Ablaufe des gesamten Produktionsprozesses zeitlich zurückverlegt wird in den Bereich der der Konsumgütererzeugung vorgelagerten Produktionen. Es ist schon eingehend dargelegt worden, daß in diesem Prozesse der Verlängerung des Produktionsumweges die Bildung von dauerhaften Kapitalanlagen nur eine besonders wichtige Erscheinungsform ist. Je mehr aber die Verlagerung der Arbeit in ein früheres Stadium des Produktionsablaufes fortschreitet, desto größer wird jener Sektor der Arbeit, welcher nur unter Heranziehung des komplementären Lohnfonds verwendet werden kann.

Nun ist aber für die Länge des möglichen Produktionsumweges nicht nur die Größe des Lohnfonds an sich entscheidend, sondern auch die der Rationen, in welcher er den Arbeitern zugeteilt wird. Je kleiner die Ration ist, desto größer ist die Virulenz des Lohnfonds, desto länger sind also die Produktionsumwege, welche eingeschlagen werden können, desto größer wird aber auch der Ertrag der Produktion sein. Sonach wären vorübergehend niedrige Löhne im Interesse einer Steigerung der Produktion gelegen, welche wiederum höhere Löhne möglich macht, — dies freilich *nur unter der ganz wesentlichen Voraussetzung*, daß der Mehrertrag der Produktion zur Erweiterung der Kapitalversorgung dient, also gespart wird. In der Bildung des Lohnpreises, wie sie sich theoretisch aus dem Zusammenspiel von Angebot und Nachfrage auf einem den Voraussetzungen freier Konkurrenz entsprechenden Markte ergibt, ist aber das Lohnniveau und damit die Virulenz des vorhandenen Kapitals eindeutig bestimmt. Der Arbeiter kann nicht weniger als sein Grenzprodukt erhalten. Die Regelung der Länge des Produktionsumweges durch die Höhe des Zinsfußes wird dabei bewirken, daß der Lohnfonds als Lohnsumme ausreicht. Von Interesse kann es hier aber sein, wenn wir den Fall betrachten, in welchem die Verhältnisse des Arbeitsmarktes in der Weise gestaltet sind, daß die Beschäftigung aller zur Arbeit bereiten Arbeiter nicht möglich ist. Von dem Problem der Arbeitslosigkeit kann uns hier die Frage jener Arbeitslosigkeit, welche auf Friktionen des Marktes beruht, nicht weiter interessieren. Im übrigen werden wir dann nicht von Arbeitslosigkeit im technischen Sinne sprechen, wenn alle bei den geltenden Lohnpreisen arbeitsbereiten Arbeiter Beschäftigung finden und daneben noch Arbeitskräfte vorhanden sind, welche deshalb keine Arbeit finden, weil sie erst bei einem höheren Lohn in Arbeit zu gehen bereit sind.

Daß aber bei einem Lohnpreise das Angebot an Arbeitskräften größer ist als die Nachfrage nach diesen, ist in zwei Fällen möglich. Erstens dann, wenn der Lohnpreis durch Lohnfestsetzungen, welche außerhalb des freien Marktes erfolgen, also nicht im marktwirtschaftlichen

DIE VERBUNDENHEIT DER PREISE

Prozesse entstehen, höher gehalten wird, als der Preis des freien Marktes wäre. Zweitens aber dann, wenn das Angebot an Arbeitskräften derart gestaltet ist, daß bei dem auf einem freien Markte gebildeten Lohnpreise eine größere Zahl von Arbeitern arbeitsbereit ist, als die Nachfrage aufnehmen kann[1]. Wir betrachten zunächst den ersten dieser beiden Fälle.

[1] Im ersten Falle wäre der Preis des freien Marktes OA. Bei diesem Preise wäre das Angebot gleich der Nachfrage (OM). Die Preistaxe in der Höhe OB bewirkt, daß die Nachfrage auf OM' zurückgeht, während bei diesem Lohne das Angebot an Arbeitskräften gleich OM'' ist. Im zweiten Falle wäre der Lohn des freien Marktes durch den Schnittpunkt, der Angebots- und Nachfragekurve bestimmt, es wäre aber bei diesem Preise gegenüber einer Nachfrage

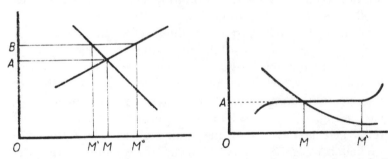

OM ein Angebot OM' gegeben, weil die Angebotskurve der Arbeit rechts vom Schnittpunkte horizontal verläuft. Das Arbeitsangebot MM' kann bei diesem Lohnsatze keine Beschäftigung finden, weil bei dieser Lohnhöhe das Angebot größer ist als die Nachfrage. Trotz dieser Diskrepanz von Angebot und Nachfrage kann dieses Angebot nicht lohndrückend wirken, weil es nur bei dem Lohnpreise OA arbeitsbereit ist. — Ohne Zweifel sind beide Fälle der Arbeitslosigkeit möglich. Die Frage, welcher von den beiden Fällen praktisch wichtiger gewesen ist, ist eine Frage der Anwendung des Schemas auf die Realität, nicht eine Frage der Theorie. Es sei hier nur gesagt, daß der zweite Fall insbesondere dann gegeben sein kann, wenn in einem Lande die Ergiebigkeit der Produktion aus irgendeinem Grunde —

Bei künstlicher Hochhaltung des Lohnes kann jener Prozeß der Anpassung von Arbeiterzahl, Lohnhöhe und Länge des Produktionsumweges, von welchem wir gelegentlich der Darstellung der Lohnfondsgleichung gesprochen haben, nicht unbehindert ablaufen, weil in der Lohnhöhe eine starre Größe gegeben ist. Es ist klar, daß die Starrheit dieser einen Größe zur Folge haben muß, daß die beiden anderen Größen um so stärker variieren. Eine Erhöhung des Lohnes müßte also bei sonst gleichen Umständen die Zahl der Arbeiter verringern und die Länge des Produktionsumweges verkürzen. Die Bewegung dieser beiden Größen könnte auch bei Aufrechterhaltung einer starren Lohnhöhe das Produkt der drei Größen, welche auf der rechten Seite der Lohnfondsgleichung stehen, der Größe des Lohnfonds anpassen.

Zu beachten ist hier aber eines. Die Hochhaltung des Lohnes hat zur Folge, daß die Unternehmungen nur insoweit Arbeiter beschäftigen können, als das Grenzprodukt der Arbeit ein erhöhtes ist. Wenn wir von der Möglichkeit der Variation der Länge des Produktionsumweges ganz absehen, so kann diesem Umstande insoweit Rechnung getragen werden, als „günstigere Produktionsmöglichkeiten" gegeben sind, während die ungünstigeren Produktionsmöglichkeiten unterbleiben müssen. Die Richtung der Anpassung wird also die Einschränkung der aus technischen Gründen (z. B. ungünstiger Standort) teurer arbeitenden Produktionen sein, des weiteren das Unterlassen jener Produktionen, welche für ihr Produkt nur

z. B. Ausgliederung aus einer umfassenderen interlokalen Arbeitsteilung oder aber auch wesentlicher Rückgang in der Kapitalversorgung — in einem beträchtlichen Ausmaße gesunken ist. — Eine besondere Betrachtung wird später die „konjunkturelle" Arbeitslosigkeit erfordern.

einen geringeren Erlös erzielen können. Die Bewegung tendiert dadurch in der Richtung auf ein Ausscheiden der der Produktionsgrenze am nächsten stehenden Arbeitskräfte mit dem Ziele einer Hebung des Grenzproduktes. Daneben würde eine Tendenz zur Verkürzung der Länge der Produktionsumwege, welche zu einer Herabsetzung der Größe des Grenzproduktes führt, der ersten Tendenz entgegenwirken. Es ist klar, daß dieser Widerspruch nur dadurch zu lösen ist, daß die Tendenz zur Verminderung der Arbeiterzahl weitaus stärker zur Geltung gelangen wird als die Tendenz zur Verkürzung der Produktionsumwege. Es ist ja klar, daß, je weiter die Zahl der Beschäftigten sinkt, desto weniger die Erhöhung der Rationen, in welchen der Lohnfonds zur Verteilung gelangt, in einer Verkürzung der Produktionsumwege zur Auswirkung gelangt.

In dem zweiten Falle der Arbeitslosigkeit, von welchem wir gesprochen haben, ist der Lohn ein Preis des freien Marktes, obwohl das Angebot an Arbeitskräften größer ist als die Nachfrage. Der Fall ist jedoch dem ersten Fall insofern analog, als die Lohnhöhe eine starre ist, dies allerdings nur aus dem Grunde der besonderen Gestaltung des Angebotes. Die Anpassung von Zahl der Beschäftigten und Länge des Produktionsumweges bereitet in diesem Falle keine weitere theoretische Schwierigkeit.

Es wird hier aber kurz darauf zu verweisen sein, in welcher Weise diese Tatbestände der Arbeitslosigkeit in den geschichtlichen Prozeß des Wirtschaftsablaufes einzuordnen sind. Eine „künstliche" Lohnerhöhung wird zu Anpassungsschwierigkeiten führen, welche wohl unter allen Umständen Kapitalvernichtungen zur Folge haben werden. Dies deshalb, weil der Bestand an bereits investiertem Kapital, also der Vorrat an Kapitalgütern, insbesondere aber an fixem Kapital, neuen Verhältnissen angepaßt werden muß; das bedeutet praktisch, daß das investierte Kapital nicht zur Gänze ohne Verluste freigesetzt werden kann. Abgesehen von dieser Übergangszeit muß aber naturgemäß auch ein überhöhter Lohn in einem statischen Wirtschaftsablauf einzubauen sein[1], — naturgemäß wird seine Folge die Nichtbeschäftigung von Arbeitern sein. Eine Beseitigung der Arbeitslosigkeit wird nur auf zwei Wegen möglich sein. Entweder es ändern sich die Voraussetzungen des wirtschaftlichen Geschehens in der Richtung, daß die Produktionsmöglichkeiten günstigere werden[2]. Die andere Möglichkeit zur Beseitigung der Arbeitslosigkeit liegt dann nur in einem Herabsetzen des Lohnniveaus. Dies kann nach einer künstlichen Hochhaltung der Löhne nur dadurch geschehen, daß an die Stelle der Lohnfestsetzung außerhalb des freien Marktes wieder die Preisbildung des freien Marktes tritt, bzw. dadurch, daß die außerhalb des freien Marktes vor sich gehende Lohnpreisbildung sich dem

[1] Das Problem liegt für die ökonomische Theorie hier im Wesen nicht anders als in dem Falle, in welchem eine entsprechende Zahl von Arbeitern — z. B. durch Auswanderung — in Wegfall kommt. Im statischen System ist eine Erhöhung des Lohnes gleichbedeutend einer Verringerung der Zahl der Arbeiter. — Nebenbei bemerkt: Insoweit die Erhaltung der Arbeitslosen „auf Kosten der Wirtschaft" erfolgt, insoweit also Beiträge zur Erhaltung der Arbeitslosen zu Produktionskosten werden (also nicht die Erhaltung der Arbeitslosen aus irgend welchen Einkommen anderer erfolgt) ist auch hier der Einbau dieses Tatbestandes in das statische System möglich, wobei allerdings die Kostenerhöhung auch ihrerseits eine Beschränkung der Produktionsmöglichkeiten bedeuten muß.

[2] Um an die früher angeführten Fälle anzuknüpfen: Es erfolgt eine Beseitigung von Maßnahmen, welche die Arbeitsteilung behindert haben; die Kapitalversorgung steigt, wobei allerdings diese Chance in diesem Zusammenhange wohl nicht eine besonders große sein wird.

Preise des freien Marktes anpaßt. Dort aber, wo die Gestaltung des Arbeitsangebotes auch bei freiem Markte Arbeitslosigkeit zur Folge hat, wird die Lohnherabsetzung erst dann eintreten, wenn der mit der dauernden Arbeitslosigkeit gegebene verstärkte soziale Druck zu einer Änderung der Gestaltung des Arbeitsangebotes, zu einer Herabsetzung der „Ansprüche" der Arbeiter führt.

Neben der Arbeit ist hier das zweite originäre Produktionsmittel zu besprechen. Wir haben immer die Leistung von Grund und Boden jener der Arbeit völlig gleichgestellt. Wir sind also davon ausgegangen, daß hier ein originäres Produktionsmittel vorliegt, dessen Mitwirkung in der Produktion erst später einen Ertrag gibt, während heute schon das Entgelt für diese Leistung aufzubringen ist. Das freie Kapital, der Subsistenzmittelfonds, welcher die Funktion des freien Kapitals ausübt, ist nicht nur Lohnfonds, sondern Lohn- und Rentenfonds. Hier sei einiges zur Rechtfertigung dieser Auffassung gesagt.

Die Notwendigkeit zu einer besonderen Begründung ergibt sich hier daraus, daß die Bevorschussung des Bodenbesitzes, seine Bezahlung *bevor* das fertige Produkt erzeugt ist, nicht in demselben Sinne eine Notwendigkeit ist wie die Bevorschussung des Arbeiters. Der Arbeiter kann nicht arbeiten und dabei unter Umständen jahrelang auf seine Entlohnung warten, während die Leistung von Grund und Boden in keiner Weise schlechter wird, wenn auch selbst der Bodenbesitzer verhungert. Es wäre hier vielleicht auch die Konstruktion denkbar: Der Grundbesitzer stellt seinen Boden für die Produktion zur Verfügung und erhält erst später den Anteil des Bodens am Produkt, während er unterdessen von etwas anderem lebt, also etwa als Arbeiter oder Kapitalbesitzer. Es ist aber klar, daß da eine Vereinigung verschiedener Funktionen in einer Person gegeben ist, und wir sind, um die Gestaltungen von Angebot und Nachfrage in reiner Form vor uns zu haben, immer von einer vollständigen personellen Trennung dieser Funktionen ausgegangen. Wenn wir aber den Bodenbesitzer als ein Wirtschaftssubjekt ansehen, welches ausschließlich über das Produktionsmittel des Bodens verfügt, so ergibt sich folgendes Bild: Der Bodenbesitzer verkauft die Leistung seines Bodens auf dem Markte Zug um Zug, ganz so wie der Arbeiter seine Arbeitskraft. Das fertige Produkt als „wirtschaftlicher Nachfolger" der produktiven Leistung des Bodens wird erst später fertig, wie dies auch hinsichtlich der Arbeit gegeben ist. Und schließlich muß es außer Zweifel sein, daß die zeitlich frühere Aufwendung von Bodenleistungen ganz so, wie dies bezüglich der Arbeit gegeben ist, zu einer Steigerung des Ertrages führt. Damit sind die Leistungen von Grund und Boden in derselben Weise wie die Arbeitsleistungen zur Gänze in die Problematik der Produktionsumwege einbezogen.

Mit der sozialen Organisation der Wirtschaftsgesellschaft hat das nichts zu tun, insbesondere auch nicht mit dem Bestand des Privateigentums an Grund und Boden. Es handelt sich ja hier zunächst nicht darum, wer irgendeinen Ertrag verzehren kann, sondern nur darum, in welcher Weise ein Produktionsmittel in der umwegigen Produktion verwendet wird. Wenn etwa der Staat Besitzer des ganzen Bodens wäre, so könnte er den Bodenertrag an wen immer zur Ausschüttung gelangen lassen. Die Aufwendung einer konkreten Leistung von Grund und Boden wäre nicht von einer entsprechenden vorhergehenden Gegenleistung aus dem freien Kapital, dem Lohn- und Rentenfonds, abhängig. Es wäre auch denkbar, daß jener Teil des freien Kapitals, welcher wirtschaftlich gesehen

Rentenfonds ist, zur Bezahlung von im Produktionsumwege tätigen Arbeitern verwendet wird, entweder als zusätzliche Entlohnung oder aber auch zum Zwecke der Verlängerung der Produktionsumwege. Es ist klar, wie dieser Tatbestand in unsere Betrachtung einzugliedern wäre: Der Staat verwendet das „Einkommen" der Bodenrente nicht als „Entlohnung" für die von ihm durch Beistellung des Bodens erbrachte „produktive Leistung", sondern investiert es in einer Verlängerung der Produktionsumwege. Es wird aber nichts daran geändert, daß der Boden als originäres Produktionsmittel im Produktionsumwege mitarbeitet und daß die Art seiner Verwendung, insbesondere das frühere oder spätere Heranziehen einer Leistung des Bodens im Produktionsprozeß, bedingend für die Größe des Ertrages ist.

§ 8. DAS SUBSTITUTIONSPRINZIP UND DIE HORIZONTALE VERBUNDENHEIT DER PREISE

Wenn auf einem reibungslos funktionierenden Markte für Güter gleicher Art nur ein einheitlicher Preis zustande kommen kann, so ist es nicht viel mehr als eine Fortführung des damit ausgesprochenen Gedankens, wenn dieses Prinzip zu dem Grundsatze erweitert wird, daß Güter, welche einander ersetzen können, den gleichen Preis erzielen werden. Es ist klar, daß Abweichungen im Preise von Gütern, welche einander ersetzen können, zu Änderungen der Gestaltung von Angebot und Nachfrage führen werden. Am einfachsten ist dieser Tatbestand im Bereiche der Konsumgüter zu erklären. Wenn zwei Konsumgüter A und B (z. B. Nahrungsmittel) im Wesen den gleichen Nutzeffekt bieten können, aber z. B. das Gut A einen wesentlich höheren Preis hat als das Gut B, so wird die Nachfrage beim Gute A zurückgehen, beim Gute B dagegen steigen und es wird die Tendenz zur Ausgleichung der beiden Preise damit ausgelöst werden[1]. Diese Verbundenheit der Produktpreise wird sich naturgemäß auch in einer Verbundenheit der Preise der Produktionsmittel ausdrücken: Weil die Nachfrage nach *A* mitbedingt ist durch den Preis von *B*, wird auch der Preis eines nur zur Erzeugung von *A* geeigneten Produktionsmittels durch den Preis des nur zur Erzeugung von *B* verwendbaren Produktionsmittels mitbedingt sein.

Uns interessiert hier die aus der Substitutionsmöglichkeit erwachsende Preisverbundenheit in erster Linie hinsichtlich der Produktionsmittel. Es kann die Substitution z. B. qualifizierter Arbeit durch nichtqualifizierte möglich sein. Hier wird gelegentlich ein Vielfaches der nichtqualifizierten Arbeit eine Einheit der qualifizierten ersetzen können und diese Substitutionsmöglichkeit wird sich in der Relation der beiden Preise ausdrücken müssen. Des weiteren kann eine Substitution zwischen Arbeit und Bodenleistungen gegeben sein: Die Produktion des einzelnen Unternehmers kann durch Vermehrung der Arbeit oder auch durch Vermehrung des Bodens ausgedehnt (bzw. durch Verminderung eingeschränkt) werden. Im Grunde liegt hier nichts als eine besondere Anwendung des Prinzips vom abnehmenden Ertrage vor uns. Die Relation der Preise von Arbeit und Boden wird bedingend für die Inanspruchnahme dieser Produktionsmittel in der Produktion sein.

[1] Eine völlige Angleichung der Preise wird unter Umständen nicht eintreten, wenn die Notwendigkeit der Verwendung eines nicht vermehrbaren spezifischen Produktionsmittels bei der Erzeugung von *A* die Ausdehnung der Produktion einschränkt. Es ist bekannt, daß in einem solchen Falle das teurere Gut ohne „sachliche" Begründung bei höherem Preise den Charakter eines Luxusgutes erhalten kann.

DIE VERBUNDENHEIT DER PREISE 115

Schließlich ist eine Substitution von originären Produktionsmitteln, also in erster Linie von Arbeit, und Kapital möglich. Die gewöhnliche Betrachtung geht davon aus, daß (relativ) teurere Arbeit durch billigere Maschinenkraft[1] ersetzt wird und umgekehrt. Da aber jedes Kapitalgut nichts anderes ist als früher aufgewendetes originäres Produktionsmittel, geht hier die Substitution in der Richtung: Aufwendung von mehr Arbeit im kürzeren Produktionsumweg oder von weniger Arbeit im längeren Produktionsumweg — also unter Verwendung von mehr Kapital — und umgekehrt. Die Rechnung der Substitutionsmöglichkeit geht naturgemäß über die Kostenkalkulation des Unternehmers. Der Unternehmer wird vorgetane Arbeit in der Gestalt von Kapitalgütern dann in erweitertem Ausmaße in Anspruch nehmen, wenn bei den gegebenen Preisen, insbesondere also bei dem geltenden Zinsfuße, die zeitlich frühere Aufwendung von Arbeit einen günstigeren Erfolg bringt. Zeitlich frühere Aufwendung von Arbeit bedeutet ja für den Unternehmer einerseits eine Vermehrung der Kostenbelastung (des Arbeitslohnes) durch den Zins, anderseits aber eine Steigerung des Ertrages um die Differenz zwischen der Ergiebigkeit einer früheren Arbeitsaufwendung und der einer späteren. Hier ergibt sich auch eine Verbundenheit des Preises der in der Konsumgütersphäre tätigen Arbeit mit der in weit vorgelagerten Produktionen tätigen Arbeit, selbst insoweit eine Ausgleichung der Löhne durch das (mit Reibungsschwierigkeiten verbundene) Überstellen von Arbeitskräften nicht möglich ist.

Diese kurzen Ausführungen sollten nur den Zweck haben darauf hinzuweisen, daß das reine Schema von An-

[1] Es gibt natürlich auch Substituierung zwischen Arbeit und Zwischenproduktion: Teurere Arbeit, bzw. mehr Arbeit spart mit Roh- und Hilfsstoffen und umgekehrt.

116 KAPITAL UND PRODUKTION

gebot und Nachfrage und das Kostenprinzip allein nicht imstande sind, das System der Preise endgültig zu bestimmen, solange man es unterläßt, die Verschiebungen der Marktfigurationen, welche aus den Relationen bestehender Preise entstehen, zu berücksichtigen. Es kommt uns hier nur darauf an, die damit gegebene weit engere Verknüpfung des Systems der Preise anzudeuten. Für die besonderen Aufgaben unserer Untersuchungen soll daraus eine weitere Ableitung nicht erfolgen. Wenn wir späterhin von einem System der Preise ausgehen werden und Störungen im Aufbaue dieses Systems betrachten, so wird es sich uns in erster Linie um die vertikale Verbundenheit der Preise handeln. Es hängt dies mit der Problemstellung unserer Untersuchungen zusammen: Denn das Spezifische in der Funktion des Kapitales ist die Ordnung der Produktion in ihrem vertikalen Aufbaue. In der arbeitsteiligen Verkehrswirtschaft wird dieser Aufbau durch die Relation von Preisen bestimmt. Deshalb ist für die Probleme des Kapitals der Aufbau des Preissystems in erster Linie hinsichtlich der Verhältnisse der einander vor- und nachgelagerten Preise von Interesse, also hinsichtlich des Verhältnisses der Preise von Produktionsmitteln, Kapitalgütern und Konsumgütern.

§ 9. GRENZPRODUKTIVITÄT UND KOSTENGESTALTUNG. DAS STATISCHE SYSTEM

Von allen unseren Ausführungen wird wohl kaum etwas so sehr „wirklichkeitsfremd" erscheinen, wie dasjenige, was wir über das Prinzip der Grenzproduktivität gesagt haben. Wir hoffen wohl, daß die theoretische Ableitung des Prinzipes, so wie wir sie zunächst an der Hand des sogenannten Gesetzes vom abnehmenden Bodenertrag vorgetragen haben, als eine rein „theoretische Konstruktion" durchaus verständlich erscheinen wird. Es ist schließlich auch recht plausibel, daß die Vermehrung eines von mehreren zusammenwirkenden Produktionsmitteln nicht zu einer proportionalen Steigerung des Ertrages wird führen können, daß eine solche nur von einer entsprechenden Vermehrung aller Produktionsmittel zu erwarten sein wird. Wenn man aber auf die Erfahrung blickt und insbesondere auf die der jüngsten Zeit, so scheint gerade der umgekehrte Zusammenhang sich wenigstens in vielen Fällen zu zeigen. Also wäre da doch ein Fall gegeben, in welchem eine Lehre — die Lehre von der Grenzproduktivität — „in der Theorie richtig, in der Praxis falsch" ist? Uns scheint wohl der Sachverhalt auch hier so zu sein, wie immer dann, wenn man auf einen Widerspruch zwischen Theorie und Praxis hinweisen zu können glaubt: Ein theoretischer Gedankengang kann nur in seiner Gänze auf die Erfahrung angewandt werden, es wäre verfehlt zu glauben, man könnte einen Teil aus dem Gebäude einer Theorie herausbrechen und ihn triumphierend an der Praxis desavouieren. Zu einem Gedankenbau der Theorie gehören aber immer auch die Ansätze, an welche das Denken angeknüpft hat. Und das müssen wir gerade bei der Lehre von der Grenzproduktivität sehr wohl beachten, wir werden vielleicht sogar bestrebt sein müssen, das, was wir in dieser Beziehung bereits früher ausgeführt haben, noch sorgfältiger und schärfer zu formulieren.

Es seien aber zunächst die verschiedenen Möglichkeiten dargestellt, welche sich ergeben können und in der Praxis auch tatsächlich gegeben erscheinen. Wir werden drei Fälle zu unterscheiden haben.

1. Abnehmender Ertrag oder wachsende (Grenz-) Kosten:

Bei einer gegebenen Produktionsmittelkombination gibt die Vermehrung eines der verwendeten Produktionsmittel einen Ertragzuwachs, welcher hinter dem Verhältnisse der Vermehrung dieses Produktionsmittels zurückbleibt. Dementsprechend wird auch ein fortschreitendes Herausziehen von Einheiten eines Produktionsmittels einen mit der Abziehung einer jeden Einheit wachsenden Ausfall im Ertrag mit sich bringen. Dieser Fall entspricht jener Annahme, welche wir der Lehre von der Grenzproduktivität zugrunde gelegt haben.

2. Proportionaler Ertrag oder proportionale Kosten: Bei Vermehrung eines der in der produktiven Kombination enthaltenen Produktionsmittel wird der Ertrag in demselben Verhältnisse wachsen, ebenso bei Verminderung der Zahl der mitwirkenden Einheiten eines Produktionsmittels in demselben Verhältnisse zurückgehen.

3. Steigender Ertrag oder sinkende Kosten: Die Vermehrung eines der in der produktiven Kombination arbeitenden Produktionsmittel führt zu einer überproportionalen Steigerung des Ertrages, ebenso die Verminderung eines der Produktionsmittel zu einem unterproportionalen Ausfall an Ertrag.

Diese reinen Typen sind selbstverständlich in verschiedenen Kombinationen zu finden. Am wichtigsten werden die Kombinationen der wachsenden und der sinkenden Kosten sein; dabei ist bei Ausdehnung der Produktion sowohl der Übergang von steigenden zu sinkenden wie auch der Übergang von sinkenden zu steigenden Kosten denkbar. Der Fall der proportionalen Kosten wird dabei im Wesen als Verbindungsglied zwischen diesen beiden Kombinationen in Betracht kommen. Die Kostengestaltung wird nun für die Herauslösung des Grenzproduktes eines der in der produktiven Kombination mitwirkenden Produktionsmittel nicht in der Form der Gestaltung der ganzen Kostenkurve von Bedeutung sein, sondern nur innerhalb jenes Teiles derselben, welcher für die praktisch in Betracht kommenden Verschiebungen relevant ist. In diesem Stücke der Kostenkurve ist aber jener Typus, welcher in den das Prinzip der Grenzproduktivität zu ihrer wichtigsten Stütze machenden Gedankenbau der Kostenlehre unter keinen Umständen eingefügt werden kann, der Typus der sinkenden Kosten. Die Schwierigkeit besteht hier nicht allein darin, daß bei Geltung dieser Art der Kostengestaltung von einer Grenzproduktivität in der hier gemeinten Bedeutung überhaupt nicht gesprochen werden kann. Die Bezahlung aller Einheiten eines Kostengutes, dessen Verwendung diesem Ertragprinzip unterliegt, nach der Größe des Ertragzuwachses, welchen das letzte zugesetzte Stück gebracht hat, könnte ja mehr ausmachen als den ganzen Ertrag der Produktion. Es müßte da ein anderes Prinzip für die Bildung des Preises eines Produktionsmittels gesucht werden. Aber nicht allein das. Wenn selbst da die Höhe der Produktionsmittelpreise irgendwie anders zu erklären wäre: Der Mechanismus des Kostengesetzes könnte nicht eingreifen. Wenn einmal Verlustpreise bestehen, sollte nach dem Schema des Kostengesetzes die Produktion durch Einschränkung der Erzeugung wieder rentabel werden; wenn da die „Sanierung" nur dadurch eingeleitet werden könnte, daß die Unternehmer einzelne Produktionen unterlassen, eben jene, welche Verluste bringen, und daß sie dadurch den Preis auf dem Markte heben und zugleich ihre Kosten senken, so wird diese Tendenz hier nicht ausgelöst werden können. Der Unternehmer wird bei jeder Einschränkung der Produktion seine Kosten nur noch erhöhen, sein Interesse wird es sein, nicht die Produktion einzuschränken, sondern ganz im Gegenteil die Produktion auszudehnen, weil er ja nur so seine Kosten herabsetzen kann; und jede Einschränkung der Produktion heißt nur, daß ein Unternehmer seine Kosten erhöht, während er es seiner Konkurrenz überläßt, mit niedrigeren Kosten den Markt zu beliefern. Man hat aus diesem Verhältnisse schließen zu können geglaubt, daß sinkende Kosten das Aufrechterhalten der Betriebe bei freier Konkurrenz unmöglich machen und daß nur ein Zusammenschluß der Unternehmungen imstande wäre, jene Produktionseinschränkung durchzusetzen, welche zur Anpassung des Marktpreises an die Gestehungskosten notwendig ist. Die Produktion müßte dabei solange eingeschränkt werden, bis das Steigen des Produktpreises die mit der Einschränkung der Produktion verbundene Kostensteigerung überholt. Und diese Art der Kostengestaltung, die sinkenden Kosten, werden dem modernen Großbetrieb in vielen Fällen charakteristisch sein, nämlich immer dann, wenn die Produktionskapazität nicht voll ausgenützt ist. Es wird als Regel angesehen, daß bei nicht voller Beschäftigung des Betriebes eine Ausdehnung der Produktion mit sinkenden Kosten möglich ist, daß also die Verwendung zusätzlicher Produktionsmittel einen überproportionalen Ertrag gibt; erst dann, wenn die Betriebe volle Beschäftigung erreicht haben, wird eine noch weitere Ausdehnung der Produktion nur mehr mit steigenden Kosten möglich sein. Die Schwierigkeit besteht also im Bereiche des fallenden Astes der Kostenkurve und diese Schwierigkeit wird außerordentlich häufig gegeben sein. Der Grund aber für diese Art der Kostengestaltung kann in dem großen Ausmaße der Investierung von fixem Kapital gesehen werden, welche zur Folge hat, daß bei eingeschränkter Produktion die Generalunkosten (die „Kosten der Betriebsbereitschaft") auf ein kleines Produktionsquantum sich aufteilen, so daß eine Herabsetzung der Kosten bei Vermehrung der Produktion so lange möglich ist, als diese Anlagen ohne weiteres Zusetzen von Kostenaufwendungen außer den Kosten für Material und für „produktive" Arbeit die Ausdehnung der Proportion ermöglichen.

Daß der Tatbestand dieser Kostengestaltung außerordentlich häufig gegeben ist, muß ohne weiteres zugegeben werden. Die Frage kann für uns nur die sein, wie auch bei diesem Tatbestande die Lehre von der Grenzproduktivität zur Anwendung gelangen kann. Wir werden hier nur dadurch zu einer befriedigenden Antwort gelangen können, daß wir uns in einigen Punkten Klarheit beschaffen, welche die Vorgangsweise des Denkens der ökonomischen Theorie betreffen.

Nehmen wir nun, um an der Hand eines wenn auch stark „konstruierten" Beispieles zu operieren, an, daß in einer geschlossenen Volkswirtschaft, in welcher im übrigen sinkende Kosten nicht vorkommen, in welcher also auch jene Betriebe, welche in ihrer Kostengestaltung ein Stück weit sinkende Kosten haben, über dieses Ausmaß hinaus bis in den steigenden Ast ihrer Kostenkurve beschäftigt sind, also in einer Volkswirtschaft, in welcher im übrigen das Kostengesetz reibungslos arbeitet, sich zehn große Automobilfabriken befinden, welche sinkende Kosten haben. Diese Betriebe sind also so beschäftigt, daß eine weitere Ausdehnung ihrer Produktion ihre Kosten noch herabsetzen würde. Wir nehmen dabei an, daß die Preise bereits Verlustpreise sind und daß eben wegen der Art der Kostengestaltung kein Betrieb in der Lage ist, seine Produktion einzuschränken. Jeder Betrieb würde bei der Produktionsbeschränkung nur seine Kosten steigern, die anderen Betriebe würden ihre Produktion nicht einschränken, und jener Betrieb, welcher mit der Produktionseinschränkung vorangeht, würde das nur zugunsten seiner Konkurrenten und zu seinem eigenen Schaden machen. Und nun wollen wir in der gedanklichen Analyse dieses Tatbestandes einen Kunstgriff anzuwenden versuchen, wir wollen eine Annahme machen, welche in der Wirklichkeit niemals gegeben sein kann. Wir wollen uns vorstellen, daß diese Unternehmungen mit einem Schlage so verwandelt werden, daß bei jeder das Prinzip der Grenzproduktivität sofort voll zur Auswirkung gelangen kann. So unmöglich das in der Wirklichkeit ist, es ist nicht schwer zu sehen, was da geschehen müßte. Jeder dieser Unternehmungen ist es ja charakteristisch, daß sie mit Verlust arbeitet, daß aber eine Einschränkung jener Produktionsmittel, welche tatsächlich variabel sind, also eine Einschränkung der Verwendung von „produktiver" Arbeit und des Rohstoffes Eisen (von den anderen abgesehen) nicht helfen kann. Es muß also diese Einschränkung bei anderen Produktionsmitteln versucht werden: Bei dem investierten Kapital, bei der (kurz gesagt) Maschinenanlage, bei „vorgetaner Arbeit" und bei früher investiertem Eisen. Es ist nun technisch nicht möglich, diese Produktionsmittel herauszuziehen, es kann nicht die Maschine in unverarbeitetes Eisen, in aufgewandte Arbeit rückgewandelt werden, am wenigsten so, daß diese Produktionsmittel in jener Zeitorientierung zur Verfügung stehen, in welcher sie aufgewendet worden waren, also vor bereits längerer Zeit. Aber stellen wir uns einmal vor, es wäre das Wunder gelungen, die investierten Produktionsmittel zurückzuverwandeln. Die Lage dieser Industrie wäre sofort eine andere. Alte Investitionen würden aus den Unternehmungen herausgezogen werden. In diesen produktiven Kombinationen bringen sie ja keinen

Ertrag[1], sie arbeiten mit Verlust, während sie irgendwo anders in der Volkswirtschaft einen Ertrag bringen könnten. Das investierte Kapital insbesondere könnte zum geltenden Zinsfuße (oder bei einem praktisch kaum in Betracht kommenden Druck auf diesen Zinsfuß) bei anderen Unternehmungen verwendet werden. Die Produktion in diesem „überkapitalisierten" Industriezweig[2] würde

---

[1] Ihr diskontierter Ertragwert wäre gleich Null, sie müßten auch, sofern eine andere Verwendung für sie nicht in Betracht kommt und auch später ein Ertrag nicht erwartet werden kann, als wertlos angesehen werden. In einer anderen Fassung: Die Aktien einer Unternehmung, welche mit sinkenden Kosten arbeitet, dürfen, wofern nicht eine Änderung zu erwarten ist, nur den „Liquidationswert" der Anlagen repräsentieren. Die Praxis begeht freilich nur zu oft den Fehler, mit Kostenwerten statt mit dem Werte des diskontierten Ertrages zu rechnen.

[2] Es ist klar, daß eine Überkapitalisation wohl hinsichtlich eines Industriezweiges, also hinsichtlich eines mehr oder weniger großen Teiles der Produktion gegeben sein kann, niemals aber hinsichtlich der ganzen Produktion. — Überkapitalisation heißt hier, daß so viel Kapital in fixen Anlagen investiert ist, daß eine volle Ausnützung der Kapazität der Anlagen, also eine so weite Ausdehnung der Produktion, daß die Kosten nicht mehr abnehmen, deshalb nicht möglich ist, weil in dem Gesamtzusammenhange der Wirtschaft eine die Kosten deckende Nachfrage, also eine Nachfrage, welche für jedes einzelne bei diesem Produktionsquantum auf den Markt geworfene Stück einen Preis zahlt, welcher die Kosten deckt, nicht gegeben ist. Überkapitalisation ist also hier eine in Relation zur Gestaltung der Nachfrage unrichtige Investierung von Kapital. Eine allgemeine Überkapitalisation ist aber infolge des Kreislaufcharakters der Wirtschaft unmöglich: Jede produktive Leistung hat einen Anspruch auf Gegenleistung aus dem Produkt und schafft sohin selbst die Nachfrage nach dem, was sie erzeugt. Insoweit ist nur Problem, ob das erzeugt worden ist, was die Nachfrage aufzunehmen bereit ist. Der Umstand, daß das Produkt oft erst lange nach der Aufwendung des Produktionsmittels fertig wird, spielt dabei keine Rolle, weil bei „richtigem" Aufbau der Produktion für die Zwischenzeit ein entsprechender Sub-

umgestellt werden, indem fixes Kapital herausgezogen werden würde. Dieses Herausziehen von bereits früher investiertem Kapital ist dabei mit zwei verschiedenen Wirkungen möglich. Entweder wird das Kapital aus einzelnen von den zehn Automobilfabriken zur Gänze herausgezogen und es werden dann weniger Unternehmungen bestehen, während die anderen aufgelöst werden. Oder aber es kann in jeder dieser Unternehmungen ein Teil des investierten Kapitals zurückgezogen werden, so daß alle diese Unternehmungen in einem beschränkteren Umfange bestehen bleiben. Gleichgültig welcher von diesen Wegen gegangen wird, ob zehn kleinere Betriebe oder etwa fünf große Betriebe übrig bleiben[1], das Resultat wird eine Verminderung der Kapitalausstattung dieser Produktion bis zu einem Zustand sein, bei welchen sinkende Kosten nicht mehr bestehen. Solange die Kosten abnehmen,

sistenzmittelfonds da sein muß. Es kann niemals zum Problem werden, daß allgemein zuviel erzeugt worden ist, solange eine Ausdehnung der Bedürfnisbefriedigung möglich ist. — Daß die Überkapitalisation einer Industrie, von welcher wir hier sprechen, die also immer nur als eine relative angesehen werden kann, nicht verwechselt werden darf mit der übermäßigen Bindung von freiem Kapital („Überinvestition"), also mit der Lenkung von freiem Kapital in Anlagen, aus welchen es nicht rechtzeitig freigesetzt werden kann, also mit dem Falle, daß eine Produktion infolge Mangel an freiem Kapital nicht zu Ende geführt werden kann, ist eine Selbstverständlichkeit.

[1] Die beiden Fälle bedeuten nichts anderes als verschieden lange Produktionsumwege, wofern nicht ein großer Betrieb einfach als eine Vervielfachung des kleinen Betriebes (bei gleicher Länge der Produktionsumwege) angesehen werden kann. Die Länge der Produktionsumwege muß naturgemäß — über das Bindeglied der Preise, insbesondere des Zinsfußes — dem allgemeinen Aufbau der Produktion unter Berücksichtigung der Rentabilität einer Ausdehnung des Produktionsumweges gerade in diesem Produktionszweige angepaßt sein.

muß ja das Herausziehen von fixem Kapital noch rentabel sein. Es wird schließlich — das ergibt sich im Zusammenhange mit unseren Voraussetzungen — jener Zustand erreicht werden, in welchem durchwegs steigende Kosten bestehen und sonach bezüglich aller Produktionsmittel das Prinzip der Grenzproduktivität wirksam ist.

Aus dieser völlig unrealistischen Konstruktion sollen nun Folgerungen gezogen werden. Eines ergibt sich sofort mit aller Deutlichkeit: *Es ist unter allen Umständen ein Aufbau der Produktion möglich, in welchem durchwegs in dem relevanten Teile der Kostenkurve bei einem jeden Produktionsmittel steigende Kosten bestehen.* Es soll nun gefragt werden, warum in der Wirklichkeit eine reibungslose Anpassung an jenen Zustand, in welchem das auf dem Prinzip der Grenzproduktivität beruhende Kostengesetz zur Wirksamkeit gelangt, nicht vor sich geht; es soll gefragt werden, welcher Umstand es ist, der die Produktion so häufig im Gegensatze zu unserer Konstruktion an sinkende Kosten bindet. Dann aber soll auch gefragt werden, ob nicht doch etwas ähnliches wie das, was hier die Konstruktion dargestellt hat, in der Realität geschehen wird.

Zunächst ist es wohl klar, daß die Diskrepanz zwischen unserer Konstruktion und der Wirklichkeit nur in einem einzigen Umstande begründet ist: In dem Umstande, daß die Investierung von freiem Kapital ein Prozeß ist, welcher in der physischen Natur zur Durchführung gelangt und daher nicht rückgängig zu machen ist; in dem Umstande, daß einmal investierte Produktionsmittel eine körperliche Form angenommen haben, aus welcher sie nicht mehr ohne Beschränkung in eine andere Gestaltung umgewandelt werden können. Wäre nicht diese Behinderung der Dispositionsmöglichkeit der Wirtschaft durch die Erdenschwere dessen gegeben, was in der Produktion aus den

Produktionsmitteln wird, *wäre eine uneingeschränkte Variabilität der Produktionsmittel gegeben, eine uneingeschränkte Möglichkeit, Produktionsmittel, welche die Form von Kapitalgütern angenommen haben, in jedem beliebigen Stadium der Produktion aus einer Verwendung in eine andere zu überstellen,* so könnte das Prinzip der Grenzproduktivität ohne jede Reibung sich durchsetzen.

Aber führt nicht gerade der Umstand, daß fixes Kapital aus der Investition nicht herausgezogen werden kann, dazu, daß das Prinzip der Grenzproduktivität in der Betrachtung einer Realität, welche eine große Zahl von Produktionen kennt, in denen eine Überkapitalisierung gegeben ist, jeden Sinn verliert? Hier kommen wir zu der zweiten Frage, welche wir uns im Anschluß an die Darstellung unserer Konstruktion gestellt haben.

Der Prozeß der Anpassung der Produktionsmittelverwendung an die dem Prinzip der Grenzproduktivität entsprechende Lagerung vollzieht sich auch in der realen Wirtschaft tatsächlich; er kann sich nicht so vollziehen, wie wir es in unserer Konstruktion dargestellt haben, indem wir gewissermaßen eine rückwirkende Umstellung früher geschehener Investitionen als möglich angenommen haben; er muß sich selbst bei freier Bewegung in einem langsameren Ablaufe vollziehen, indem das schrittweise Herankommen der Notwendigkeit von Reinvestitionen die Ordnung der Produktionsmittel im Sinne der Grundsätze des Kostengesetzes umstellt. Einmal getätigte Investitionen können wohl nicht mehr rückgängig gemacht werden[1]. Aber die Investition von Kapital ist niemals eine

[1] Privatwirtschaftlich kann eine bereits getätigte Investition gelegentlich durch Tausch mit einer liquiden Position rückgängig gemacht werden — z. B. Verkauf einzelner Maschinen —, wobei wohl in der Regel bedeutende Verluste zu tragen sein werden. Bei Auflösung eines Betriebes geht ein „Organisationswert" verloren.

DIE VERBUNDENHEIT DER PREISE 127

dauernde Bindung, welche nie mehr rückgängig gemacht werden kann. Jede Maschine wird verbraucht und muß bei Aufrechterhaltung der Produktion wieder ersetzt werden. Die Erhaltung aber von Kapitalanlagen, welche keinen Ertrag abwerfen, durch immer neues Einsetzen von neuen Aufwendungen freien Kapitals wird nicht möglich sein. Irgendwo in der Wirtschaft findet der Kapitalbesitzer, welcher freies Kapital aufwenden soll, um eine mit abnehmenden Kosten arbeitende Kapitalinvestition auf dem gegebenem Stande zu erhalten, eine Anlagemöglichkeit, welche ihm anders als diese Anlage einen Ertrag abwirft. Eine Anlage von ausdauerndem Kapital, welche mit sinkenden Kosten arbeitet, wird nicht mehr erneuert werden können, sobald sie verbraucht ist. Soweit der Unternehmer, welcher eine solche Anlage besitzt, überhaupt einen Erneuerungsfonds produzieren kann, wird er diesen nicht in seinem Betriebe investieren dürfen, wenn er einen Ertrag erzielen will. Damit wird das Kapital aus dem Betriebe herausgezogen und wo anders investiert. Und da sehen wir: Das, was bei freier Beweglichkeit der bereits investierten Produktionsmittel sogleich geschehen könnte, die Anpassung der Anlage an das Prinzip der Grenzproduktivität, das wird infolge des Umstandes, daß rückwirkende Umstellungen tatsächlich nicht möglich sind, langsam erfolgen in dem Maße, in welchem der Verbrauch der bereits investierten Produktionsmittel Reinvestitionen notwendig macht; es wird die Umstellung dadurch bewirkt werden, daß diese Reinvestitionen unterbleiben. Damit wird die Wirtschaft jenem Zustande, welcher dem Aufbaue nach dem Prinzipe der Grenzproduktivität entspricht und in welchem das Kostengesetz sogleich durch Änderungen in der Einstellung der Produktionsmittel zur Geltung gelangt, zustreben. Wohl wird infolge der häufigen Bindung von Produktionsmitteln in fixen Anlagen das Kostengesetz nicht so wirken, daß es immer sofort eine Anpassung der Produktion durchsetzt, es wird aber als Tendenz der Bewegungen in der Wirtschaft zur Geltung gelangen. Wir können zusammenfassen: Die Bindungen von Kapital in dauerhaften Anlagen und die damit häufig gegebenen sinkenden Kosten bedeuten eine wesentliche Friktion für die Wirkung des auf dem Prinzip der Grenzproduktivität beruhenden Kostengesetzes; diese Friktionen heben nicht die Wirkung dieses Gesetzes auf, sondern sie haben nur zur Folge, daß dieses Gesetz erst in einem Prozesse zur Geltung gelangen kann, welcher einen längeren Zeitablauf erfordern muß, da er sich erst im Zuge der Reinvestitionen durchsetzen kann[1].

Damit sind wir aber bei einer Position angelangt, in welcher die Frage der Anwendung des Gedankenbaues der Theorie auf der Realität der Wirtschaft zum Problem wird. Bevor wir aber einiges dazu sagen, sei noch ein anderes Problem kurz gesprochen, welches mit dem Prinzip des abnehmenden Ertrages zusammenhängt.

Seit das erste Mal die nationalökonomische Wissenschaft von einem Gesetz des abnehmenden Ertrages gesprochen hat, ist es außer Zweifel gewesen, daß dieses sogenannte Gesetz seine Gültigkeit nur *rebus sic stantibus* haben könne,

---

[1] Die Wirtschaftspolitik, welche Unternehmungen mit sinkenden Kosten als notleidend zu schützen sucht, übersieht dabei, daß Reinvestitionen in solchen Betrieben ein Fesseln von Kapital in Anlagen bedeuten, in welchem der Ertrag geringer sein muß als anderwärts. — Hier sei noch eines bemerkt: Es ist einem bestimmten Stadium des Konjunkturablaufes eigentümlich, daß die Investitionsmöglichkeiten für freies Kapital ganz außerordentlich beschränkt sind. Mit diesem Problem werden wir uns erst später beschäftigen. Hier handelt es sich — wie ausdrücklich betont sei — nur um die allgemeine Frage der Möglichkeit des Produktionsaufbaues nach Maßgabe der Grenzproduktivität.

daß die Einführung einer neuen Produktionstechnik die Wirksamkeit dieses Gesetzes unterbricht, daß also eine Erklärung des durch Änderungen der Technik mitbedingten historischen Ablaufes durch das Gesetz vom abnehmenden Ertrag nicht gegeben sein kann, sondern ausschließlich eine Erklärung des bei jeweils gegebenen Daten durch diese bedingten Produktionsaufbaues[1]. Wenn wir nun das Prinzip des abnehmenden Ertrages allgemein als das Prinzip des Zusammenarbeitens von im wirtschaftlichen Mengenverhältnisse stehenden Produktionsgütern aufgefaßt haben, insbesondere auch des Zusammenarbeitens von freiem Kapital und originären Produktionsmitteln, so muß die Einschränkung des *rebus sic stantibus* naturgemäß auch hier angebracht werden. In der einfachsten Formulierung würde dann zu sagen sein: Grundsätzlich bringt die Ausdehnung der Länge eines Produktionsumweges einen abnehmenden Mehrertrag, es kann aber ein technischer Fortschritt dazu führen, daß selbst eine Verkürzung des Produktionsumweges zu einer Steigerung des Ertrages führt. Die Unterscheidung zweier Möglichkeiten der Änderung des Ertrages hat für uns hier zunächst nicht den Sinn,

[1] Die wichtigste Anwendung findet diese Einschränkung im Bevölkerungsgesetz: Wachsende Bevölkerung muß infolge des Steigens der Produktionskosten bei Vermehrung der Produktion durch zusätzliche Verwendung nur eines vermehrten Produktionsmittels (menschliche Arbeit) zu einem Druck auf den Nahrungsmittelspielraum führen, *wofern nicht* ein Fortschritt der Technik eine Steigerung des Ertrages über das Verhältnis der Vermehrung dieses Produktionsmittels hinaus ermöglicht. Außer durch technischen Fortschritt kann die Wirkung des Bevölkerungsgesetzes naturgemäß auch durch eine das Ausmaß der Bevölkerungsvermehrung übersteigende Vermehrung des Kapitals aufgehoben werden. Auch hier ist ein Beispiel dafür gegeben, daß ein „richtiges Gesetz" der Theorie nur mit allen den Voraussetzungen, bei deren Annahme es aufgestellt werden konnte, „anwendbar" ist.

daß wir ein Schema für die Klassifizierung gewinnen wollen, das in jedem Einzelfalle auf die Erklärung der Erfahrung ohne Schwierigkeit angewandt werden kann, sondern den Sinn, daß wir die Produktion hinsichtlich ihres für das wirtschaftliche Geschehen relevanten Konstruktionsprinzipes erfassen wollen. Wo die Möglichkeit besteht, ohne Verlängerung des Produktionsumweges den Ertrag zu steigern, wird die Wirtschaft diese Möglichkeit ausnützen. Das ist naturgemäß nicht durch unser technisches Wissen allein begrenzt, sondern auch durch die Rentabilität der einzelnen Produktionsmethoden: Der Unternehmer wird das technisch vollendeteste Verfahren nicht anwenden können, wenn eine günstige Relation zwischen Kostenaufwendungen und Erlös des Ertrages nicht zu erzielen ist. Dort aber, wo eine technisch neue Produktionsmethode einen verlängerten Produktionsumweg bedeutet, wird bei der Kostenkalkulation insbesondere auch die Kalkulation des Zinses es zur Geltung bringen, daß die Anwendung einer Technik an die wirtschaftlichen Möglichkeiten gebunden ist[1]. Für uns handelt es sich aber in erster Linie darum, daß — ganz unabhängig von der Möglichkeit einer Verkürzung von Produktionsumwegen durch Erfindungen technischer Art — bei jeder gegebenen Technik eine Verlängerung des Pro-

---

[1] Ob eine neue technische Methode — z. B. die Einführung elektrischer Antriebskraft — eine Verkürzung oder Verlängerung des Produktionsumweges bedeutet, das ist eine Frage, welche die Theorie keineswegs im voraus eindeutig beantworten kann. Die Antwort wird davon abhängen, ob die neue Produktionsmethode mehr Kapital oder mehr Arbeit spart. Dabei darf die neue Technik nicht in ihrer Wirkung auf einer einzelnen Stufe des vertikalen Produktionsaufbaues betrachtet werden, sondern sie muß vielmehr in den Ablauf des ganzen Produktionsumweges der Erzeugung des fertigen Konsumgutes aus den originären Produktionsmitteln einbezogen werden.

DIE VERBUNDENHEIT DER PREISE

duktionsumweges mit der Wirkung einer Steigerung des Ertrages möglich ist. Das Problem des Aufbaues der Produktion, ein Problem, welches von ganz wesentlicher Bedeutung für den Ablauf der Wirtschaft ist, liegt in der Frage nach der Begrenzung der wirtschaftlich möglichen Länge der Produktionsumwege, in der Frage, durch welchen Umstand die Wirtschaft in der Möglichkeit der Ausnützung der Vorteile einer Verlängerung der Produktionsumwege beschränkt ist. Hier liegt die zentrale Bedeutung des Problems der Kapitalverwendung[1].

Auch hier ist zu sehen, daß zwischen dem Grundsatze der Mehrergiebigkeit der Produktionsumwege und der Anwendung dieses Grundsatzes auf die Erfahrung die Beachtung der Voraussetzungen, unter welchen dieses Prinzip gilt, zu stellen ist. Eine Steigerung der Produktion unter Verkürzung der Produktionsumwege ist ganz in derselben

---

[1] Man hüte sich, Produktionsdauer und Länge des Produktionsumweges zu verwechseln. Wenn — um ein bereits früher gebrachtes Beispiel wieder anzuwenden — eine Automobilfabrik „modernisiert" wird mit dem Effekte, daß die Produktionsdauer eines Automobils von drei Monaten auf wenige Tage heruntergedrückt wird, so wird dies dadurch möglich sein, daß in erweitertem Ausmaße Maschinen eingestellt werden. Es liegt also zugleich mit der Verkürzung der Produktionsdauer eine erweiterte Inanspruchnahme von „vorgetaner Arbeit" vor und wir werden wohl sagen können, daß der Produktionsumweg verlängert worden ist. Dies deshalb, weil anzunehmen ist, daß die Erreichung einer gleichen Produktmenge durch eine geringere Arbeitsaufwendung jetzt deshalb möglich geworden ist, weil die Arbeitsaufwendungen in erweitertem Ausmaße in den vorgelagerten Produktionen vorgenommen werden. Das zeitliche Vorverlegen der Arbeit wird dabei nicht allein in Relation zu dem ersten fertiggewordenen Produkte zu betrachten sein, sondern — in Hinblick auf die vermehrte Verwendung länger ausdauernder Kapitalgüter — in Relation auch zu den mit dieser Anlage erst später erzeugten Produkten.

Weise möglich[1], wie man oft sinkende Kosten bei modernen Unternehmungen sehen kann. Die theoretische Analyse des Produktionsprozesses muß aus der vielgestaltigen Möglichkeit der Wirklichkeit jene Elemente herausgreifen, welche sie zum Aufbau ihres Systems brauchen kann. Das System wird dann anwendbar sein und eine Erklärung des wirklichen Geschehens bieten können, wenn es in der Weise aufgebaut ist, daß es von den Prinzipien ausgeht, welche die Bedingungen für die Erreichung wirtschaftlichen Erfolges darstellen, die in der Welt der Erfahrung zur Geltung gelangen müssen.

Wir haben das deutlich gesehen hinsichtlich des Prinzipes der Grenzproduktivität. Es wäre ganz unrichtig, wollte man glauben, daß in jedem Einzelfalle, bei der Verwendung eines jeden Produktionsmittels in jedem einzelnen Betriebe, ein Grenzprodukt zu erfassen wäre. Nicht um das handelt es sich, sondern um etwas anderes: daß ein Aufbau der Wirtschaft nach dem Prinzip der Grenzproduktivität möglich ist und daß eine Abweichung von diesem Aufbaue die Tendenz zur Anpassung auf diesen Aufbau auslösen muß. Und bezüglich der Produktionsumwege: Es ist nicht so, daß nur eine Verlängerung der Produktionsumwege zu einer Steigerung des Ertrages führen kann; aber es muß außer Zweifel sein, daß die Verlängerung der Produktionsumwege den Ertrag steigern kann und daß diese Ertragsteigerung in der Kapitalversorgung der Wirtschaft eine Grenze findet[2].

[1] Die Verkürzung und Verlängerung des Produktionsumweges ist im Einzelfalle schwer feststellbar, weil man die Verhältnisse einer einzelnen Produktionsstufe nur schwer als Teil des gesamten Produktionsablaufes einschätzen kann.

[2] Hier sei noch kurz eine abschließende Zusammenfassung gegeben. Wenn mehrere Produktionsmittel zusammenwirken, sind an sich ver-

Wenn die Wirtschaftstheorie von ihren allgemeinen Prinzipien ausgehend das Bild des stationären Wirtschaftsablaufes zeichnet, so gibt sie damit nicht ein Abbild der Wirklichkeit. Sie gibt ein Bild, in welchem Preise, Produktmengen und Art des Produktionsaufbaues durch allgemeine Gesetze bestimmt zu einem Kosmos zusammengefaßt erscheinen. Sie muß sich darüber klar sein, daß die Wirtschaft der Erfahrung niemals eine Realisierung dieses

schiedenartige Änderungen in der Größe des Ertrages bei Änderung der Kombination möglich. *Die für die Betrachtung der ökonomischen Theorie relevante Möglichkeit muß aber jene sein, welche der Formel des abnehmenden Ertragzuwachses entspricht.* Dies folgt daraus, daß wir nur Produktionsmittel betrachten, welche im wirtschaftlichen Mengenverhältnisse stehen, welche also infolge ihrer Knappheit wirtschaftlich gewertet werden müssen. Soweit bezüglich eines Produktionsmittels die Mitwirkung in der Produktion grundsätzlich dem Prinzipe wachsender Mehrerträge unterliegen würde, könnte diesem Produktionsmittel ein Anteil am Ertrage nicht zugerechnet werden. Es müßte ja auch eine Verringerung der Menge dieses Produktionsmittels für die Produktion irrelevant sein. Das haben wir früher zunächst als das dem „Gesetz vom abnehmenden Bodenertrag" zugrunde liegende Prinzip des Zusammenwirkens knapper Produktionsmittel darzustellen versucht. Das Prinzip muß allgemein für die Kombination verschiedenartiger Produktionsmittel, insbesondere aber auch für die Verwendung von freiem Kapital (abnehmender Ertrag bei Verlängerung der Produktionsumwege) gelten. — Für die ökonomische Betrachtung ist dabei zunächst dasjenige relevant, was in das Erkenntnissystem der Betrachtung des statischen Wirtschaftsablaufes eingehen kann. Andere Gestaltungen der Daten des wirtschaftlichen Geschehens können allenfalls als Variationen des statischen Ablaufes gesondert behandelt werden. — Von dem hier entwickelten Gesichtspunkte aus war es auch eine Notwendigkeit, daß wir das Angebot der Arbeit in der Gestalt einer steigenden Angebotskurve zum Ausgang der Betrachtung genommen haben. Die Berechtigung dieser Annahme haben wir an früherer Stelle zu erweisen gesucht.

Bildes sein kann; sie muß zugeben, daß in der Welt der Erfahrung immer wieder von neuem auftretende Änderungen der Daten den Aufbau der Wirtschaft in Bewegung halten. Die Wirtschaftstheorie kann nur ein Bild zeichnen, dem sich die Wirtschaft annähert, ohne es je realisieren zu können. Der Kosmos der Wirtschaftstheorie ist nicht Realität. Aber die Gesetze, aus welchen die Wirtschaftstheorie ihre Gebilde aufbaut, beherrschen doch die reale Wirtschaft. Nicht in dem Sinne, daß die reale Wirtschaft niemals anders als nach diesen Gesetzen aufgebaut sein könnte. Aber doch in dem Sinne, daß dort, wo der Aufbau der Wirtschaft von diesen Gesetzen abweicht, wo die Wirtschaft die Güterverwendungen anders geordnet hat, als bei den gegebenen Daten auf Grund der Wirtschaftsgesetze bestimmt wäre, eine Änderung ausgelöst wird, welche die Anpassung an diese Wirtschaftsgesetze zum Ziele hat. Eine geschlossene und sichere Erkenntnis des Allzusammenhanges der Wirtschaft ist nur in der Erfassung des Systems möglich. Sollte man auf die Aufstellung des Systems verzichten wollen, weil nicht alles in der Wirklichkeit in vollendeter Weise nach diesem Gesamtzusammenhange aufgebaut ist? Eines schon müßte den voreiligen Kritiker davon abhalten: Daß nur die Kenntnis des Systems es zeigt, welche Schranken den wirtschaftlichen Möglichkeiten gegeben sind, welche Bewegungen ein Aufbau der Wirtschaft, der von dem Systeme abweicht, nach sich ziehen muß. Und wenn man einmal erkannt hat, welche zentrale Bedeutung die Lehre von der Funktion des Kapitals im Aufbau der Wirtschaft hat, so wird man sich nicht der Erkenntnis verschließen können, daß diese Lehre auch von der größten praktischen Bedeutung ist. Der Aufbau der Produktion ist identisch mit der Verwendung des Kapitals. Man kann ohne weiteres sagen, daß hier das empfindlichste

Element des ganzen Wirtschaftssystems gegeben ist. Die Produktion drängt nach Erweiterung der Produktionsumwege, der außerordentlich feine Manometer der Zinsfußbildung zeigt ihr da die Grenzen des Möglichen. Wir werden jetzt bei der Betrachtung der Geldwirtschaft sehen, wie empfindlich dieser Apparat ist, wie leicht in ihm Störungen eintreten können.

DRITTES KAPITEL
GELD UND KAPITAL

§ 1. PREISSYSTEM UND PREISNIVEAU

In dem statischen Ablauf einer Verkehrswirtschaft sind alle Warenpreise entsprechend den Gesetzen der vertikalen und horizontalen Verbundenheit der Preise in ein System gebracht. Diesem System der Warenpreise gegenüber ist der Geldausdruck der Preise an und für sich völlig neutral. Wenn die Einheit der Ware W_1 im Preis gleich ist zwei Einheiten der Ware W_2 oder drei Einheiten der Ware W_3, so wird dieses Verhältnis nicht geändert, gleichgültig ob der Preis von W_1 in Geld mit 1 oder mit 100 angesetzt ist, wenn nur dem System entsprechend die Preise von W_2 und W_3 die Hälfte, bzw. ein Drittel dieses Preises ausmachen. Es ist da jede beliebige Vervielfachung der Geldpreise möglich, ohne daß dabei das System der Warenpreise gestört wird, wenn nur diese Vervielfachung bei allen Preisen in gleicher Weise eintritt. Der „Wert" oder die „Kaufkraft" des Geldes (der Geldeinheit) ist dann hoch oder niedrig, je nachdem wie hoch die Preise sind oder auch — da ja jeder Preis nur ein Teil eines Systems von Preisen ist — je nachdem wie hoch ein beliebiger Preis ist. Als Maßstab für die Höhe des Preisniveaus, als Index für die Kaufkraft des Geldes könnte hier jeder beliebige Preis dienen.

Es wäre nun ein grober Fehler, wollte man aus dieser Tatsache der Neutralität des Systems der Warenpreise gegenüber der Höhe des Preisniveaus die Folgerung ziehen, daß das Problem des Geldes mit der Frage nach der Höhe der Preise erschöpft ist. Wenn man davon ausgehen kann, daß ein bestimmtes System von Warenpreisen bei hohem oder bei niedrigem Niveau der Geldpreise bestehen kann, wenn also ein System von Warenpreisen unabhängig von der Höhe der Preise gedacht werden kann, so darf man nicht die schwerwiegende Tatsache übersehen, daß es zwar möglich ist, ein und dasselbe Preissystem mit niedrigem oder mit hohem Geldpreisniveau umgesetzt zu denken, daß es aber niemals (oder nur unter ganz besonderen, praktisch niemals in Betracht kommenden Voraussetzungen[1]) möglich sein wird, ein Preissystem ohne eine Änderung in dem Verhältnisse der einzelnen Preise von einem Niveau der Geldpreise auf ein anderes hinüber zu leiten. Da aber in der Verkehrswirtschaft die Preise für die Verwendung der Produktionsmittel, für den Aufbau der Produktion und für den Absatz der Güter bestimmend sind, muß jede Änderung des Preisniveaus über eine Änderung des Preissystems auch zu Änderungen in der Verwendung der Güter führen.

Das ist sofort völlig klar, wenn man die Wirkungen einer Änderung der Geldmenge betrachtet. Stellen wir uns z. B. vor, daß in einer statisch ablaufenden Wirtschaft einzelne Wirtschaftssubjekte einen Geldbetrag erhalten,

---

[1] Wir wollen diese Voraussetzungen hier — manches, das erst später näher begründet werden soll, vorausnehmend — kurz umschreiben. Es ist da nicht nur eine gleichmäßige Veränderung des Geldvorrates aller Geldbesitzer notwendig, des weiteren eine Ausgleichung von Verschiebungen, welche sich aus der Änderung des realen Gehaltes der Schuldverhältnisse ergeben würden, sondern es müßte schließlich auch gesichert sein, daß die Verhältnisse des Angebotes von Geldkapital in keiner Weise geändert werden. Die gleichmäßige Veränderung aller Preise wäre insbesondere auch nur dann zu erreichen, wenn alle Wirtschaftenden von der Änderung der Geldversorgung informiert sind und in ihrem Verhalten sofort die entsprechende Anpassung vornehmen.

welcher früher in der Wirtschaft noch nicht verwendet worden ist. Diese Wirtschaftssubjekte werden voraussichtlich das ihnen zugekommene Geld nicht einfach für sich behalten, sondern es ausgeben. In jener Formel, welche das auf dem Markte in Erscheinung tretende unmittelbar erfaßt, heißt das: Die Wirtschaftssubjekte werden im Hinblick auf den ihnen neu zugekommenen Geldbesitz ihre Angebots- und Nachfragestellung revidieren in dem Sinne, daß sie bei jedem in Betracht kommenden Preise mehr kaufen (und unter Umständen weniger verkaufen) als bisher. Diese Änderung der Nachfrage (und des Angebotes) auf dem Markte muß zu einer Erhöhung von Preisen führen.

Es wird niemals angenommen werden können, daß sich diese Preisbewegung bei allen Waren in dem gleichen Ausmaße geltend machen wird. Welche Waren einer verstärkten Nachfrage begegnen werden, das hängt ja zunächst davon ab, in welcher Weise das neue Geld verwendet wird. Und wie die jeweils auf den Markt gelangende Nachfrage immer nur eine Summe von Einzelnachfragen ist, so wird jede Änderung von einzelnen Nachfrageposten auch die Zusammensetzung der Gesamtnachfrage ändern. Es wird sich eine verstärkte Nachfrage nach jenen Waren geltend machen, welche gerade von jenen Wirtschaftssubjekten, denen das neue Geld zugekommen ist, stärker nachgefragt werden. Das Steigen dieser Warenpreise wird vielleicht Gegenbewegungen in einem anderen Bereiche auslösen können. Es ist ohne weiteres möglich, daß deshalb, weil einzelne Waren im Preise steigen, jene Wirtschaftssubjekte, welche durch den neuen Geldzustrom *nicht* bereichert worden sind, welche also durch dieses Steigen einzelner Preise besonders getroffen sind, ihre Nachfrage nach diesen Waren nicht so weit einschränken, daß ihre

Geldnachfrage nach anderen Waren unverändert bleiben kann; es kann sohin die Folge der Steigerung der Preise einer Gruppe von Waren sein, daß andere Preise fallen. Wir können also als Folge der Geldvermehrung das Steigen einzelner Warenpreise mit Sicherheit erwarten, andere Preise werden vielleicht gleich bleiben oder vielleicht sogar fallen. Selbstverständlich ist auch das Steigen verschiedener oder auch aller Preise in einem verschiedenen Verhältnisse möglich. Der Vollständigkeit halber sei hier bemerkt, daß diese Bewegungen nicht nur von der Nachfrage nach Waren ausgehen werden. Es kann sein, daß die Vermehrung des Geldbesitzes einzelne Wirtschaftssubjekte in die Lage versetzt, mit dem Verkaufe von Waren zurückzuhalten, so daß auch dieser Umstand zu einer Verschiebung der Preise führen kann. Daß die Änderungen in dieselbe Richtung gehen werden wie jene, welche wir von der Nachfrage ausgehend betrachtet haben, ist selbstverständlich.

Jedenfalls wird schon das erste Auftreten von zusätzlichem Geld auf dem Markte zu einem Zerreißen des bestehenden Preissystems führen. Ist das neue Geld einmal ausgegeben und aus der ersten Hand in die Hände anderer Wirtschaftssubjekte gelangt, so wird es in einem zweiten Umschlage wiederum auf das Verhältnis der Preise einwirken, bis schließlich der Prozeß der Preisänderungen sich durch das ganze Wirtschaftssystem hindurch fortgepflanzt hat. Ein neues System von Preisen wird sich bilden. Es ist hier festzustellen, daß nicht nur in der Periode des Überganges Verschiebungen in dem Verhältnis der Preise untereinander eintreten, sondern daß auch mit einer Änderung des neuen „statischen" Preissystems gegenüber dem Ausgange zu rechnen sein wird.

Die tiefste Ursache dafür liegt wohl darin, daß jede

Änderung des Geldbesitzes zu einer Änderung der Eigentumsverteilung in der Wirtschaft führen muß. Wer Geld hat, kann Güter an sich ziehen und sie verwenden, ganz so wie jemand, der reale Güter besitzt. Ist durch Neuzuteilung von Geldbesitz (oder durch Wegnahme von Geld) eine Änderung in der Ordnung der Besitzverhältnisse eingetreten, so wird damit auch eine Änderung in der Verwendung der Güter die Folge sein. Auch in der Konstruktion einer Verkehrswirtschaft, welche kein Geld gebraucht, ist es ja außer Zweifel, daß eine Änderung in der Güterverteilung auch eine Änderung in dem ganzen System der Wirtschaft bedeutet, daß die Gestaltung der Wirtschaft nicht nur von dem Ausmaße des Güterbesitzes, sondern auch von der Art der Güterverteilung abhängig ist.

Nun könnte man das alles zugeben und noch der Meinung sein, daß da in kasuistischer Weise eine Feinheit in möglichen Bewegungen herausgearbeitet wird, welche praktisch nicht von großer Bedeutung ist. Wenn eine Änderung der Verteilung der Realgüter oder des Geldbesitzes dazu führt, daß z. B. weniger Luxusgüter und mehr Massenartikel erzeugt werden, oder überhaupt von dem einen Gute mehr und von dem anderen weniger, wenn dieser Preis steigt und jener fällt, der eine Preis stärker steigt als der andere usw., so liegen im ganzen zunächst Schwankungen in den Voraussetzungen des wirtschaftlichen Geschehens vor uns, welche entsprechende Anpassungen erfordern. Und doch ist die Klarstellung des Zusammenhanges, von welchem wir hier gesprochen haben, von der allergrößten Bedeutung, wenn wir ihn zum Ausgang für die Behandlung eines Problems nehmen, das gerade aus der Art der Verwendung des Geldes in der modernen Wirtschaft erwächst.

Es ist dieses damit gegeben, daß die Determination des Aufbaues der Produktion im Hinblick auf den zeitlichen

Ablauf derselben, die Bestimmung der Produktionsumwege, in unserer Wirtschaftsorganisation in entscheidender Weise von der Art der Verwendung von Geldbesitz abhängt. Eine Änderung im Geldbesitz wird nicht nur die Eigentumsverhältnisse mit dem Erfolge ändern, daß so wie bei jeder Eigentumsverschiebung eine Änderung in der Nachfrage nach diesem oder jenem Gut eintritt; es wird vielmehr zu erwarten sein, daß die Änderung im Geldbesitz eine Änderung im Aufbau der Produktion hinsichtlich der Lagerung der Produktionsmittel und der Länge der Produktionsumwege nach sich zieht. Wenn es sich aber zeigen läßt, daß die Zuteilung des Geldes an die einzelnen Wirtschaftssubjekte auch für den Aufbau der Produktion in der Zeit bestimmend ist, so ist damit gezeigt, daß die Versorgung der Wirtschaft mit Geld nicht nur für das Preisniveau entscheidend ist, sondern daß sie darüber hinaus die Bedingungen für die Möglichkeit der Gewinnung von fertigen Produkten bestimmt.

Der Ausgang für die Behandlung dieser Frage muß die Analyse der Funktion des Geldkapitals sein.

§ 2. DAS KAPITAL IN DER FORM DES GELDBESITZES

Wenn wir an früheren Stellen die Rolle des Kapitals in der Produktion in der Weise dargestellt haben, daß wir allein naturalwirtschaftliche Vorgänge ins Auge nahmen, ohne auf die kompliziertere Ausgestaltung der Verhältnisse Rücksicht zu nehmen, welche sich durch das Einschalten des Geldes in die Tauschakte ergeben, so war es unsere Absicht, den Prozeß der Kapitalverwendung, welcher schließlich im Wesen nur eine Verwendung von Sachgütern sein kann, in einer Weise darzustellen, in welcher die Zusammenhänge in der Sphäre der Sachgüter völlig klar werden können. Wir haben dort gesehen, daß der Prozeß der Produktion im zeitraubenden Produktionsumweg immer nur in der Weise aufzufassen ist, daß freies Kapital, also Subsistenzmittel, welche von ihren Besitzern für die Produktion zur Verfügung gestellt werden, zur „Alimentierung" von originären Produktionsmitteln dienen, welche für ihre Leistungen eine fortlaufende Entschädigung fordern, während der Ertrag derselben erst für später zu erwarten ist. Ein jedes Einsetzen von Produktionsmitteln im Produktionsumwege bedeutet ein Binden von freiem Kapital, die Verwandlung desselben in Kapitalgüter (relativ dauerhafte Anlagen oder Zwischenprodukte), aus denen erst später ein Ertrag zu erwarten ist. Eine jede solche Bindung von freiem Kapital kann aber — bei erfolgreichem Verlauf der Produktion — immer nur als eine zeitweilige angesehen werden; jedes investierte Kapital wird früher oder später wieder frei, wobei insbesondere für Bindungen von Kapital in dauerhaften Produktionsmitteln oft erst sehr spät ein Freisetzen des Kapitals zu erwarten ist. Die endgültige Freisetzung von Kapital kann dabei immer nur in einem Ertrag der Konsumgütererzeugung erfolgen. Die ganze dieser Produktion vorgelagerte Produktion kann nur dadurch aufrecht erhalten werden, daß ihr fortlaufend von der Konsumgütererzeugung ein Anteil an ihrem Ertrag zur Verfügung gestellt wird. Die Konsumgütererzeugung wird aus ihrem Ertrag zunächst einen Teil zur Bezahlung der in ihr verwendeten originären Produktionsmittel verwenden, ein anderer Teil wird zum Einkauf von Roh- und Hilfsstoffen dienen und in weiterer Folge die Wiedererzeugung derselben ermöglichen, ein Teil endlich wird als Erneuerungsfonds für die fixen Kapitalanlagen der Konsumgüterproduktion dienen und jenen Produktionen, welche an der Erneuerung dieser Anlagen arbeiten, überwiesen werden. Und in den einzelnen Stufen der vorgelagerten Produktionen wird das von der Konsumgütererzeugung überwiesene freie Kapital, soweit es nicht selbst in einer Stufe zur Bezahlung von originären Produktionsmitteln dient, immer weiter nach rückwärts an vorgelagerte Produktionen verteilt, bis schließlich das ganze freie Kapital originären Produktionsmitteln zukommt, deren Verwendung mehr oder weniger weit zurücksteht in dem zeitlichen Ablaufe des Produktionsumweges. So sehr die Ausdehnung der Produktionsumwege, insbesondere also eine weitgehende Investierung von freiem Kapital in dauerhaften Kapitalgütern, im Interesse einer Steigerung der Produktion gelegen ist, ist doch durch die Beschränktheit des freien Kapitals eine Grenze für die Ausdehnung der Produktionsumwege gegeben. Der Zinsfuß, welcher für die Verwendung von freiem Kapital zu zahlen ist, gibt dem einzelnen Unternehmer einen Index für die Möglichkeit der Ausdehnung der Produktionsumwege. Der Zins erstellt sich in einer solchen Höhe, daß alle bei diesem Zins noch möglichen Produktionen eine Versorgung mit freiem Kapital finden können; jene Produktionen, welche den Zins nicht mehr tragen können, müssen als unrentabel unterbleiben. Damit ist — wie wir gezeigt haben — die Gewähr gegeben, daß die Länge der Produktionsumwege nur so weit ausgedehnt wird, daß die rechtzeitige Freisetzung des Kapitals erfolgt, welches für die dauernde Aufrechterhaltung der Produktionsumwege benötigt wird.

Diese kurze Rekapitulation des naturalwirtschaftlichen Prozesses der Kapitalverwendung sollte hier als Einleitung für die Betrachtung der Kapital verwendenden Produktion in jener Gestalt dienen, welche sie in der Geldwirtschaft annimmt. Wir müssen bei dieser Betrachtung immer die

Bewegung in der Welt der realen Güter im Auge behalten, welche im Rahmen der Geldwirtschaft durch das Umsetzen von Geld in Fluß gehalten wird. Wenn die Geldwirtschaft in Geld rechnet und über Geld disponiert, so kann doch die im Bereich des Geldes ausgelöste Bewegung immer nur dadurch in der Produktion zur Wirkung gelangen, daß durch die Verwendung des Geldes Bewegungen in der Verwendung von Sachgütern ausgelöst werden. Dieser Selbstverständlichkeit müssen wir im folgenden immer eingedenk bleiben.

In der Geldwirtschaft besitzt der Kapitalbesitzer zunächst einen Vorrat an Geld. Die Frage lautet nun, wieso das Geld die Funktion des Kapitals ausüben kann. Und hier können wir an das anknüpfen, was wir bei der ersten Analyse der Funktion des Kapitals gesagt haben. Dort haben wir als Kapital zunächst ausschließlich Vorräte an Subsistenzmitteln gesehen, welche von ihren Besitzern für die Alimentierung von Produktionsumwegen verwendet werden. Wir mußten den Bereich des Kapitals sachlich zunächst mit dem Umkreise der Subsistenzmittel begrenzen, weil nur diese geeignet sind, jenen, welche originäre Produktionsmittel für den zeitraubenden Produktionsumweg zur Verfügung stellen, während der Dauer der Produktion den Unterhalt zu geben; wir haben des weiteren gesehen, daß nicht Subsistenzmittel schlechthin als Kapital anzusehen sind, sondern auch diese nur soweit sie von ihren Besitzern als Kapital verwendet werden, also als gegenwärtig vorhandene Güter zur Verfügung gestellt werden gegen Rückgabe nach Vollendung des Produktionsprozesses. Wir haben damit die Funktion des Kapitals im Prozesse des zeitraubenden Produktionsumweges in zwei einander ergänzende Teile zerlegt: Das Kapital muß *erstens* physisch geeignet sein, die Alimentierung der die originären Produktionsmittel zur

Verfügung Stellenden während der Dauer des Produktionsumweges zu besorgen, und es muß *zweitens* über die Zeitdauer des Produktionsumweges zur Verfügung stehen, heute aufgewendet werden können, um erst später zurückgegeben zu werden, oder — bildlich ausgedrückt — für die Überbrückung der Zeitdauer des Produktionsumweges gewidmet werden. Damit ist bereits eine klare Einstellung zur Frage des Geldkapitals gewonnen. Das Geld kann niemals zur „Alimentierung" von Produktionsfaktoren dienen, das können nur effektiv vorhandene Sachgüter, welche allenfalls für Geld gekauft werden können. Aber ein Geldbesitz kann die Überbrückung der Zeitdauer des Produktionsumweges ermöglichen: Der Kapitalbesitzer stellt jenen, welche die originären Produktionsmittel für den Produktionsumweg zur Verfügung stellen, nicht naturale Subsistenzmittel zur Verfügung, sondern er bezahlt sie in Geld; es bleibt den in Geld Entlohnten überlassen, die von ihnen benötigten Subsistenzmittel auf dem Markte zu kaufen. Dasjenige, was heute aufgewendet und erst später zurückgegeben wird, ist Geld. Und insoweit Geld die „Zeit überbrückende" Funktion des Kapitals übernimmt, kann man es als Geldkapital bezeichnen. Die Einweisung naturaler Subsistenzmittel in die Kapitalfunktion durch ihre Besitzer entfällt damit. Die Verwendungswahl, durch welche sich ein Vermögensbesitzer entschließt, sein Vermögen nicht zu verzehren, sondern es als Kapital zu verwenden, betrifft nunmehr ausschließlich einen Geldbesitz. Der Produktionsumweg wird vom Kapitalbesitzer nicht mehr „alimentiert" in dem Sinne, daß ein Subsistenzmittelfonds für die Sicherung des Unterhaltes an die die originären Produktionsmittel Beistellenden hingegeben wird, sondern er wird „finanziert", indem eine Bezahlung in Geld erfolgt. Der Unternehmer, welcher einen Produktionsumweg einschlagen will, braucht da nicht einen Vorrat an Sachgütern, an Subsistenzmitteln, sondern nur einen Vorrat an Geld. Daß aber Geld in dem Prozesse der kapitalistischen Produktion im Rahmen der Geldwirtschaft die Funktion des Kapitals ausüben kann, das ist nur deshalb möglich, weil die Finanzierung eines Produktionsumweges zugleich die Alimentierung desselben ermöglicht, nur deshalb, weil jene, welche die originären Produktionsmittel zur Verfügung stellen, sich mit einer Bezahlung in Geld an Stelle einer Entlohnung mit realen Subsistenzmitteln zufrieden geben können, nur deshalb, weil für dieses Geld auf dem Markte Subsistenzmittel zu kaufen sind. Das Geldkapital dient dazu, in der Wirtschaft tatsächlich vorhandene Subsistenzmittel jenen zuzuführen, welche sie für ihren Unterhalt während der Dauer des Produktionsumweges benötigen. Wenn die Verfügung über einen Besitz zum Dienste als Kapital nicht ein Disponieren über reale Güter, sondern ein solches über Geld ist, so ist dabei das Geld doch in einem gewissen Sinne Repräsentant von Sachgütern, so bedeutet doch die Verwendung von Geld als Kapital, daß Sachgüter zur Alimentierung von Produktionsumwegen herangezogen werden. Wenn es nun zu zeigen gilt, in welcher Weise die Finanzierung eines Produktionsumweges auch zur Alimentierung der in diesem verwendeten originären Produktionsmittel führt, so werden wir in der Weise vorgehen, daß wir zunächst den Ablauf einer statischen Wirtschaft betrachten.

Wir gehen aus von der Freisetzung des Kapitals in der Konsumgütererzeugung. Der Unternehmer verkauft sein Produkt von fertigen Konsumgütern gegen Geld und erhält damit die Verfügung über einen Geldbesitz. Geldkapital ist dabei naturgemäß nur jener Teil des beim Verkauf des Produktes erzielten Gelderlöses, welcher nicht als Unter-

GELD UND KAPITAL

nehmergewinn oder Kapitalzins verzehrt wird[1]. Ebenso steht naturgemäß nur jener Teil des Gelderlöses für die Finanzierung von Produktionsumwegen als „Geldkapital" zur Verfügung, hinsichtlich dessen das Sparen „beibehalten" wird. Wenn der Unternehmer nun dieses Geldkapital dazu verwendet, um originäre Produktionsmittel zu bezahlen, so ist es damit den die originären Produktionsmittel Beistellenden möglich gemacht, Subsistenzmittel zu kaufen. Stellen wir den gesamten Gelderlös, welcher aus dem Verkaufe der Konsumgüter auf dem Markte erzielt worden ist, in jener Gestalt, in welcher er wiederum als Nachfrage nach Konsumgütern auf den Markt gelangt, dem Produkte an Konsumgütern gegenüber, so erhalten wir folgendes Bild: Ein Teil des Gelderlöses ist Kapitalzins und Unternehmergewinn. Kapitalist und Unternehmer kaufen mit dem ihnen zukommenden Geldeinkommen einen Teil der Konsumgüter. Ein anderer Teil des Gelderlöses wird auf dem Wege über die Finanzierung von Produktionsumwegen Einkommen der die originären Produktionsmittel Beistellenden, welche gleichfalls mit ihrem Geldeinkommen auf den Konsumgütermarkt gehen. Dieses Bild stellt nur ein ganz einfaches Schema dar, welches später noch verschiedentlich auszugestalten sein wird. Insbesondere wird auch noch zu

---

[1] In der statischen Wirtschaft gibt es streng genommen keinen Unternehmergewinn als Differenz zwischen aufgewandten Kosten und Ertrag, sondern nur einen Unternehmerlohn als Entgelt für die „Arbeit des Unternehmers", also als Kostenbestandteil. Da jedoch der statische Zustand immer nur jener Zustand ist, welcher nach Anpassung an Störungen erreicht wird, können wir ihn als jenen Zustand definieren, in welchem der Unternehmergewinn gleich Null wird, während in den Zwischenstadien der Anpassung der Unternehmergewinn als positive (unter Umständen auch: als negative) Größe aufscheint. Deshalb können wir auch hier von einem Unternehmergewinn sprechen.

fragen sein, welche Folgen sich daraus ergeben, daß das Investieren von Geldkapital nicht immer sofort das Bezahlen von originären Produktionsmitteln bedeutet, sondern häufig zunächst das Einkaufen von bereits fertig vorhandenen Kapitalgütern. Von diesem Momente kann zunächst abgesehen werden. Hier soll das einfache Schema zunächst dazu dienen, einige für die Analyse der Funktion des Geldkapitals wichtige Grundsätze festzuhalten.

Da ist zunächst zu sehen, daß die Einschaltung des Geldes in dem Umsatz der Konsumgüter nichts anderes bedeutet als eine Technik der Aufteilung derselben auf zwei Verwendungen, welche beide Konsumverwendungen sind, aber hinsichtlich ihrer Funktion in bezug auf den zeitlichen Aufbau der Produktion grundsätzlich zu unterscheiden sind. Jene Konsumgüter, welche zur Versorgung von in Produktionsumwegen tätigen originären Produktionsmitteln verwendet werden, dienen dem „reproduktiven" Konsum in jenem Sinne, in welchem wir diesen früher einmal umschrieben haben: Sie ermöglichen es, originäre Produktionsmittel jetzt mit einem Unterhalt zu versehen, während das Produkt erst später die Gestalt eines fertigen Konsumgutes annimmt. Hand in Hand mit dem Verzehren des Konsumgutes geht die Schaffung eines „wirtschaftlichen Nachfolgers" dieses Konsumgutes; zugleich mit dem Konsum ist eine Reproduktion des aufgewendeten Konsumgutes in die Wege geleitet. Es ist klar, daß dieser „wirtschaftliche Nachfolger" der „investierten" Subsistenzmittel diesen in Wert und Preis gleich ist, solange die Wirtschaft statisch abläuft. Das gilt bezüglich des einen Teiles der verzehrten Konsumgüter. Der andere Teil, jener Teil der Konsumgüter, welcher von Unternehmer und Kapitalisten aufgezehrt wird, verfällt einem „reinen Konsum". Es ist dieser Teil der Konsumgüter gewissermaßen Entgelt für eine früher aufgewandte Leistung, es ist nicht die Aufwendung desselben Voraussetzung für die Einschlagung eines Produktionsumweges. Das muß nach dem schon früher Ausgeführten außer Zweifel stehen.

Das, was wir nun hier sehen, die Aufteilung des Produktes an Konsumgütern auf reproduktivem und reinem Konsum, die Teilung des Ertrages der Produktion in einen Teil, welcher die Funktion des Kapitals ausübt und in einen anderen, bei welchem diese Funktion nicht gegeben ist, das haben wir bereits bei der Betrachtung der Naturalwirtschaft vor uns gesehen. Der Unterschied, welcher sich in der Geldwirtschaft ergibt, ist zunächst ausschließlich der von uns bereits wiederholt erwähnte, daß hier nicht ein Subsistenzmittelfonds unmittelbar in die Kapitalfunktion eingewiesen wird, sondern daß ein Geldbesitz diese Funktion übernimmt. Das, was wir hier in unserem einfachen Schema sehen, ist die völlige Parallelität des Vorganges in der Geldwirtschaft mit jenem in der Naturalwirtschaft. In der Naturalwirtschaft werden jene Wirtschaftssubjekte, welche mit Abschluß des Produktionsprozesses in den Besitz von fertigen Produkten — also von Subsistenzmitteln — gelangen, diese zu einem Teil als Kapital verwenden, also selbst oder über eine Mittelsperson investieren. In der Geldwirtschaft wird zwar nur Geld investiert, da aber jeder Geldbesitz, welcher Erlös des Produktes ist, gewissermaßen einem Anteil an Subsistenzmitteln gegenübersteht, bedeutet das Investieren von Geld zugleich das Beistellen von Subsistenzmitteln für die Durchführung des Produktionsumweges. Das Finanzieren der Produktion ist hier zugleich ein Alimentieren derselben. Und wie in der Naturalwirtschaft die Besitzer von Subsistenzmitteln sich entschließen können, mehr oder weniger als bisher zu investieren, so kann ganz dasselbe in der Geldwirtschaft hinsichtlich des Geldbesitzes gegeben sein. Wenn die Geldbesitzer mehr Geld investieren, so bedeutet das zugleich, daß sie weniger an Subsistenzmitteln für den eigenen Verbrauch an sich ziehen und mehr für die Alimentierung von Produktionsumwegen übrig lassen. Und umgekehrt bedeutet ein geringeres Investieren von Geld zugleich ein Verzehren von mehr Subsistenzmitteln durch die Geldbesitzer. *Ein Erweitern oder Einschränken des Investierens von Geldkapital kann demnach eine Änderung in der Größe der Nachfrage nach Konsumgütern nicht mit sich bringen.*

Dieser Satz wird später noch für uns von größerer Bedeutung sein. Hier ist er zunächst innerhalb eines ganz einfachen Schemas begründet worden und es wird sich in einem anderen Zusammenhange noch zeigen, daß dann, wenn andere Voraussetzungen gegeben sind, dieser Satz seine Geltung verlieren kann. Deshalb sei nochmals in Erinnerung gebracht, daß wir hier von einem statischen Ablauf der Wirtschaft ausgegangen sind und dann nur noch jene Änderungen betrachtet haben, welche sich daraus ergeben, daß der Geldbesitz, welcher als Erlös des Produktes zur Verfügung steht, in mehr oder weniger großem Ausmaße gespart wird. Das Schema der statischen Wirtschaft soll aber noch in einer anderen Richtung betrachtet werden.

Zunächst sei ein für die Konstruktion des Bildes gar nicht wesentlicher Umstand erwähnt, der vielleicht die Art der hier vorgetragenen Betrachtung manchem schwer zugänglich machen kann. Damit, daß der ganze Gelderlös des Produktes an Konsumgütern, nicht mehr und nicht weniger, wiederum auf dem Konsumgütermarkte aufscheint und somit das Produkt an Konsumgütern in seiner Gänze gegen diesen Gelderlös gekauft wird, ergibt es sich, daß das Preisniveau, zu welchem die Konsumgüter auf dem Markte

verkauft werden, dasselbe ist wie jenes, zu welchen diese
Konsumgüter wiederum von den Konsumenten gekauft
werden[1]. Damit ist nun eine Relation zwischen dem gesamten Angebot an Konsumgütern und der gesamten Nachfrage nach diesen festgelegt. Wird aber im einzelnen die
Zusammensetzung des Sozialproduktes der Gestaltung der
Nachfrage nach den verschiedenen Konsumgütern entsprechen? Wird es nicht möglich sein, daß von dem Gute A
zu viel und von dem Gute B zu wenig erzeugt worden ist,
daß also die Gestaltung der Nachfrage zu einem Fallen des
Preises von A und zu einem Steigen des Preises von B
führen muß? Das ist nun selbstverständlich nicht nur möglich, sondern insbesondere dann, wenn eine Verschiebung
in dem Verhältnisse der Aufteilung des Produktes an Kon-

[1] Das ist natürlich eine durchaus unwirkliche Konstruktion, unwirklich deshalb, weil ja nicht die Konsumgüter einem unpersönlichen Markte verkauft und von diesem wiederum weiter verkauft
werden, weil vielmehr jene, welche die Konsumgüter von den Produzenten übernehmen, Händler sind, welche einerseits Kosten haben,
die sie in ihrem Verkaufspreise decken müssen, welche aber anderseits auch eine wichtige Funktion in der Verteilung der Güter ausüben. Strenge genommen müßten wir ja auch den Umsatz der fertigen Konsumgüter auf dem Markte — insbesondere auch den Umsatz vom Handel im großen zum Detailhandel — als das letzte
Stadium der „Produktion" ansehen, das heißt als das letzte Stadium
jenes Prozesses, in welchem die Güter in jene Gestalt gelangen, in
welcher sie von den Konsumenten übernommen werden. Diese
Schwierigkeit kann nun gedanklich in der Weise überbrückt werden,
daß wir den ganzen Handelsumsatz der Konsumgüter in der Weise
in unser Schema einbauen, daß wir die Tätigkeit des Händlers zerlegt denken in jenen Prozeß, welcher letztes Stadium der „Produktion" ist, und jene nur abstrakt gefaßte Übernahme des Produktes
von den Produzenten verbunden mit der Weitergabe an die Konsumenten, von welcher hier die Rede ist. Die „produktive" Tätigkeit
des Händlers wird dann ihre Entlohnung auf Seite der nach Konsumgütern Nachfragenden erhalten.

sumgütern auf die originären Produktionsmittel einerseits und auf Kapitalbesitzer und Unternehmer anderseits eintritt, mit Sicherheit zu erwarten. Der reiche Mann wird eben nicht nur mehr, sondern vor allem auch andere Güter kaufen als der arme. Es kann daher — ganz grob gesprochen — etwa bei verstärkter Spartätigkeit, auf welche die Produktion in der Wahl der zu erzeugenden Güter noch nicht Rücksicht genommen hat, die Folge eintreten, daß zuwenig Güter des Massenbedarfes und zuviel Luxusgüter erzeugt worden sind. Das wird sich auch in der Relation der Preise dieser beiden Gütergruppen ausdrücken müssen. Es ist aber klar, daß dieser Tatbestand mit dem, um was es sich uns hier handelt, nichts zu tun hat. Hier handelt es sich um das Prinzip, daß das Ausmaß der Investitionen dadurch beschränkt ist, daß ein Teil der Subsistenzmittel für die Alimentierung derselben zur Verfügung gestellt wird, und darum, daß an diesem Prinzip in der Geldwirtschaft sich nichts ändert, wenn an die Stelle der Investierung von Subsistenzmitteln das Investieren von Geld tritt. Es handelt sich also um die mengenmäßige Entsprechung von Geldkapital und Subsistenzmittelfonds, nicht um die Entsprechung von Art der Zusammensetzung des Konsumgüterfonds und Art der Nachfrage nach Konsumgütern. Daß eine „unrichtige" Zusammensetzung des Konsumgüterfonds möglich ist, haben wir gezeigt. Die Probleme, welche daraus entstehen mögen, fallen aber aus dem Bereich des von der Kapitaltheorie Behandelten hinaus.

Viel wichtiger ist aber für uns eine Frage, welcher wir bei der Betrachtung des einfachsten Schemas dadurch aus dem Wege gehen konnten, daß wir die Voraussetzungen in weitestgehender Weise vereinfacht haben. Es ist gegenüber dem tatsächlich gegebenen Zustande einer weitgehend im horizontalen Aufbaue zersplitterten Produktion eine wirklichkeitsfremde Annahme gewesen, wenn wir davon ausgegangen sind, daß der Unternehmer das Geldkapital, welches ihm aus dem Erlöse seines Produktes zukommt, zur Gänze unmittelbar zur Bezahlung von originären Produktionsmitteln verwendet. Es ist klar, daß ein — je nach dem Verhältnisse des Einzelfalles mehr oder weniger großer, in der Regel aber ganz wesentlicher — Teil des Geldkapitals von den fertige Konsumgüter erzeugenden Unternehmern nicht zur Bezahlung von originären Produktionsmitteln verwendet wird, sondern zum Einkauf von Kapitalgütern, und zwar sowohl von Zwischenprodukten wie auch von dauerhaften Kapitalgütern. Es ist leicht zu sehen, daß diese kompliziertere Ausgestaltung des Tatbestandes an dem, was wir hinsichtlich des Verhältnisses von Geldkapital und Subsistenzmitteln gesagt haben, nichts ändern muß. Wenn der Konsumgüter erzeugende Unternehmer einen Teil seines Geldkapitals dazu verwendet, um von einer vorgelagerten Produktion Kapitalgüter zu kaufen, so überträgt er dabei sein Geldkapital an einen anderen Unternehmer[1]. Für diesen ist das, was in der Hand seines Abnehmers Geldkapital gewesen ist, Erlös seines Produktes, ganz so, wie bei dem Konsumgüter erzeugenden Unternehmer als Gegenwert seines Produktes ein Gelderlös aufgeschienen ist. Für die Verwendung dieses Gelderlöses in der vorgelagerten Produktion sind dieselben Möglichkeiten gegeben wie bei der Verwendung des Erlöses in der Konsumgütererzeugung. Wenn wir davon ausgehen, daß auch in diesem Stadium das Sparen „beibehalten" wird — das ist Voraussetzung für den Bestand einer

[1] Das Folgende ist eine Übertragung des S. 30 f. an der Hand eines Ziffernbeispieles entwickelten Schemas in die Form der Geldwirtschaft.

statischen Wirtschaft —, so wird der Gelderlös zum Teil als Kapitalzins und Unternehmergewinn verzehrt, zum Teil aber als Geldkapital verwendet, also investiert werden, und das heißt hier — wie im früherem Falle — dem Einkauf von originären Produktionsmitteln dienen und auch — das können wir hier ergänzen — dem Einkauf von Kapitalgütern, welche Produkt einer noch weiter vorgelagerten Produktion sind. Für jede noch weiter vorgelagerte Produktion gilt dasselbe. Im ganzen sehen wir eine Aufteilung des in der Konsumgüterproduktion erzielten Gelderlöses auf die zwei elementaren Verwendungen, reiner Konsum von Kapitalzins und Unternehmergewinn einerseits, Bezahlung von originären Produktionsmitteln anderseits. In beiden Fällen aber sehen wir die schließliche Verwandlung des Gelderlöses der Konsumgüterproduktion in Geldeinkommen, welches nach Konsumgütern nachfrägt. Die vertikale Gliederung der Produktion in eine Stufenreihe von einander vor- und nachgestellten Unternehmungen hat also hier eine Änderung nicht mit sich gebracht. Der Umsatz von Kapitalgütern, welcher sich nur aus diesem Stufenbau ergibt, ist ein Zwischenglied in dem Prozesse der Verwandlung des Gelderlöses der Konsumgüterproduktion in Geldeinkommen. Hier ist es grundsätzlich völlig gleich, über wie viele Stufen der Prozeß abläuft, wie vielfach die Verteilung in den einzelnen Stufen wird. Der ganze Prozeß ist in einer einzigen Formel zu erfassen: Der Gelderlös des Produktes wird solange umgesetzt, bis er sich in Einkommen verwandelt, sei es in Einkommen von Kapitalbesitzern und Unternehmern, sei es in Einkommen von Wirtschaftssubjekten, welche originäre Produktionsmittel gegen dieses Geldeinkommen verkaufen. Wie schon der Gelderlös des Konsumgüterproduzenten nicht zur Gänze Geldkapital ist, vielmehr ein Teil dieses Erlöses von dem Unternehmer abgespaltet wird und zur Bezahlung von Kapitalzins und Unternehmergewinn dient, während nur der Rest des Erlöses die Kapitalfunktion ausübt, so wird diese Abspaltung von Einkommen dieser beiden Arten auch auf den weiter vorgelagerten Stufen erfolgen, welche der Umsatz des Geldes bei Einkauf von Kapitalgütern durchläuft. Es muß aber außer Zweifel sein: Die Aufteilung des Gelderlöses der Konsumgüterproduktion in Einkommen, welche nach Subsistenzmitteln nachfragen, erfolgt auch dann, wenn hier eine Zwischenstufe in der Form des Einkaufes von Kapitalgütern eingeschoben ist, ja auch dann, wenn mehrere Zwischenstufen dieser Art gegeben sind.

Nur eines ist hier zu beachten. Wenn die Unternehmer der Konsumgüterproduktion ihr Geldkapital zur Gänze zum Einkauf von originären Produktionsmitteln verwenden, ergibt sich sofort eine Verwandlung dieses Geldkapitals in Geldeinkommen. Der Gelderlös, welcher aus dem Verkaufe der Produkte erzielt wird, gelangt in der nächsten Zahlung an die Wirtschaftssubjekte, welche die originären Produktionsmittel beistellen, und diese Wirtschaftssubjekte kaufen sogleich die Konsumgüter, aus deren Erlös das Geldkapital der Unternehmer entstanden ist. Dort aber, wo zwischen dem Ausgeben des Geldkapitals durch den Unternehmer der Konsumgütererzeugung und dem Verwandeln dieses Geldkapitals in Geldeinkommen ein Kauf von Zwischenprodukten eingeschaltet ist, schiebt sich — einmal oder auch mehrmals — ein Umsatz in der Gestalt des Einkaufes eines Kapitalgutes ein. Wir wollen diesen Tatbestand an der Hand eines Schemas betrachten, in welchem wir der Einfachheit halber das Abspalten von Kapitalzins und Unternehmergewinn bei der Verwendung des Gelderlöses der Konsumgüterproduktion vernachlässigen können. Die Unternehmer der Konsumgüterproduktion (KP) erzielen einen Erlös von 100 Geldsummeneinheiten, von diesem geben sie 25 unmittelbar an originäre Produktionsmittel weiter, während sie für 75 Kapitalgüter aus der ersten vorgelagerten Produktion (I) kaufen. Hier werden wiederum 25 an originäre Produktionsmittel weitergegeben, während 50 an eine zweite vorgelagerte Produktion (II) gelangen, von welcher wiederum 25 an originäre Produktionsmittel, 25 aber beim Einkauf von Kapitalgütern an eine noch weiter vorgelagerte Produktion (III) weitergegeben werden, welch letztere schließlich ausschließlich originäre Produktionsmittel bezahlt[1]. Eine neue Frage entsteht hier für uns dadurch, daß das Geldkapital aus der Sphäre der Konsumgüterproduktion nicht unmittelbar in die Hand der Einkommenbezieher gelangt, sondern auf diesem Wege in der Gestalt der Umsätze von Geldkapital gegen Kapitalgüter gewissermaßen Widerstände eingesetzt sind, welche den zeitlichen Ablauf der Umsätze zum Problem machen. Das wird deutlich, wenn wir in unserem Schema jeden Zahlungsablauf wie auch das Fertigwerden von Produktionen auf eine Zeiteinheit beziehen. Wir nehmen z. B. an, daß alle Käufe und Verkäufe wie auch die Produktionen jeweils für den Zeitraum einer Woche durchgeführt werden und die nächste Zahlung wieder erst nach Ablauf einer Woche für den Bedarf der nächsten Woche geschieht. Die Unternehmer der Konsum-

[1] Es ist klar, daß hier die Vereinfachung der Realität zum Schema nicht allein darauf beruht, daß Kapitalzins und Unternehmergewinn vernachlässigt sind. Die Bewegung des Geldkapitals geht in der Wirklichkeit niemals über schematisch zu scheidende Stufen, sondern es findet tatsächlich eine vielfache Verästelung und Wiedervereinigung einzelner Teilströme statt. Wir können das hier deshalb vernachlässigen, weil wir nur jenes Problem behandeln, welches mit der Tatsache des Bestehens verschiedener Stufen des Umschlagens von Geldkapital gegeben ist.

güterproduktion verkaufen ihr Produkt und übergeben einen Teil des Erlöses sofort an die die originären Produktionsmittel Beistellenden, welche — so nehmen wir an — mit diesem sogleich ihren Wochenbedarf an Konsumgütern einkaufen. Der Rest des Gelderlöses der Konsumgüterproduzenten dient zu gleicher Zeit dem Einkaufe von Kapitalgütern für den Bedarf einer Woche. In jeder der vorgelagerten Produktionen wird mit dem am Beginne der Woche erhaltenen Geld der Umsatz am Ende dieser Woche finanziert. Zugleich ist die Produktion in der Weise aufgebaut, daß in der Konsumgüterproduktion am Ende jeder Woche eine bestimmte Menge von Konsumgütern fertig wird, daß aber auch in jeder der vorgelagerten Produktionen in jeder Woche gerade soviel an Kapitalgütern fertig wird, als in der nächsten vorgelagerten Stufe in einer Woche gebraucht wird. Wir erhalten dann ein vereinfachtes Bild für den Umsatz des Geldkapitals. In der ersten

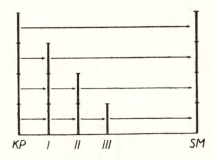

Woche geht von der Konsumgütererzeugung ein Betrag von 25 an die originären Produktionsmittel und von diesen wiederum auf den Subsistenzmittelmarkt (SM); zugleich geht ein Betrag von 75 an die erste vorgelagerte Produktion. In der zweiten Woche geht von dieser ersten vorgelagerten Stufe ein Betrag von 25 an die originären Produktionsmittel, ein Betrag von 50 an die zweite vorgelagerte Stufe der Produktion. In der dritten Woche gelangt von der zweiten Stufe ein Betrag von 25 an die originären Produktionsmittel, ein Betrag von 25 an die dritte Stufe der vorgelagerten Produktion und erst in der vierten Woche gelangt von dieser letzten Stufe der Betrag von 25 als Rest des in der ersten Woche in der Konsumgüterproduktion aufgewandten Kapitals von 100 an die Einkommenbezieher und von diesen auf den Konsumgütermarkt. Von diesem Geldkapital ist eben ein Viertel sofort und ohne einen Widerstand zu finden Einkommen geworden, ein Viertel hat einen Widerstand passieren müssen, je ein Viertel zwei und drei Widerstände. Jeder Widerstand hat einen Teil des Geldkapitals auf seinem Wege zur Verwandlung in Geldeinkommen der die originären Produktionsmittel Beistellenden um eine Woche aufgehalten. Es ist klar, daß ein ungestörter und auf allen Stufen kontinuierlicher Ablauf einer in dieser Weise organisierten Produktion nur unter der Voraussetzung möglich war, daß außer dem Geldkapital von 100, dessen Durchlauf durch die verschiedenen Stadien der Produktion wir verfolgt haben, noch anderes Geld im Umsatze ist. Es muß — wie leicht einzusehen ist — in demselben Zeitraume, in welchem der Betrag von 100 aus dem Bereiche der Konsumgütererzeugung zu einem Viertel Einkommen wird, zu drei Viertel aber der ersten vorgelagerten Stufe zugeführt wird, ein Betrag von 75 aus dieser Produktionsstufe weitergeleitet werden, und zwar 25 an die originären Produktionsmittel, 50 an die zweite vorgelagerte Produktionsstufe; des weiteren muß in demselben Zeitraume ein Betrag von 50 von der zweiten Stufe je zur Hälfte wiederum den Einkommenbeziehern und der dritten Stufe zugeleitet worden sein und schließlich in derselben Zeit ein Betrag von 25 von der dritten Stufe unmittelbar an die Einkommenbezieher. Die Wirtschaft muß also mit Geld im Betrage von 250 versorgt sein, damit in diesem mehrstufigen Aufbau ein ungestörter Ablauf der Umsätze erfolgen kann, obwohl in der Konsumgüterproduktion in jeder Woche nur 100 umgesetzt werden. Es ist auch klar, daß jene Geldbeträge, welche in den drei der Konsumgütererzeugung vorgelagerten Kapitalgütererzeugungen in der ersten Woche ausgegeben werden, in diese Stufen nur als Erlös eines früheren Verkaufes von Kapitalgütern gelangt sein können. Die Geldbeträge, welche die vier Stufen der Produktion durchlaufen, werden in diesen Stufen als Geldkapital investiert, also entweder zur Bezahlung von originären Produktionsmitteln oder von Kapitalgütern verwendet. Daß aber zur Aufrechterhaltung der „gestaffelten" Produktion mehr an Geld gebraucht wird als jeweils in der Konsumgüterproduktion freigesetzt wird, das hängt nur damit zusammen, daß — gewissermaßen als Widerstand im Umsatz des Geldkapitals auf dem Wege zu den Einkommensbeziehern — der Kauf von Kapitalgütern eingeschaltet ist.

Unser Schema ist gegenüber den Verhältnissen der Wirklichkeit ganz außerordentlich vereinfacht. Es ist klar, daß die Zeiträume, für welche die Einkäufe von Kapitalgütern erfolgen, verschieden lang sein werden, daß der Nachschub an Kapitalgütern in verschiedenen Zeitspannen erfolgen wird, daß auch der Umsatz des Geldes von einer Stufe in die andere durchaus nicht immer mit der Regelmäßigkeit erfolgt, welche das Schema anzeigt. Hier handelt es sich aber nur darum, den Weg des Geldkapitals in der Finanzierung der Produktion zu verfolgen und zu zeigen, wie sich jedes Geldkapital in Einkommen verwandelt. Und wir können hier an die erste, noch weiter gehende Vereinfachung, welche wir bei der Betrachtung des Umsatzes von Geldkapital gemacht haben, anknüpfend, eine bedeutende Schwierigkeit aus dem Wege räumen. Wenn wir früher von der Annahme ausgegangen sind, daß der Unternehmer der Konsumgüterproduktion das Geldkapital unmittelbar den originären Produktionsmitteln zur Verfügung stellt, so konnten wir den ganzen Umsatz mit einem Geldbetrag durchgeführt denken, welcher dem Gelderlös der Konsumgüterproduktion entspricht. Ein Anwendungsfall dafür wäre in der Wirklichkeit dann gegeben, wenn eine große Kombination im vertikalen Aufbau der Produktion alle Stufen derselben von der Gewinnung der ersten Rohmaterialien bis zur Vollendung des fertigen Produktes umfassen würde. Da aber die vertikale Zergliederung im Aufbaue der Produktion es notwendig macht, daß auch ein Umsatz von Kapitalgütern mit Geldkapital finanziert wird, setzt der ungestörte Ablauf der Produktion eine weitergehende Versorgung mit Geld voraus. Diese erweiterte Versorgung mit Geld aber ist es, die es möglich macht — und um das hat es sich uns gehandelt —, daß in demselben Zeitraum, in welchem ein Produkt an Konsumgütern auf den Subsistenzmittelmarkt geworfen wird, eine Nachfrage der Einkommenbezieher nach diesen Konsumgütern aufscheint, welche durch Bezahlung mit Geld aus ihrem Einkommen diese Subsistenzmittel übernehmen kann[1]. Als

---

[1] In der Abbildung bedeutet jeder Pfeil einen Geldumsatz (ohne Rücksicht auf die Länge des Pfeiles). — Wir haben der Einfachheit halber die Etappen der Geldumsätze mit den Stufen der synchronisierten Produktionen zusammenfallen lassen. Das muß nicht notwendig gegeben sein. Man denke sich z. B., daß die vorgelagerten Produktionen I und II in der Hand eines Unternehmers vereinigt sind. Dieser Unternehmer wird von dem ihm zugekommenen Geldkapitale im Betrage von 75 den Betrag von 50 sofort den Einkommenbeziehern zukommen lassen und nur 25 an die vorgelagerte

Einkommenbezieher erscheinen hier die Wirtschaftssubjekte, welche die originären Produktionsmittel zur Verfügung gestellt haben, und — wir lassen die Annahme der Ausschaltung dieser Einkommenarbeiten wiederum fallen — auch jene, welche ein Einkommen aus Kapitalzins oder Unternehmergewinn beziehen. Die vertikale Zerlegung der Produktion ändert also nichts an dem Zusammenhang, welchen wir in unserer ersten vereinfachenden Darstellung erkannt haben.

Nun gilt es aber über die Konstruktion einer statischen Wirtschaft hinauszublicken und zunächst jene Bewegungen einzubeziehen, welche sich aus der Vermehrung und Verminderung der Kapitalversorgung ergeben. Das Problem ist deutlich zu sehen. Wenn in der Naturalwirtschaft gespart wird, so werden Subsistenzmittel, welche ihr Besitzer verzehren könnte und welche er — wir gehen von einem statischen Wirtschaftsablaufe aus — im bisherigen Ablaufe der Wirtschaft verzehrt hat, zur Alimentierung von Produktionsumwegen verwendet. Wenn Kapital

Produktion weitergeben. Die Geldsumme, welche zur Bewältigung der Umsätze in dem konstruierten Produktionsablaufe dann notwendig ist, beträgt nunmehr 200. Es ist aber zu beachten, daß der Geldbetrag von 50, welcher in einer und derselben Auszahlung von dem die Stufen I und II vereinigenden Unternehmer an die originären Produktionsmittel ausgezahlt wird, zwei verschiedene „ineinandergeschachtelte" (synchronisierte) Produktionsabläufe finanziert. — Unser Schema konnte nur deshalb so einfach sein, weil wir den Umsatz von dauerhaften Kapitalgütern in dieses nicht einbezogen haben. Eine gesonderte Ausführung über diesen Umsatz ist aber nicht notwendig. Ob das Kapitalgut, welches mit Geldkapital gekauft wird, ein Zwischenprodukt (Roh- und Hilfsstoff) oder aber ein ausdauerndes Kapitalgut ist, in beiden Fällen gelangt in die Hand des Verkäufers ein Geldkapital, welches — soweit es wiederum investiert wird — zum Einkaufe von Kapitalgütern oder aber zur Bezahlung von originären Produktionsmitteln dient.

aufgezehrt wird, so werden Subsistenzmittel von ihrem Besitzer verzehrt, während er sie im bisherigen Ablauf der Wirtschaft zur Alimentierung von Produktionsumwegen verwendet hat. Die Änderung betrifft in beiden Fällen die Art der Verwendung von Konsumgütern. In der Geldwirtschaft bezieht sich das Sparen von Kapital ganz so wie das Aufzehren eines solchen immer nur auf einen Geldbesitz. Es wird ein Geldbesitz, welchen sein Besitzer in dem bisherigen Wirtschaftsablauf selbst verzehrt hat, zur Finanzierung eines neuen Produktionsumweges verwendet oder aber ein Geldbesitz, welchen sein Besitzer bisher investiert hat, nunmehr von diesem selbst verzehrt. Die Frage ist wiederum die der Parallelität der Verwendung von Geldbesitz und von Subsistenzmittelvorrat der Wirtschaft. Wir haben darüber schon kurz gesprochen.

Wenn ein Wirtschaftssubjekt, welches über einen Geldbesitz verfügt, der ihm als Einkommen zugekommen ist, dieses Geld investiert, so bedeutet das, daß dieses Wirtschaftssubjekt auf den Konsum von Subsistenzmitteln verzichtet, welche jenem originären Produktionsmittel zukommen, dessen Verwendung im Produktionsumwege mit diesem Gelde finanziert wird. Wenn dagegen ein Wirtschaftssubjekt einen Geldbesitz, welchen es im bisherigen Wirtschaftsablaufe investiert hat, zum Verzehr, also zum Einkaufe von Subsistenzmitteln verwendet, so bedeutet das, daß einem originären Produktionsmittel die Finanzierung im Produktionsumwege und damit auch die Alimentierung entzogen wird. Kapitalbildung wie Kapitalaufzehrung bedeuten also Vermehrung oder Verringerung jenes Fonds an Subsistenzmitteln, welcher für die Alimentierung von Produktionsumwegen zur Verfügung steht. Damit ist die Parallelität des Vorganges in der Sphäre des Geldes mit jenem in der Sphäre der Sachgüter gegeben.

§ 3. KREDIT UND GELDZINS

In jeder Wirtschaft ist eine Verteilung des Güterbesitzes an die einzelnen Wirtschaftssubjekte gegeben und als gegebene Güterverteilung ein Datum des wirtschaftlichen Geschehens. Eine Übertragung von Gütern von einem Wirtschaftssubjekte an das andere gegen eine Gegenleistung, also ein Tausch, hat dann die Aufgabe, die Art der Güterverteilung in dem Sinne zu ändern, daß ein Wirtschaftssubjekt ein Gut, welches es besser brauchen kann, gegen ein anderes erhält, welches es weniger gut brauchen kann. In diesem Sinne ist es die sozialwirtschaftliche Funktion des Tausches, eine Korrektur der Güterverteilung herbeizuführen, ohne daß die Art der Reichtumsverteilung anders als durch die vom Streben nach Verbesserung der Versorgung geleiteten Tauschakte verschoben wird. Bei unverändertem Bestand an Sachgütern in der Wirtschaft ist die Versorgung eines jeden durch die Durchführung der Tauschakte eine bessere geworden, da ein jeder nur dort getauscht hat, wo er den Tausch dem ungestörten Besitze dessen, was ihm in der den Ausgang bildenden Güterverteilung zugestanden ist, vorgezogen hat.

Wenn wir nun in ein System derartiger Tauschakte jene besondere Art der Tauschakte einbeziehen, welche den Tausch von Gegenwartsgütern gegen Zukunftsgüter zum Gegenstande haben, so sehen wir auch bei dieser Art von Tauschakten eine Korrektur der Güterverteilung vor uns, welche eine ganz andersartige sozialwirtschaftliche Funktion hat. Es ist zunächst klar, daß Zeit überbrückende Tauschakte durchaus nicht notwendige Voraussetzung für die Durchsetzung von Produktionsumwegen sind. Man könnte sich ohne weitere Schwierigkeit eine Wirtschaft vorstellen, in welcher nur Kapitalbesitzer als Unternehmer auftreten.

Es haben einzelne Wirtschaftssubjekte durch Sparen einen Vorrat von Subsistenzmitteln angesammelt, welchen sie in Produktionsumwegen investieren. Sie bezahlen also mit diesen Subsistenzmitteln Arbeiter (von dem anderen originären Produktionsmittel sehen wir der Einfachheit halber ab) und erzielen in der Produktion einen größeren Ertrag, von welchem sie einen Teil, der bei statischer Wirtschaft dem früher gesparten Kapital gleichkommt, von neuem investieren, während sie den Rest als Kapitalzins und allenfalls Unternehmergewinn verzehren. Jeder Tausch — auch die Bezahlung der Arbeiter — erfolgt Zug um Zug. Man kann es sich ohne Schwierigkeit vorstellen, daß die in dieser Weise aufgebaute Produktion auch vertikal zerlegt wird, ohne daß ein Tausch von Gegenwartsgütern gegen Zukunftsgüter einbezogen wird. Das Kapitalgut wird von der vorgelagerten Produktion gegen Subsistenzmittel Zug um Zug gekauft. Man kann auch noch einen Schritt weiter gehen und sich diese Produktion in der Geldwirtschaft ablaufend vorstellen: Es erfolgt jene Bezahlung Zug um Zug gegen bares Geld. Die Hingabe eines Gutes gegen spätere Rückgabe, insbesondere ein Tausch von gegenwärtig vorhandenem Geld gegen spätere Zurückgabe, mit einem Worte der Kredit, ist in keiner Weise eine notwendige Voraussetzung einer arbeitsteiligen im Produktionsumwege arbeitenden Verkehrswirtschaft. Es kann auch in dieser Wirtschaft sich der Tauschverkehr auf eine Korrektur der Eigentumsverteilung in dem Sinne beschränken, daß einzelne Wirtschaftssubjekte das, was sie haben, Zug um Zug gegen etwas tauschen, das sie besser brauchen können: Die Arbeiter geben ihre Arbeit gegen sofortige Bezahlung her, der Besitzer von Kapitalgütern verkauft diese gegen Barzahlung, der Konsumgüterproduzent verkauft gleichfalls gegen sofortige Bezahlung und jene schließlich, welche ganz allgemein die Funktion des Unternehmers ausüben, kaufen originäre und produzierte Produktionsmittel gegen Barzahlung ganz so, wie sie Produkte gegen Barzahlung verkaufen. Es ist nun allerdings klar, daß unter diesen Umständen die Ausübung der Unternehmerfunktion an den Besitz eines Vermögens geknüpft ist: Nur wer ein Vermögen besitzt, also entweder Subsistenzmittel, welche ihm als freies Kapital dienen können, oder sonst Güter, welche er gegen Subsistenzmittel und Kapitalgüter eintauschen kann, oder aber wer bares Geld besitzt, kann einen Produktionsumweg einschlagen. Und auf der anderen Seite: Wer ein Kapital gespart hat, kann dieses nur dann der Kapitalfunktion zuführen, wenn er es selbst investiert. In dem Augenblick, in welchem ein Kapitalbesitzer ein Vermögen gleichgültig welcher Art einem Unternehmer zur Durchführung von Produktionsumwegen zur Verfügung stellt, liegt bereits ein Tausch von Gegenwartsgütern gegen Zukunftsgüter vor. Denn es ist ja das Wesen des Produktionsumweges, daß heute eine Aufwendung erfolgt, deren Erfolg erst später zur Verfügung steht. Eine Arbeitsteilung zwischen dem Kapitalbesitzer und dem Unternehmer ist erst möglich, wenn der Kapitalbesitzer sein Vermögen einem Unternehmer gegen spätere Rückgabe zur Verfügung stellt, wenn also ein Tausch von Gegenwartsgütern gegen Zukunftsgüter vorliegt[1]. Uns interessiert dieser hier nur in jener Form, in welcher er in der modernen Wirtschaft aktuell ist, als Hingabe von Geld gegen spätere Rückgabe, als Kreditierung von Geld oder als Kredit schlechthin. Es ist klar, daß die Einführung des Kredites die Möglichkeit bedeutet, die Eigentumsverteilung in einem besonderen

---

[1] Daß eine Rechtsform (z. B. Kauf von Obligationen) einen wirtschaftlichen Tatbestand verschleiern kann, ist hier nicht weiter von Bedeutung.

Sinne zu korrigieren, nämlich in dem Sinne, daß jemand, der ein Geldkapital besitzt, das er selbst in der Produktion nicht verwenden kann oder will, dieses an einen anderen übertragen kann, welcher es in der Produktion „arbeiten" lassen kann; in dem Sinne, daß jemand, der mehr Kapital hat, als er zur Zeit in der Produktion braucht, dieses vorübergehend an jemand anderen übertragen kann; in dem Sinne endlich, daß jemand, der weniger Kapital hat, als er in seiner Produktion benötigt, sich ein solches von einem anderen leihen kann, dem er es erst später zurückgibt. Es ist klar, daß hier die Güterverteilung in dem Sinne korrigiert wird, daß wohl die Verteilung des Reichtums erhalten bleibt, daß aber unter Aufrechterhaltung der Reichtumsverteilung die Aufteilung des Vermögens an jene, welche es in der Produktion verwenden oder nicht verwenden können und wollen, geändert wird. Es ist klar, daß die Einführung des Kredites eine weitgehende Steigerung des Ertrages der Wirtschaft ermöglicht, weil die interpersonelle Übertragung des Kapitals zu einer leichteren Hinführung des Kapitals in jene Verwendungen führen wird, in welchen sein Ertrag ein größerer sein wird und damit auch der Ertrag der anderen in der Produktion mitwirkenden Produktionsmittel. Es ist schließlich klar, daß nur ein reibungslos oder mit den geringsten möglichen Reibungen arbeitender Kreditmarkt die Voraussetzung für eine „richtige" Ausnützung des Kapitalvorrates der Wirtschaft sein wird. Es ist schließlich auch klar, daß ein voll ausgebildeter Kreditmarkt Voraussetzung für die Bildung eines einheitlichen Zinssatzes sein wird und daß nur ein einheitlicher Zinssatz eine sichere Rechnung der Kapitalverwendung ermöglicht. Und wenn wir gesagt haben, daß der Kredit nicht eine notwendige Voraussetzung der Kapital verwendenden Verkehrswirtschaft ist, so ist hier der Zusatz zu machen, daß die Institution des Kredites für eine einigermaßen ausgebildete, im Produktionsumwege arbeitende Verkehrswirtschaft wohl eine adäquate Voraussetzung ist. Bemerkt sei noch, daß uns hier der Kredit nur als „Produktivkredit" interessiert.

Der Zins als der sich auf dem Markte bildende Preis für das Hingeben eines gegenwärtig vorhandenen Gutes gegen spätere Rückgabe, insbesondere der Geldzins als Preis für das Leihen von Geld gegen spätere Rückgabe, kann naturgemäß erst dann entstehen, wenn ein Markt gegeben ist, auf welchem das gegenwärtig vorhandene Gut gegen spätere Rückgabe gehandelt wird. In einer — wie wir gesehen haben: auch bei umwegigen Aufbau der Produktion denkbaren — Wirtschaft, welche einen Tausch von Gegenwartsgütern gegen Zukunftsgüter nicht kennt, erscheint der Zins nicht als Preis. Um gleich auf einen analogen Fall hinzuweisen: In einer umwegigen Produktion, in welcher eine vertikale Gliederung der Produktion nicht durchgeführt ist sondern jeder Unternehmer nur originäre Produktionsmittel einkauft und fertige Produkte (Subsistenzmittel) verkauft, erscheint auch das Kapitalgut nicht auf dem Markte und erhält keinen Preis. Nichtsdestoweniger ist auch da jedes Kapitalgut in jedem Augenblicke etwas wert, es ist sein Kostenpreis wie auch sein Wert als diskontierter Ertragswert errechenbar. Und hinsichtlich des Zinses: Auch wenn ein Zins auf dem Markte nicht gebildet wird, weil jene Tauschakte, in welchen der Zins als Preis gebildet werden kann, nicht durchgeführt werden, auch dann ist der Wert gegenwärtig vorhandener Güter größer als der erst später zur Verfügung stehender, weil der Unternehmer durch zeitlich frühere Aufwendung von Produktionsmitteln einen größeren Ertrag erzielen kann. Auch wenn der Zins als Preis nicht aufscheint, wird die Länge der Produktionsumwege durch das zur Verfügung stehende Kapital begrenzt, ist die Zinsrechnung Voraussetzung für einen richtigen Aufbau der Produktionsumwege. Man versuche eine Annahme zu machen: In einer Wirtschaft, welche keinen Markt kennt, auf welchen sich ein Zinsfuß bildet, würde eine mit Allwissenheit in Dingen der Wirtschaft ausgestattete Instanz bestehen, welche es kundmachen würde, welcher Zinsfuß bei allen gegebenen Voraussetzungen, insbesondere bei der gegebenen Kapitalversorgung, der „richtige" wäre. Die Unternehmer würden diesen Zinsfuß der Kalkulation ihrer Produktion zugrunde legen, sie würden also nur jene Produktionsumwege durchführen, bei welchen ein Mehrertrag gegenüber den Aufwendungen in der Höhe dieses Zinsfußes — selbstverständlich unter Berücksichtigung der Zeit der Bindung des Kapitals — zu erwarten wäre. Die Wirtschaft würde offenbar aus dem Umstande der unrichtigen Wahl der Länge der Produktionsumwege einer Störung nicht ausgesetzt sein. Würde aber die den Zinsfuß kundmachende Instanz irren oder aber würden die Unternehmer sich an die richtige Kundmachung nicht halten, so wären sicherlich schwere Störungen zu erwarten. Das Rechnen mit einem zu niedrigen Zinsfuß würde bedeuten, daß zu lange Produktionsumwege eingeschlagen werden; welche Folgen das hat, ist schon eingehend dargelegt worden. Das Rechnen mit einem zu hohen Zins würde bedeuten, daß zu kurze Produktionsumwege eingeschlagen werden, es würde ein Teil des freien Kapitals unverwendet bleiben und der Ertrag der Produktion wäre geringer als er sein könnte.

Es ist nun klar, daß in einer Wirtschaft, in welcher ein Kapitalmarkt nicht existiert und deshalb auch der Zins als Preis nicht aufscheint, der Unternehmer nur außerordentlich schwer den „richtigen" Zinssatz finden wird, welchen er seiner Kalkulation zugrunde legen soll. Es ist aber auch ohne weiteres klar, daß dort, wo ein Markt entsteht, welcher den Zinssatz als Preis für den Tausch von Gegenwartsgütern gegen Zukunftsgüter aufscheinen läßt, dieser Markt gewissermaßen die Rolle jener Instanz übernimmt, welche in der eben gebrachten Konstruktion den Zinssatz kundmacht. Der Unternehmer wird fremdes Kapital nur zu diesem Zinsfuß erhalten und er wird wissen, daß er eigenes Kapital nur unter Rechnung desselben Zinssatzes verwenden darf, wenn er erfolgreich bestehen will. Es sei aber hier gesagt, daß die Konstruktion einer außerhalb des Marktes stehenden, den Zinsfuß kundmachenden Instanz, welche wir hier gebraucht haben, durchaus nicht ein reines Phantasiegebilde ist. Auf das kommen wir noch zu sprechen. Wir werden an diesem Bild nur weniges ändern müssen, um etwas sehen zu können, das der Stellung einer modernen Notenbank eigentümlich ist.

Diese allgemeine Darlegung der Funktion des Krediteskund des Zinsfußes soll uns eine strenge Umschreibung eines statischen Wirtschaftsablaufes in der „Geld- und Kreditwirtschaft" ermöglichen. Wenn wir von der vollen Trennung der Funktion des Unternehmers und des Kapitalbesitzers ausgehen, wenn also ein Kapital zur Verwendung in der Produktion immer nur auf dem Wege über einen Tausch am Kapitalmarkte gegen Bezahlung des Zinses durch den Unternehmer gelangt, so sehen wir auf diesem Kapitalmarkte das gesamte Kapitalangebot zunächst in der Form des Angebotes von Geldkapital auftreten. Nach dem bereits früher Ausgeführten ist es klar, daß das Angebot von Geldkapital identisch ist mit dem Angebot an früher einmal oder aber jetzt gespartem Geldeinkommen. Der Kapitalist, welcher Kapital ausbietet, besitzt ein Geld, welches er entweder für den eigenen Konsum verwenden oder aber investieren kann. Und es ist bereits eingehend klargestellt, daß jedes Geldkapital Repräsentant von real vorhandenen Subsistenzmitteln ist, daß mit dem Beistellen von Geldkapital zugleich Subsistenzmittel, welche zur Alimentierung von Produktionsumwegen dienen können, als heute vorhandene Güter bereitstehen. Demnach ist *der Zins, welcher sich auf dem Markte bildet, auf welchem das Geldkapital ausgeboten wird,* also der Zins, welcher gerade so hoch ist, daß das ganze ausgebotene Geldkapital von der Nachfrage nach Kapital aufgenommen wird, auch jener Zins, zu welchem der gesamte Vorrat an Subsistenzmitteln, welche zur Alimentierung von Produktionsumwegen zur Verfügung stehen, dieser Verwendung zugeführt wird, zugleich aber *auch jener Zins, bei welchem die Länge der Produktionsumwege gerade so groß ist, daß diese mit dem vorhandenen Subsistenzmittelfonds alimentiert werden können.* Der Geldzins, welcher auf dem freien Markte durch das Angebot an Geldkapital bedingt ist, ist der „natürliche" oder „Gleichgewichtszins". In einer anderen Formel ausgedrückt: Das Angebot an Geldkapital bedeutet ein Angebot an „realem Sparkapital" und jener Zins, zu welchem das Geldkapital auf dem Markte untergebracht wird, ist zugleich jener Zins, welcher die Kapitalnachfrage mit realem Sparkapital versorgt. Oder noch in einer anderen Formel ausgedrückt: Das Einschalten des Geldes in den Güterkreislauf und die Regulierung des Produktionsaufbaues durch den Geldzins bedeutet keine Störung im Funktionieren jener Prinzipien, welche die Länge der Produktionsumwege regulieren.

Das alles gilt zunächst unter den Voraussetzungen des statischen Systems, welche wir hier immer aufrecht erhalten haben[1]. Wir werden aber jetzt zur Erkenntnis eines

[1] Wir sind bisher nur dort von den strengen Voraussetzungen des stationären Wirtschaftsablaufes abgewichen, wo wir neues Sparen

möglichen und praktisch sehr bedeutenden Fehlers im Funktionieren des Geldmarktes gelangen, wenn wir an unsere allgemeinen Ausführungen über den Kredit anknüpfend noch über eine besondere Art des Kredites sprechen, welche eine Korrektur der Eigentumsverteilung in einem anderen Sinne durchführen kann als in dem Sinne, welchen wir bisher behandelt haben. Da sei vorweg darauf hingewiesen, daß die Form, in welcher der Kredit gewährt wird, an und für sich mit der Funktion desselben nichts zu tun hat. Jene „formale Kaufkraft", welche jeder Geldbesitz darstellt, kann in der Form von barem Geld (Währungsmünzen), von Banknoten oder aber auch in der Form von Depositengeld (Giroguthaben) als Kredit zur Verfügung gestellt werden. Nun ist es aber hinsichtlich der Banknoten sowie der Giroguthaben wesentlich, daß ihre Menge ohne Schwierigkeit verändert werden kann und diese Änderung in der Zahlungsmittelversorgung der Wirtschaft interessiert uns hier zunächst dann, wenn sie durch Erweiterung oder Einengung der Kreditgewährung bewirkt wird.

Hier liegt hinsichtlich des Kredites eine neue, bisher von uns völlig vernachlässigte Funktion vor uns. Sie interessiert uns hier zunächst nicht in der Wirkung, welche sich hinsichtlich des Preisniveaus ergibt, also nicht hinsichtlich der Wirkung, daß unter sonst gleichen Umständen eine Vermehrung oder Verminderung der Zahlungsmittelversorgung eine Hebung oder Senkung des Preisniveaus (der meisten Preise) zur Folge haben muß, — vielmehr in Hinblick auf ihre Einwirkung auf die Kapitalversorgung der

---

und Aufzehren von gespartem Kapital in die Betrachtung einbezogen haben; wir haben gesehen, daß auch in diesen Fällen die Umdisponierung in der Verwendung von Geld eine parallele Verschiebung in der Güterverwendung zur Folge hat.

Wirtschaft. Es ist klar, daß eine Beeinflussung der Kapitalversorgung durch Änderung der Geldmenge, also die Erweiterung oder Einschränkung der Kreditgewährung, den Aufbau der Produktion in der zeitlichen Orientierung, die Länge der Produktionsumwege, beeinflussen muß. Wir sprechen hier zur Vereinfachung der Darstellung zunächst nur von der erweiterten Notenausgabe durch die Notenbank; daß grundsätzlich bei einer Erweiterung der Kredite durch andere Banken das Problem in keiner Weise anders liegt, ist eine Selbstverständlichkeit.

Wenn die Notenbank „zusätzliche" Kredite gibt und damit die Geldversorgung der Wirtschaft erweitert, so wird die Wirkung dieser Kreditexpansion zunächst die sein, daß einzelne Wirtschaftssubjekte über mehr Geld verfügen als bisher; das zusätzliche Geld wird neben dem bisher im Umlauf befindlichen nach Waren nachfragen. Das Vermögen jener, welchen die zusätzlichen Kredite zugekommen sind, ist nicht gewachsen, da sie ja dem Aktivum des Geldbesitzes das Passivum ihrer Schuld an die Notenbank gegenüberstellen müssen. Diese Vorstellung täuscht aber insofern über den Tatbestand hinweg, als sie das, was heute in der Wirtschaft zur Geltung gelangen kann, durch etwas kompensiert denkt, das erst später wirksam wird. Eine solche falsche Einordnung von Wirkung und Gegenwirkung in ihrer zeitlichen Stellung darf uns dort nicht unterlaufen, wo wir die Wirkung der zusätzlichen Kredite gerade in Hinblick auf den in der Zeit geordneten Aufbau der Produktion betrachten wollen. Für den Augenblick wirksam ist das zusätzliche Geld, nicht der Bestand einer Rückzahlungsverpflichtung. Und hinsichtlich der gegenwärtig gegebenen Kreditversorgung ist die Sachlage die, daß Wirtschaftssubjekte mit Geld ausgestattet erscheinen, welche ihren Geldvorrat nicht als Ergebnis des bisherigen — wie wir annehmen müssen: statisch ablaufenden — Wirtschaftsprozesses besitzen. Hier liegt das entscheidende Kriterium für das, was die Theorie als das bei zusätzlichen Krediten Neuartige betrachten muß.

Wenn wir die Funktion des Geldkapitals in der statischen Wirtschaft dargestellt haben, so sind wir immer davon ausgegangen, daß ein Wirtschaftssubjekt über ein Geldeinkommen verfügt, welches es entweder selbst verzehren oder aber zur Finanzierung von Produktionsumwegen verwenden kann. Das Geldeinkommen ist dabei entstanden parallel mit der Entstehung eines Produktes an fertigen Konsumgütern, so daß das Hinlenken dieses Geldes zur Investierung gleichbedeutend ist mit dem Beistellen von Subsistenzmitteln für die Alimentierung dieses Produktionsumweges. Und dort, wo bereits früher gebildetes Kapital freigesetzt und neuerlich für die Zwecke der Produktion zur Verfügung gestellt wird, ist dieses Freiwerden von Geldkapital identisch mit der Erzeugung von Konsumgütern; das Wirtschaftssubjekt, dem das freigewordene Geldkapital zufließt, hat wiederum die Wahl, diese Subsistenzmittel selbst zu verzehren oder aber das früher getätigte Sparen beizubehalten und damit diese Subsistenzmittel für die Alimentierung von Produktionsumwegen zur Verfügung zu stellen. Nur deshalb, weil freies Geldkapital immer in der Güterwelt ein Gegenstück in Subsistenzmitteln hat, konnten wir die Konsequenz ziehen, daß das Finanzieren eines Produktionsumweges zugleich ein Alimentieren desselben ist, daß also durch den Mechanismus des Geldmarktes, durch die Bildung des Geldzinses und durch die Regulierung der Produktionsumwege durch den Geldzins die Anpassung der Produktion an die Versorgung mit gesparten Sachgütern erfolgt. In dem Falle, den wir jetzt betrachten, ist der Sachverhalt ein anderer: Wenn zusätzliche Kredite ausgegeben werden, so gibt das Geld, welches damit der Wirtschaft zur Verfügung steht, *die Möglichkeit einer Finanzierung von Produktionen, ohne daß zugleich jene Alimentierung der Produktion gegeben ist, welche bei der Investierung von Sparkapital von selbst eintritt.*

Uns interessieren hier zusätzliche Kredite, welche die Notenbank gibt, nur als Produktivkredite, also als Kredite, welche die Finanzierung von Produktionen ermöglichen. Deshalb sind solche Kredite nur in ihrem Auftreten auf dem Kapitalmarkte für uns von Interesse, auf jenem Markte, auf welchem sonst durch Sparen gebildete Geldkapitalien gegen spätere Rückgabe ausgeboten werden, wobei ein Zins aus Angebot und Nachfrage entsteht. Denken wir uns auf einem solchen bereits bestehenden Kapitalmarkt zusätzliche Kredite aufscheinen, so ist es klar, daß sie nur unter Unterbietung des bisher geltenden Zinses von der Nachfrage aufgenommen werden können. Der Zins hat — wie wir das schon einmal gesagt haben — eine Selektionsfunktion hinsichtlich der Länge der Produktionsumwege. Wenn nun die Nachfrage in weiterem Ausmaße befriedigt werden soll, wenn also mehr Kredite angeboten werden, so ist das identisch mit der Befriedigung einer bisher von der Versorgung ausgeschlossenen Nachfrage nach Geldkapital, mit der Befriedigung einer Nachfrage, welche bisher deshalb nicht mit Geldkapital versorgt worden ist, weil sie den geltenden Zinssatz nicht zahlen konnte. Diese Nachfrage wird nur bei niedrigerem Zins aufnahmsbereit sein und es kann daher ein zusätzliches Angebot von Kredit nur unter Herabsetzung des Zinsfußes untergebracht werden. Der niedrigere Zinsfuß ermöglicht eine Verlängerung der Produktionsumwege. Die Begrenzung der Länge der Produktionsumwege, welche bisher der Zins *nach Maßgabe des Angebotes an Realkapital* vorgegenommen hat, fällt weg. Hier entsteht das eine Problem, mit welchem wir uns später zu befassen haben werden.

Zugleich aber bedeutet das Auftreten einer erweiterten Versorgung mit Geldkapital noch etwas anderes. Das neue Geld wird zur Finanzierung von Produktionsumwegen dienen und in diesem Prozesse an die originären Produktionsmittel weitergeleitet, welche mit diesem Geld auf dem Konsumgütermarkte als Nachfragende auftreten. Ist die Produktion mit zusätzlichem Geld finanziert, so wird damit auch die Frage der Alimentierung der erweiterten Produktionsumwege aufgeworfen. Hier ist ein zweites Problem gegeben, mit welchem wir uns später zu befassen haben werden.

Beide Probleme, die Wirkung zusätzlicher Kredite auf die Länge der Produktionsumwege wie auch ihre Wirkung auf dem Subsistenzmittelmarkt, ergeben sich bei Restriktion der Kredite in umgekehrter Weise. Nehmen wir an, daß in einer statisch ablaufenden Wirtschaft ein Teil der Produktionen durch Kredite finanziert worden ist, welche nunmehr eingezogen werden, wobei das zur Rückzahlung der Kredite verwendete Geld nicht weiter ausgegeben wird. Auch hier werden Verschiebungen im Aufbau der Produktion zu verfolgen sein, mit welchen wir uns später zu befassen haben werden.

Bevor wir aber zu diesen Fragen übergehen, sei noch etwas anderes dargelegt.

Die Analyse der statischen Wirtschaft, wie wir sie vorhin auch in der Betrachtung der Geldwirtschaft durchgeführt haben, hat zunächst an die Voraussetzung einer starren Geldversorgung angeknüpft. Wir argumentierten in der Weise, daß wir eine bestimmte Geldversorgung der Wirtschaft angenommen haben; das vorhandene Geld erscheint immer wieder in der Hand der Unternehmer, welche einen Teil des ihnen zukommenden Geldes für die Finanzierung von Produktionen, also als Kapital verwenden. Ein zusätzliches Geld würde ganz so wie das Herausziehen von Geld aus der Wirtschaft störend wirken. Von dieser Konsequenz müssen wir aber abweichen, wenn wir über das einfache Schema hinausgehend uns die Verhältnisse in der komplexeren Ausgestaltung der modernen Wirtschaft vor Augen halten. Die Frage lautet hier, ob die starre Geldversorgung Voraussetzung dafür ist, daß von der Geldseite aus keine Störung im Aufbau der Produktion auftritt. Und da müssen wir gewisse Möglichkeiten beachten, an welchen wir bisher vorübergegangen sind. Stellen wir uns in ganz einfacher Weise den Fall vor, daß ein Wirtschaftssubjekt ein Geldeinkommen in der Weise spart, daß es Geld im Kasten liegen läßt. Während ein Konsumverzicht des Sparenden gegeben ist, liegt eine Schmälerung der möglichen Versorgung der Wirtschaft mit Geldkapital vor, welche völlig gleichzuhalten ist dem Falle einer Kreditrestriktion. Wenn unter diesen Umständen die Notenbank das aus dem Verkehre gezogene Geld durch zusätzliche Kredite suppliert, so wird diese Vermehrung der Geldmenge eine notwendige Voraussetzung dafür sein, daß jene Konsumgüter, auf welche der hortende „Sparer" verzichtet, der Alimentierung von Produktionsumwegen zugeführt werden. Würde umgekehrt in einem anderen Falle gehortetes Geld wieder auf den Kapitalmarkt gelangen, ohne daß die Notenbank eine entsprechende Kreditrestriktion vornimmt, so würde dieses Geld als zusätzliches Geld zur Wirkung gelangen. Oder aber ein anderer Fall. Denken wir an die Einschaltung von jenen „Widerständern" auf dem Wege der Überführung von Geldkapital an die originären Produktionsmittel, welche bei vertikaler Zerlegung der Produktion gegeben sind. Es ist leicht einzusehen, daß die Einschaltung neuer Widerstände dieser Art durch fortschreitende Zerlegung der Produktion im vertikalen Aufbau oder aber eine Verminderung dieser Widerstände durch Zusammenschließungen im vertikalen Aufbau parallel gehen muß einer Vermehrung oder Verminderung des Geldumlaufes, wenn dabei nicht Wirkungen eintreten sollen, welche sonst einer Verminderung, bzw. einer Erweiterung der Kredite entspringen.

Diese Beispiele mögen genügen. Sie zeigen, daß eine Elastizität des Kreditvolumens gefordert werden kann, ohne daß dabei die Anpassungsfähigkeit der Geldmenge zu einem Eingreifen des Geldes in den Aufbau der Produktionsumwege führt. Nehmen wir nun die früher gebrachte Formulierung einer die Wirtschaft in allwissender Weise überblickenden Instanz, welche den Zinsfuß festsetzt, wiederum auf. Wenn die Notenbank die Verhältnisse, welche eine Erweiterung oder eine Einschränkung der Kreditgewährung unter dem Gesichtspunkte der „Neutralität" des Geldes erfordern, vollständig überblicken könnte, so könnte sie nach Maßgabe von Umständen der eben angeführten Art ihre Kredite erweitern oder einschränken. „Zusätzliche Kredite", welche die Notenbank gibt, um dadurch die Wirkungen etwa von Hortungen zu kompensieren, sind — um eine Formel zu bringen — nicht „echte zusätzliche Kredite", sondern „kompensatorische Kredite"; Krediteinziehungen seitens der Notenbank, welche ein „Enthorten" von Geld kompensieren, sind nicht „echte Kreditrestriktionen", sondern „kompensatorische Krediteinschränkungen". Für eine solche Politik hat nun allerdings die Notenbank keinen zuverlässigen Anhaltspunkt, sie kann durch keine Erscheinung in der Wirtschaft unmittelbar darüber informiert werden, ob das Kreditangebot größer oder kleiner ist als das Angebot an „realem Sparkapital". Es gibt in der Organisation der Geld- und Kreditwirtschaft keinen Markt, auf welchem eine „künstliche" Beeinflussung des Kreditangebotes unmittelbar zu einer Störung führen würde. Hier gilt der Satz, daß erst an den Wirkungen, welche Krediterweiterungen oder echte Kreditrestriktionen haben, eine Beeinflussung des Kapitalmarktes von der Seite des Geldangebotes her erkannt werden kann. Die Notenbank kann auch bei Heranziehung aller der Mittel moderner Wirtschaftsbeobachtung[1] nicht jene Stellung erringen, welche eine in Dingen der Wirtschaft allwissende Instanz hat, wie wir sie vorhin in einer Konstruktion dargestellt haben. Die Notenbank setzt in der Praxis zunächst einseitig einen Zinsfuß fest, zu welchem sie Kredite gewährt. Der Umfang der Einreichungen, welche an die Bank herantreten, ist von der Höhe dieses Zinsfußes abhängig. Wenn nun dieser Zinsfuß in jener Höhe erstellt ist, bei welcher das gesamte Angebot an Kredit — sowohl jenes Angebot, welches aus dem

---

[1] Es wäre die Frage offen zu lassen, ob ein Einstellen der Wirtschaftsbeobachtung auf dieses Problem — ein Ansatz dazu ist ja bereits in der Konjunkturbeobachtung gegeben — hier nicht wenigstens in dem Sinne etwas ändern könnte, daß bereits die ersten Symptome der Wirkungen monetärer Beeinflussungen des Kapitalmarktes erkannt werden könnten. Über diese Wirkungen werden wir noch zu sprechen haben. — Diese Bemerkung soll aber in keiner Weise dahin gedeutet werden, daß die Politik des neutralen Geldes uns als die einzig mögliche Politik erscheinen würde. Dies muß hier bemerkt werden, obwohl manches gerade für eine solche Politik spricht. Für uns ist aber das Interesse an dem neutralen Gelde hier zunächst rein theoretisch begründet und es ist vielleicht gut, diese Begründung explicite anzuführen: Im stationären Wirtschaftsablaufe führen monetäre Einflüsse zu „Störungen"; damit ist die Frage gegeben, unter welchen Umständen diese Störungen nicht eintreten, also das Geld „neutral" ist. Die Frage nach der Neutralität des Geldes ist also hier die Frage nach den monetären Bedingungen des stationären Ablaufes der Geldwirtschaft.

GELD UND KAPITAL

Markte kommt, als auch jenes, welches von der Notenbank ausgeht — genau dem Ausmaße des Angebotes an Sparkapital entspricht, wenn also jeder Kredit ausschließlich die Funktion hat, gesparte Subsistenzmittel der Alimentierung von Produktionsumwegen zuzuführen, so wird das Geldwesen in der Weise arbeiten, daß vom Gelde aus eine Störung der Kapitalversorgung der Wirtschaft niemals eintreten könnte. Daß aber die Notenbank niemals einen genauen Anhaltspunkt für die Festsetzung dieses Zinsfußes finden kann, daß sie in ihrer Diskontopolitik daran gewiesen ist, sich an gewisse Äußerlichkeiten (Deckungsvorschrift, Goldbewegungen, Lage des Devisenmarktes usw.) zu halten, das muß zur Folge haben, daß ein ideales Funktionieren des Geldes im Sinne des neutralen Geldes wohl niemals zu erwarten sein wird. Dabei ist ganz abgesehen davon, daß die Notenbank in ihrer Kreditpolitik auch ein anderes Ziel als das theoretische Ideal des neutralen Geldes verfolgen kann.

Dazu kommt aber noch eines. Die Notenbank ist in der modernen Kreditorganisation nicht die einzige Quelle der Kreditschöpfung. Neben ihr können noch andere Banken zusätzliche Kredite gewähren, — dies ist schon gegeben, wenn die Banken bei unveränderter Höhe ihrer Verbindlichkeiten die Kassenhaltung einschränken[1]. Die Notenbank kann da niemals den Geldmarkt in der Weise beherrschen, daß sie eine Anpassung an die geringste Schwankung im

---

[1] Insofern eine Bank bereits vorhandenes Geld, insbesondere also auch von einer anderen Stelle geschaffene Banknoten ausleiht, fungiert sie als Kreditvermittler. Insoweit aber eine Bank einen Kredit gewährt, welcher in der Form von Überweisungen zur Zahlung dienen kann, wobei die Bank gleichzeitig ihren Kunden mit dem kreditierten Betrag belastet, liegt (nach dem Prinzip der „Bilanzverlängerung") eine Kreditschöpfung vor.

Sinne eines Ausgleiches zur Erhaltung der Neutralität des Geldes unter allen Umständen sofort erreichen könnte. So ergibt sich schon aus der Organisation des Geldwesens heraus mit Notwendigkeit das Problem der Beeinflussungen der Wirtschaft durch Expansion und Einschränkung der Kredite. Jener Bereich der Wirtschaft aber, in welchem wir die Wirkungen dieser Störungen des Gleichgewichtes verfolgen müssen, ist der Aufbau der Produktion.

§ 4. DIE PRODUKTION UNTER DEM EINFLUSSE EINER KREDITEXPANSION

Die Schaffung „echter" zusätzlicher Kredite bedeutet eine Unterbietung des dem Angebot an Sparkapital entsprechenden Zinsfußes; sie muß daher zu einer „übermäßigen" Verlängerung der Produktionsumwege führen, zu einer Verlängerung der Produktionsumwege über jenes Ausmaß hinaus, welches durch die Kapitalversorgung der Wirtschaft gerechtfertigt ist. Das ist der Grundgedanke der folgenden Untersuchungen. Wenn wir das Thema der „richtigen" Länge der Produktionsumwege immer wieder in den verschiedensten Formen abgewandelt haben, so haben wir damit auch schon die Antwort auf die Frage der Wirkungen einer Kreditexpansion gegeben. Hier kann es sich uns nur mehr darum handeln, den Ablauf der Folgen, welche sich an eine übermäßige Ausdehnung der Produktionsumwege anschließen, in jener spezifischen Form zu betrachten, welche er in der Geld- und Kreditwirtschaft annehmen wird. Zum Ausgang diene auch hier ein kurzer wiederholender Hinweis auf naturalwirtschaftliche Vorgänge.

Eine übermäßige Ausdehnung der Produktionsumwege muß zu einer Immobilisierung der Kapitalanlagen führen, zu einem Aufbau der Produktion, in welchem freies Kapital in einer solchen Weise investiert worden ist, daß eine rechtzeitige Freisetzung dieses Kapitals nicht möglich ist. Wenn der Aufbau der „zu langen" Produktionsumwege bis zu Ende durchgeführt wird, so wird ein vollständiger Ausfall an Subsistenzmitteln, welche zur Alimentierung von Produktionsumwegen verwendet werden könnten[1], die Folge sein; die Wirtschaft wird auf eine Produktion, welche keine Produktionsumwege einschlägt, auf eine Augenblicksproduktion umgestellt werden müssen, wobei nur die Einschränkung zu machen wäre, daß die vorhandenen Kapitalgüter noch als Helfer in der Produktion verwendet werden können. Jedenfalls wird das Fehlen von flüssigem Kapital die weitere Aufrechterhaltung von Produktionsumwegen unmöglich machen. Es wird nur das erzeugt werden können, was sofort als fertiges Konsumgut zur Verfügung steht. Wenn aber die Wirtschaft es rechtzeitig bemerkt, daß das weite Ausgreifen der Produktionsumwege zu keinem guten Ende führen kann, so wird sie durch vorzeitige Verkürzung der Produktionsumwege erreichen können, daß eine vollständige Immobilisierung des Kapitals vermieden wird; sie wird zwar Verluste erleiden, der Ertrag an Konsumgütern wird zurückgehen und eine dauernde Versorgung in dem bisherigen Ausmaße wird nicht mehr zu erreichen sein, aber es wird die Aufrechterhaltung einer wenn auch verminderten Länge der Produktionsumwege möglich sein. Wenn wir gleich das Ergebnis der folgenden Betrachtung vorwegnehmen wollen, so können wir sagen, daß der Ablauf des Prozesses in der Geldwirtschaft in aller Regel derart sein wird, daß diese zweite Art der Folgen einer übermäßigen Verlängerung der Produktionsumwege

[1] Insoweit „dauerhafte Konsumgüter" vorhanden sind, werden deren Leistungen natürlich erhalten bleiben.

eintritt. Die Kreditexpansion wird zwar zunächst einen (relativ) niedrigen Zinsfuß ermöglichen, im weiteren Verlaufe wird aber eine Zinsfußerhöhung zu erwarten sein, welche eine Verkürzung der Produktionsumwege erzwingt und *welche es damit verhindert, daß eine völlige Immobilisierung des Kapitals den Übergang zur Augenblicksproduktion notwendig macht.* Wir müssen aber zunächst mit den ersten Wirkungen der Kreditexpansion beginnen.

Wir gehen von dem Ablaufe einer statischen Wirtschaft aus, in welcher alle Preise im Gleichgewicht stehen, insbesondere also der Zinsfuß in einer solchen Höhe steht, daß er die Länge der Produktionsumwege dem Angebote an Kapital anpaßt und damit zugleich bewirkt, daß die Freisetzung von Kapital gerade in jenem Ausmaße erfolgt, welches zur dauernden Aufrechterhaltung der Länge der Produktionsumwege — und damit auch: zur dauernden Aufrechterhaltung der Versorgung mit Subsistenzmitteln wie auch zur dauernden Aufrechterhaltung des Bestandes an Kapitalgütern — notwendig ist.

Das Investieren von freiem Kapital in Anlagen, aus welchen ein Freiwerden des Kapitals erst in einem späteren Zeitpunkte zu erwarten ist, wird praktisch (im Rahmen einer Produktion, in welcher eine besonders wichtige Form der Bindung von Kapital in weitausgreifenden Produktionsumwegen die Bildung von dauerhaften Kapitalanlagen ist) in erster Linie bei dauerhaften Kapitalanlagen der weit vorgelagerten Produktionen erfolgen; des weiteren wird eine ausgedehntere Erzeugung der für die Herstellung dieser Anlagen notwendigen Roh- und Hilfsstoffe erfolgen; endlich kann aber auch in den der Konsumgüterproduktion nähergelagerten Produktionen, ja auch in der Konsumgüterproduktion selbst eine Verstärkung der Ausrüstung mit dauerhaften Anlagen erwartet werden. Das Problem aller

GELD UND KAPITAL 183

erweiterten Investitionen ist aber die rechtzeitige Freisetzung von Kapital. Unsere Frage wird also zu lauten haben: Wird es möglich sein, daß das für die Fortführung dieser Produktion benötigte freie Kapital rechtzeitig im notwendigen Ausmaße freigesetzt wird? Die Frage ist identisch mit einer anderen: Wird der Kapitalfonds, welcher in der Konsumgüterproduktion gewonnen wird, groß genug sein, um die Aufrechterhaltung der ganzen vorgelagerten Produktionen auf die Dauer möglich zu machen? Oder auch in einer allgemeineren Fassung: Wird in jeder Produktionsstufe rechtzeitig die Gewinnung eines Erneuerungsfonds möglich sein, welche die Aufrechterhaltung aller vorgelagerten Produktionen sichern kann?

Wir müssen uns darüber klar sein, daß die Fortführung der Argumentation hier einer besonders gearteten Schwierigkeit begegnet, welche darin begründet liegt, daß die Geldrechnung die Übersetzung realer Austauschverhältnisse in Geldpreise notwendig macht. Würden wir uns hier mit einer naturalwirtschaftlichen Betrachtung begnügen können, so wäre nach dem schon bisher Ausgeführten die Antwort eine sehr einfache: Es ist die Frage nach der Alimentierung erweiterter Produktionsumwege gestellt, wobei außer Zweifel sein muß, daß das freie Kapital, der für diese Alimentierung zur Verfügung stehende Subsistenzmittelfonds, nicht größer geworden ist. Der Umbau der Produktion muß daher zu Schwierigkeiten in der Kapitalversorgung führen. Bei Betrachtung der Geldrechnung müssen wir aber etwas anderes berücksichtigen. Die Frage geht nach der Möglichkeit der Finanzierung erweiterter Produktionsumwege. Nun ist aber durch die Kreditexpansion mehr Geld zur Verfügung gestellt worden.

Wir könnten nun hier eine Hilfskonstruktion benützen. Wir könnten davon ausgehen, daß wir die Inangriffnahme erweiterter Produktionsumwege ohne vorhergehende Kreditexpansion, also mit dem bisherigen Geldvolumen, uns vorzustellen versuchen. Das wäre ja denkbar; man müßte einfach davon ausgehen, daß infolge von Irrtümern in der Kalkulation allgemein zu weite Produktionsumwege eingeschlagen worden sind. Es wäre da sofort klar, daß Finanzierungsschwierigkeiten entstehen müssen. Die Freisetzung von Geldkapital in der Konsumgüterproduktion würde nicht ausreichen, um alle Umsätze, welche in der vorgelagerten Produktion notwendig sind, zu finanzieren. Hatte bisher die Finanzierung der Produktion eine bestimmte Größe des Geldkapitals erfordert, so wird jetzt zur Finanzierung der erweiterten Produktionsumwege notwendig sein, daß mehr Geldkapital beigestellt wird. Da das nach unseren Voraussetzungen nicht gegeben ist, muß die Folge eintreten, daß die Kapitalversorgung nicht zur Befriedigung jener Kapitalnachfrage der vorgelagerten Produktionen ausreichen kann, deren Befriedigung Voraussetzung für die ungestörte Fortführung der Produktionen ist. Es muß zu einer Verknappung des Kapitals, zu einer Erhöhung des Zinsfußes kommen.

Diese Hilfskonstruktion kann nun in dem uns hier interessierenden Falle zur Anwendung gelangen. Der Unterschied ist zunächst der, daß tatsächlich mehr an Geld zur Verfügung gestellt ist. Es müssen Preissteigerungen eintreten. Damit ist wohl eine Zerreißung des bisherigen Zusammenhanges der Preise verbunden. Über das soll erst später etwas gesagt werden. Aber wenn einmal das zusätzliche Geld in der Wirtschaft umgesetzt ist, so wird — ganz unabhängig von den Verschiebungen in der Relation zwischen den einzelnen Preisen — eine Erhöhung der Preise (vieler oder aller Preise, jedenfalls, wie wir später sehen werden, eine Erhöhung der hier relevanten Preise) eintreten, welche praktisch bedeutet, daß die Vermehrung der Geldmenge durch die Steigerung der Preise kompensiert wird. Sobald aber ein Mehr an Geld bei entsprechend erhöhten Preisen zur Finanzierung der erweiterten Produktionsumwege verwendet wird, bedeutet es für das Ausmaß der Finanzierungsmöglichkeit dasselbe, wie wenn bei unveränderten Preisen eine unveränderte Geldmenge zur Verfügung gestanden wäre. Das Ergebnis: Die vermehrte Geldmenge bedeutet in Hinblick auf die zu erwartenden Preissteigerungen grundsätzlich keine Erweiterung der Finanzierungsmöglichkeit. Das hat uns die Anwendung unserer Hilfskonstruktion anschaulich gemacht.

Damit sind wir so weit, daß wir die Folgen der Kreditexpansion deutlich erkennen können: Die Produktionen werden eine vergrößerte Nachfrage nach Geldkapital auf den Markt bringen. Sie werden diese zum Teil aus dem Erlöse ihrer Produkte zu befriedigen trachten, insoweit sie aus diesem einen Fonds an Geldkapital abspalten können; sie werden des weiteren mit ihrer Nachfrage nach Geldkapital auf den offenen Kapitalmarkt gehen. Das Angebot an Kapital ist als unverändert anzusehen, — denn insoweit dieses Kapital in seiner Geldform eine größere Geldsumme ausdrückt, wird dies durch die Erhöhung der Preise kompensiert. Die Nachfrage ist größer geworden, — nicht allein ihrem Geldausdrucke nach, sondern auch effektiv in dem Sinne, daß für die Aufrechterhaltung der Produktionsumwege mehr an Kapital angefordert wird. Das Mißverhältnis von Angebot und Nachfrage auf dem Kapitalmarkte muß zu einer Erhöhung des Zinsfußes führen.

Gehen wir davon aus, daß als Kreditquelle auch zusätzliche Kredite in Betracht kommen, daß also die Notenbank — der Einfachheit halber sprechen wir nicht ausdrücklich von den anderen Banken, welche Kreditschöpfung vornehmen — zusätzliche Kredite gibt, so ist eine Ausgleichung von Angebot und Nachfrage am Kapitalmarkte durch weitere Kreditschöpfung möglich. Die Notenbank kann also eine Steigerung des Zinsfußes verhindern, wenn sie weitere zusätzliche Kredite gewährt. Und da entsteht die Frage, welche Folgen eintreten müssen, wenn die Notenbank die Politik der Kreditexpansion fortsetzt, wenn sie es also verhindert, daß die relative Verknappung des Geldkapitals zu einer Erhöhung des Geldzinses führt. Die Antwort ist nach dem schon früher Gesagten ganz naheliegend: Die konsequente Festhaltung des Zinsfußes muß dazu führen, daß die „ungerechtfertigte" Verlängerung der Produktionsumwege in ihren letzten Konsequenzen zur Geltung gelangt, daß die übermäßige Ausdehnung der Produktionsumwege zu einer vollständigen Immobilisierung des freien Kapitals führt. Mit der Kreditexpansion ist eine Umschichtung der Produktion eingeleitet, welche nach diesem Endzustande hintendiert. Nur eine Erhöhung des Zinsfußes kann die vollständige Anpassung der Produktion an den „zu niedrigen" Zinsfuß mit allen ihren Konsequenzen verhindern. Wenn die Erhöhung des Zinsfußes nicht vorgenommen wird, muß der vollständige Ausfall an Konsumgütern, der vollständige Ausfall eines die Alimentierung von Produktionsumwegen ermöglichenden Subsistenzmittelfonds die Folge sein.

Es wird vielleicht gut sein, hier den Zusammenhang an einem ganz einfachen Schema zu erörtern, wobei vorweg gesagt sein muß, daß dieses Schema nur eine sehr weitgehende Stilisierung der Wirklichkeit enthalten kann. Wir nehmen an, die synchronisierten Produktionen seien in sechs gleichen Produktionsabläufen „gestaffelt"; die Kreditexpansion würde nur die Inangriffnahme der letzten Staffel der Produktionsumwege beeinflussen, also nur hier es bewirken, daß eine Umstellung der Produktion in der Richtung einer Verlängerung der Produktionsumwege erfolgt[1]. Ebenso würden auch weiterhin die neu in Angriff genommenen Produktionen in dem erweiterten Produktionsumwege zu arbeiten beginnen. Während also bisher jeder der sechs Produktionsabläufe durch eine Zeit (t) gedauert hat, also diese Zeit von dem ersten Einsetzen eines originären Produktionsmittels bis zur Herstellung der fertigen Konsumgüter vergeht, wird jetzt ein Produktionsumweg begonnen, welcher erst nach Ablauf einer längeren Zeit $(t + v)$ fertige Konsumgüter herstellt. Solange nun die mit der früheren Länge des Produktionsumweges durchgeführten Staffel der Produktionsumwege die Wirtschaft mit Subsistenzmitteln versorgen, wird eine Störung nicht eintreten. Sobald aber das Produkt der letzten mit der bisherigen Länge des Produktionsumweges arbeitenden Produktionsstaffel aufgezehrt ist, ergibt sich ein Ausfall an Subsistenzmitteln: die nächste Staffel der Produktion arbeitet ja in einem verlängerten Produktionsumwege und kann daher nicht rechtzeitig fertig werden. Der Ausfall von verkaufsbereiten Subsistenzmitteln bedeutet auch einen Ausfall in der Freisetzung von Geldkapital. Wäre früher der Zinsfuß erhöht worden, so wäre bei der im verlängerten Produktionsumwege laufenden Erzeugung eine Verkürzung des Produktionsumweges erzwungen worden. Man sieht hier eines: Bei dieser Staffelung der Produktionen wird die letzte Wirkung der Kreditexpansion hinsichtlich der Konsumgüterversorgung nicht sofort in Erscheinung treten, sondern erst nach Ablauf einer gewissen Zeit. Diese Zeit ist nun in

[1] Diese Annahme, die wir gleich fallen lassen werden, ist eine willkürliche. Es sei auch noch bemerkt, daß dieses Schema später noch zur Darstellung eines anderen Zusammenhanges dienen soll, aus dem erst die Wirkungen der Kreditexpansion voll zu erkennen sind.

unserem Schema dadurch bestimmt, daß zunächst noch die in ihrem Produktionsaufbau nicht abgeänderten Produktionen eine gleichmäßige Versorgung des Marktes mit Subsistenzmitteln ermöglichen; erst dann, wenn der Ertrag der im erweiterten Produktionsumwege arbeitenden Produktion für die Versorgung gebraucht wird, wird sich ein Ausfall an Subsistenzmitteln ergeben.

Lassen wir nun die Voraussetzung der in so einfacher Weise gestaffelten Produktion fallen, desgleichen die Annahme, daß nur die nach der Kreditexpansion neu in Angriff genommenen Produktionen den Produktionsumweg erweitern. Es wird dann ohne weiteres zu sehen sein, daß dann der Ausfall an Subsistenzmitteln in anderer Weise eintreten wird. Es wird langsam eine Verknappung an diesen eintreten, welche allerdings, so wie die Verlängerung der Produktionsumwege sich immer mehr geltend macht, ein immer rascheres Tempo einschlagen wird. Es wird also auch die Verknappung des Geldkapitals allmählich fortschreiten. Wir werden allerdings zu diesem Zusammenhange später noch von einem ganz anderen Gesichtspunkte aus Stellung nehmen müssen und dann noch zu einer etwas abweichenden Konsequenz gelangen. Hier sei eines gesagt: Da bei der gestaffelten Produktion anzunehmen ist, daß die Verknappung der Versorgung mit Subsistenzmitteln (mit freiem Kapital) langsam anfangen und dann immer mehr zunehmen wird, ist die Chance, welche eine baldige Zinsfußerhöhung gibt, deutlich zu sehen: Die Zinsfußerhöhung und nur diese kann es verhindern, daß die Verknappung der Subsistenzmittel fortschreitet und daß es schließlich zu einem vollständigen Ausfall an Subsistenzmitteln kommt.

Es ist nun ohne weiteres zu erwarten, daß die Notenbank im Verlaufe des hier behandelten Prozesses ihren Zinsfuß erhöhen und die Kreditexpansion abbrechen wird, bevor die letzten Konsequenzen der Erweiterung der Produktionsumwege gegeben sind. Und das aus zwei Gründen. Es wird hier einerseits zur Geltung gelangen, daß die fortschreitende Kreditexpansion zu einer immer weiter gehenden und als ungesund empfundenen Überspannung des Kreditsystems führen muß. Je weiter die Kreditexpansion fortschreitet, desto größer wird im Kreditvolumen der Wirtschaft der Anteil der zusätzlichen Kredite, während das Sparkapital an verhältnismäßiger Bedeutung immer mehr zurücktritt. Eine solche Verfassung des Kreditmarktes hat in aller Regel den Notenbanken Veranlassung zum Abbau der Kredite gegeben. Dazu kommt noch ein zweites. Es ist leicht zu sehen, daß die Erweiterung der Kredite durch die Notenbank progressiv steigen muß, wenn sie die Erhöhung des Zinsfußes verhindern soll. Denn die Kreditexpansion bedeutet nichts anderes als das, daß *ein Vorsprung des Angebotes an Geldkapital gegenüber dem Angebot an realem Sparkapital* geschaffen wird. Wenn nun mit der schrittweisen Verringerung der Versorgung mit Sparkapital dieser Vorsprung mit gleichmäßig anhaltender Wirkung — mit der Folge der Ermöglichung derselben erweiterten Länge der Produktionsumwege — aufrecht erhalten werden soll, so muß die Menge des zusätzlichen Geldes nach jeder Preissteigerung in stärkerem Ausmaße wachsen. Die fortschreitende Preissteigerung, die Entwertung des Geldes, wird es der Notenbank unmöglich machen, irgendeine Parität ihrer Währung oder irgendeine Deckungsvorschrift einzuhalten. Anspannung des Kreditsystems und „Gefährdung der Währung" werden die Notenbank veranlassen, ihren Zinsfuß in die Höhe zu setzen. Und die Erhöhung des Zinsfußes wird eine Verkürzung der Produktionsumwege erzwingen.

Bevor wir von diesem Prozesse sprechen, sei aber noch

ein ganz anderer Zusammenhang, welcher sich in den Wirkungen der Kreditexpansion ergeben muß, betrachtet. Wir müssen da einen Prozeß verfolgen, welcher in dieser Weise sich nur in der Geldwirtschaft abwickeln kann und für den wir in der Betrachtung naturalwirtschaftlicher Zusammenhänge kein Gegenstück finden können. Der Ausgang muß hier die von uns bereits betrachtete spezifische Funktion des Geldkapitals sein, welches durch Finanzierung einer Produktion die Alimentierung derselben ermöglicht. Haben wir bisher jene Wirkungen der Kreditexpansion verfolgt, welche sich in dem in der Zeit geordneten Aufbau der Produktion hinsichtlich der Länge der Produktionsumwege, also vor allem hinsichtlich jener Elemente des Produktionsaufbaues, welche am Beginne des Produktionsablaufes eingesetzt sind, ergeben, so wird sich jetzt unsere Aufmerksamkeit dem Ende des Produktionsablaufes zuzuwenden haben. Haben wir bisher vor allem eine Rückverlagerung der am Beginne der Produktion eingesetzten Produktionsmittel festgestellt, so werden wir jetzt zu fragen haben, ob nicht auch in der Sphäre der konsumnahen Stadien der Produktion Verschiebungen eintreten.

Die Verlängerung der Produktionsumwege muß eine Änderung in der Nachfrage nach Produktionsmitteln nach sich ziehen. Wir wollen da nun zwei Fälle unterscheiden.

Es können entweder unbeschäftigte Produktionsmittel auf dem Markte zur Verfügung stehen, welche bei dem geltenden Preise zu haben sind; oder aber es kann die Sachlage die sein, daß die Beschäftigung von neuen Produktionsmitteln überhaupt nicht oder nur (und dann wahrscheinlich: in verhältnismäßig geringem Ausmaße) bei gestiegenen Preisen möglich ist. Wir haben früher in einem ganz anderen Zusammenhange das Vorhandensein dieser beiden Möglichkeiten an der Hand verschiedener Marktfigurationen für den Bereich des Produktionsmittels der menschlichen Arbeit begründet. Es genügt hier, auf diese Ausführungen hinzuweisen, wobei bemerkt sei, daß diese beiden Möglichkeiten im folgenden in erster Linie hinsichtlich der menschlichen Arbeitskraft von Bedeutung sind. Im ersten Falle wird die Zahl der Beschäftigten steigen, ohne daß der Lohn steigt, im zweiten Falle wird bei unveränderter (oder nur in ganz geringem Ausmaße steigender) Zahl der Beschäftigten der Lohn in die Höhe gehen. In beiden Fällen steigt die Größe der Lohnsumme. Das stimmt auch mit dem unseren Ausgang bildenden Tatbestand überein. Den Unternehmern ist ja durch die Kreditexpansion ein neues Geldkapital zur Verfügung gestellt worden; es wird dieses auf dem Produktionsmittelmarkt gelangen und damit ist die Möglichkeit einer erweiterten Lohnzahlung gegeben. Wohl kann das zusätzliche Geld nach bereits vorhandenen Kapitalgütern nachfragen und damit die Preise derselben in die Höhe treiben. Insoweit dies geschieht ist nichts anderes gegeben, als daß jene „Widerstände" auf dem Wege des Geldkapitals aus der Hand des Unternehmers bis zum originären Produktionsmittel zur Geltung gelangen, von welchen wir früher gesprochen haben. Einerseits dürfen wir aber die Bedeutung dieser Widerstände in diesem Zusammenhange nicht überschätzen, und zwar deshalb nicht, weil kein Grund zur Annahme vorhanden ist, daß das zusätzliche Geld zunächst in die Hand der Konsumgüterproduktion gelangt. Gerade das Gegenteil ist zu erwarten. Jene Produktionen, welche durch die Zinsfußherabsetzung unmittelbar am meisten gefördert werden, sind jene, in welchen die Entlastung der Kosten durch die Zinsfußherabsetzung eine verhältnismäßig größere Bedeutung hat und das ist wohl bei den der Konsumgütererzeugung vorgelagerten Produktionen — bei jenen Produktionen, bei welchen zwischen dem Aufwand der Investierung und der Erzeugung des Fertigproduktes die längste Zeit vergeht — in erster Linie gegeben. Dann aber ist zu beachten, daß selbst soweit die Kreditexpansion sich zunächst auf dem Markte der Kapitalgüter geltend macht, damit allein eine Änderung in der Produktion noch nicht eintritt. Die Produktion braucht ja immer außer den Kapitalgütern auch originäre Produktionsmittel und erst wenn eine neuartige Verwendung der originären Produktionsmittel gegeben ist, erst dann ist wirklich etwas Neues in der Wirtschaft gegeben, nicht schon dann, wenn der Besitztitel an Kapitalgütern von einer Hand in die andere übergeht, ohne daß zugleich etwas Neues produziert wird. Wir fassen also zusammen: Die Kreditexpansion führt zu einer Erhöhung der Lohnsumme, ganz unabhängig davon, ob die Zahl der Arbeiter zunehmen wird oder nicht. Die Erhöhung der Lohnsumme bedeutet aber eine gesteigerte Nachfrage auf dem Subsistenzmittelmarkt und damit ist die Wahrscheinlichkeit einer Ausdehnung der Subsistenzmittelproduktion gegeben in dem Sinne, daß die Produktion der gesteigerten Nachfrage nach Subsistenzmitteln durch möglichst schnelle Steigerung des Angebotes gerecht zu werden bestrebt sein wird.

Damit ist gesagt, daß der unmittelbare Stoß der zusätzlichen Geldmenge auf die Preise sich auf dem Wege über eine Erhöhung der Einkommen der die originären Produktionsmittel Beistellenden zunächst auf dem Subsistenzmittelmarkte auswirken wird. Wir haben wohl gesehen, daß das zusätzliche Geld aus der Hand der Unternehmer nicht zur Gänze unmittelbar an die originären Produktionsmittel gelangen muß, daß dieses Geld zum Teile zunächst dem Einkaufe von Kapitalgütern dienen kann. Das werden aber Kapitalgüter sein, welche im allgemeinen in den weiter vorgelagerten Produktionen gebraucht werden, nicht aber Kapitalgüter, welche bereits heranreifende Konsumgüter sind. In der Sphäre der Konsumgüterproduktion wird daher das zusätzliche Geld weniger als Kostenbelastung, sondern mehr als Nachfrageerhöhung zur Geltung gelangen. Wir werden also hier eine Ausdehnung der Produktion zu erwarten haben[1].

Eine Ausdehnung der Produktion an Konsumgütern ist gleichbedeutend mit einer Vergrößerung des Subsistenzmittelfonds. Diese ermöglicht die Beschäftigung von mehr Arbeitern bei unverändertem Lohn oder auch die bessere Bezahlung (ein höheres Realeinkommen) einer unveränderten Zahl von Arbeitern[2]. *Es ist nun aber wesentlich, daß diese Vermehrung der Subsistenzmittel verbunden sein muß mit einer Kapitalaufzehrung.*

Greifen wir nochmals zurück auf das Schema einer in sechs Abläufen gestaffelten Produktion, an dessen Hand wir vorhin die Wirkung der Verlängerung der Produk-

---

[1] Hier muß die Kreditexpansion in derselben Weise wirken wie eine Inflation, welche unmittelbar zur Konsumfinanzierung — z. B. Bezahlung von Angestellten des Staates — dient.

[2] Ein vielfach beachteter Zusammenhang sei hier kurz besprochen. 1. Solange im Falle der Beschäftigung von mehr Arbeitern bei unverändertem Lohne eine Erweiterung der Konsumgüterproduktion nicht eingetreten ist, wird der erhöhten Lohnsumme kein erweiterter Subsistenzmittelfonds entsprechen. Insoweit dieser Tatbestand gegeben ist, liegt „erzwungenes Sparen" vor. Es ermöglicht also ein unveränderter Subsistenzmittelfonds infolge der Vergrößerung seiner „Virulenz" (Verringerung der Rationen, in welchen er verzehrt wird) eine Verlängerung der Produktionsumwege. (Diese ginge also „auf Kosten" der Arbeiter, deren Entlohnung geringer wäre als das Grenzprodukt.) Man darf aber keineswegs auf diesen Zusammenhang die Möglichkeit einer dauernden „Alimentierung" erweiterter Produktionsumwege begründen, weil ja da nicht mehr als eine Friktion gegeben sein kann. Die vergrößerte Lohnsumme wird schließlich zu

tionsumwege hinsichtlich des Nachschubes an Subsistenzmitteln verfolgt haben. Wir haben dort gesehen, daß die Verlängerung des Produktionsumweges allein im letzten Staffel der Produktion und bei den weiterhin neu in Angriff genommenen Produktionsstaffeln dazu führen muß, daß vorläufig der Nachschub an Subsistenzmitteln konstant bleibt und erst später ein Ausfall an diesen eintritt. Jetzt werden wir noch eine zweite Veränderung in diesem Schema verfolgen können. Die Produktion an Subsistenzmitteln soll schnell gesteigert werden und das kann nichts anderes bedeuten als das, daß Kapitalgüter, welche etwa in der zweiten oder dritten Staffel der Produktion auf dem Wege des Heranreifens zum Konsumgute stehen, aus diesen Produktionen herausgezogen werden und auf einem ver-

einer Erweiterung der Konsumgütererzeugung führen. Es wäre das nur dann nicht gegeben, wenn die Kosten der Konsumgütererzeugung *wenigstens in demselben Verhältnisse* steigen würden, wie die Größe der Geldnachfrage nach Subsistenzmitteln. Das kann aber nicht angenommen werden, weil — wie wir gezeigt haben — anzunehmen ist, daß jene Kapitalgüter, bei welchen die Preissteigerung zuerst eintreten wird, nicht jene sein werden, welche bereits zu Konsumgütern heranreifende Zwischenprodukte sind. Insoweit aber die rasche Vermehrung der Konsumgütererzeugung nur durch eine Preissteigerung ermöglicht wird, muß der Subsistenzmittelfonds langsamer wachsen als die Größe der Lohnsumme. Wenn man will, kann man auch da noch von einem erzwungenen Sparen sprechen. Wichtiger scheint es uns aber in den weiteren Wirkungen, daß — wie wir jetzt zeigen werden — *schon die geringste Erweiterung der Konsumgüterproduktion* in diesem Zusammenhange eine Kapitalaufzehrung bedeutet. — In dem anderen Falle, daß die Begrenztheit des bei dem geltenden Lohnsatze verfügbaren Arbeitsangebotes die Löhne steigen läßt, ist der hier vorgetragene Gedankengang ohne Schwierigkeit anwendbar. Die Erhöhung des Geldlohnes muß eine Erhöhung des Reallohnes zur Folge haben, da die Versorgung mit Subsistenzmitteln wächst. Insoweit aber die Konsumgüterpreise kürzten Wege zum fertigen Subsistenzmittel umgewandelt werden. Das Ergebnis wird sein, daß wohl für die nächste Zeit eine erweiterte Versorgung mit Subsistenzmitteln gegeben ist, daß aber später ein verstärkter Ausfall an diesen sich einstellen muß. Es ist eine Selbstverständlichkeit, daß die Erweiterung der Versorgung durch die Erweiterung der Konsumgüterproduktion niemals es möglich machen kann, daß die verlängerten Produktionsumwege bis zu Ende durchgeführt werden können. Voraussetzung jeder Produktion im Produktionsumwege ist ja die entsprechende gleichmäßige Versorgung mit Konsumgütern, welche zur Alimentierung der originären Produktionsmittel dienen können. Hier haben wir nun einerseits eine erweiterte Versorgung mit Konsum-

---

steigen, wird diese Erhöhung des Reallohnes nicht in demselben Maße gegeben sein wie die Steigerung der Geldlöhne.

2. Ein „erzwungenes Sparen" ist auch noch aus einem anderen Zusammenhange abgeleitet worden. Dort, wo ein Geldeinkommen unverändert bleibt, zwingt eine Preissteigerung zu Konsumverzicht. In der Anwendung dieses Grundsatzes wäre aber doch Vorsicht geboten. Wenn etwa der Inhaber einer Geldrente durch Preissteigerungen zu einem Konsumverzicht gezwungen wird, so steht dem auf der anderen Seite eine Erleichterung der realen Last des Schuldners gegenüber. Gespart wird also nur dann, wenn der Schuldner auf die Möglichkeit eines erweiterten Konsums verzichtet. Das ist aber durchaus kein erzwungenes, sondern ein ganz normales „freiwilliges" Sparen. (Übrigens mag es seine Berechtigung haben, wenn man annimmt, daß der Rentenbezieher häufig weniger zu sparen geneigt sein wird, als jener, welcher Schuldner wird, um mit geliehenem Geld größere wirtschaftliche Erfolge zu erzielen; das Problem liegt aber zur Gänze im Bereiche des freiwilligen Sparens.) — Ganz analog ist der Sachverhalt bei der Gegenüberstellung einer Verminderung der „Kaufkraft" der Einkommen etwa der Angestellten des Staates und der Entlastung des Steuerträgers. Mit diesen Fragen haben wir uns aber hier nicht weiter zu beschäftigen.

gütern, anderseits eine Verlängerung der Produktionsumwege vor uns. Diese beiden Bewegungen wirken in der Weise zusammen, daß die Erweiterung der Versorgung auf Kosten des Kapitalbestandes geht, daß also nur eine Kapitalaufzehrung vorläufig eine erweiterte Versorgung ermöglicht, daß also schon infolge dieser Kapitalaufzehrung eine fortlaufende Versorgung in demselben Ausmaße nicht möglich wird, während zugleich die Verlängerung der Produktionsumwege zur Folge hat, daß die fortlaufende Versorgung aus dem bisher gegebenen Kapitalbestande durch eine längere Zeit notwendig wäre, um die Zeit bis zur Beendigung der verlängerten Produktionsumwege überbrücken zu können. In einer einfachen Formel: Die Erweiterung der Konsumgüterproduktion durch Kapitalaufzehrung wird die Schwierigkeiten, welche sich aus der Verlängerung der Produktionsumwege ergeben müssen, noch vergrößern.

Die Darstellung der komplizierten Zusammenhänge der Wirkungen einer Kreditexpansion muß notwendigerweise weitgehende Schematisierungen vornehmen. Wir haben die Aufgabe gehabt zu zeigen, daß im Aufbaue der umwegigen Produktion zwei grundsätzlich zu unterscheidende Verschiebungen eintreten werden. Erstens eine Kapitalaufzehrung durch Erweiterung der Konsumgüterproduktion, zweitens eine zunehmende Immobilisierung der Kapitalanlagen durch Erweiterung der Produktionsumwege. Wir konnten diese beiden Verschiebungen nicht anders deutlich machen als in der Weise, daß wir Änderungen in verschiedenen Bereichen einer schematisch gegliederten Produktion betrachtet haben. Die Wirtschaft der Erfahrung kennt diese schematische Gliederung der Produktionen nicht. Das kann aber dem nicht im Wege stehen, daß die Wirkungen der Kreditexpansion in beiden Richtungen, in welchen wir sie verfolgt haben, zur Geltung gelangen. Wir haben gesehen, daß die Kreditexpansion die Notenbank, von welcher sie ausgegangen ist, vor die Alternative stellt, entweder immer mehr Kredite zur Verfügung zu stellen oder aber den Zinsfuß in die Höhe zu setzen[1]. Wir haben gesehen, daß die Unterlassung der Zinsfußheraufsetzung schließlich zu einer vollständigen Immobilisierung des Kapitals führen muß, daß aber zu erwarten ist, daß die Notenbank bereits früher zur Sicherung der Währung und zum Abbaue des Kreditgebäudes ihren Zinsfuß in die Höhe setzen wird[2]. Mit der Hinaufsetzung des Zinsfußes ist aber eine neue Situation gegeben.

[1] Es ist nicht notwendig darauf hinzuweisen, daß eine Kreditkontingentierung ohne Zinsfußerhöhung durch die Notenbank im Wesen dieselben Folgen haben muß wie die Zinsfußerhöhung. In beiden Fällen wird das Ausmaß der Kredite beschränkt. In einem Falle erhalten jene die Kredite, welche für diese den höchsten Zins zu bezahlen in der Lage sind, im anderen Falle wird irgendein anderes Ausleseprinzip für die Verteilung der Kredite maßgebend. Insofern aber bei niedriggehaltenem Zinsfuß Kreditwerber, welche einen höheren Zins nicht zahlen könnten, befriedigt werden, während gleichzeitig Kreditwerber, welche auch einen erhöhten Zins tragen könnten, ausgeschlossen werden, wirkt die Kreditkontingentierung bei Niedrighaltung des Zinsfußes einer Verteilung der Kredite nach Maßgabe der Rentabilität entgegen. Im übrigen wird in Anbetracht des Umstandes, daß außer der Notenbank noch andere Kreditquellen bestehen, die Kontingentierung der Kredite nur für jene eine Niedrighaltung des Zinses bedeuten, deren Kreditnachfrage unmittelbar bei der Notenbank befriedigt wird, während sonst auf dem Kapitalmarkte die Niedrighaltung des Zinsfußes nicht möglich sein wird, wofern nicht der ganze Kapitalmarkt einer bis ins einzelne gehenden Reglementierung — mit allen hier nicht weiter darzustellenden Folgen — unterzogen wird.

[2] Nur einige Bemerkungen darüber, was zu erwarten wäre, wenn die Notenbank die Hinaufsetzung des Zinsfußes und die Einstellung der fortschreitenden Kreditexpansion unterläßt. Der fortschreitende Ausfall an Subsistenzmitteln würde zu einem Notstand in der Wirt-

Die Produktionen erhalten durch die Hinaufsetzung des Zinsfußes eine neue Basis der Kalkulation: Die verlängerten Produktionsumwege werden unrentabel. Wenn also die Zinsfußerhöhung eine Verkürzung der Produktionsumwege oder eine Einstellung zu langer Produktionsumwege erzwingt, so erzwingt sie damit eine Anpassung der Produktion an eine geschmälerte Kapitalversorgung. Hat die Kreditexpansion zu einer übermäßigen Verlängerung der Produktionsumwege geführt, so führt die Einstellung der Kreditexpansion zu einer Liquidierung der übermäßigen Ausdehnung der Produktionsumwege. Wenn nichtmehr zusätzliche Kredite auf dem Markte erscheinen, ist das Kreditangebot identisch mit dem Angebot an Sparkapital. Da wir keinen Anlaß zur Aufnahme der Voraussetzung haben, daß in diesem Stadium der Wirkungen einer Kreditexpansion die Bildung von neuem Kapital durch neues Sparen einen bestimmenden Einfluß haben kann, kommt als Kreditangebot nur das Angebot von in der Konsumgüterproduktion freigesetztem Kapital in Betracht. Es ist

schaft führen, welcher sich in rapiden Preissteigerungen ausdrücken würde. Es müßte auch das Kreditvolumen aus den von uns bereits angeführten Gründen in immer rascherem Tempo steigen. In diesem Zustande würde die Wirtschaft aufhören, mit dem Inflationsgeld zu rechnen. Jedes andere Geld würde aber — da in beschränkter Menge vorhanden — nur zu einem erhöhten Zinssatze auf dem Kreditmarkte zu erhalten sein. Damit würde sich ein dem Angebote von Sparkapital entsprechender Zinsfuß durchsetzen. — In den großen Inflationen ist vielfach die „Entwährung" des Inflationsgeldes dadurch aufgehalten worden, daß der Staat durch Festsetzung von Preisen dem Inflationsgeld einen Markt geschaffen hat, auf welchem nur dieses verwendet werden konnte. Trotzdem ist vielfach der Übergang zur Kalkulation in anderen Währungen vorgenommen worden. Im übrigen ist bei der Zinsbildung für Inflationsgeld vielfach die Geldentwertung durch entsprechende Erhöhung des Zinssatzes berücksichtigt worden.

klar, daß der hier gegebene Zustand der Wirtschaft nur in einem recht beschränkten Ausmaße die Freisetzung von Kapital ermöglichen wird. Die Produktion wird sich diesem Zustand anpassen müssen. Wir werden noch Gelegenheit haben, den Prozeß dieser Anpassung im einzelnen zu verfolgen.

Hier sei nur noch eines gesagt. Der Ausgang unserer Argumentation war eine statische Wirtschaft, in welcher sich eine Kreditexpansion geltend zu machen beginnt. Die Aufrechterhaltung der statischen Wirtschaft war bedingt durch ein bestimmtes Preissystem. Die zusätzlichen Kredite haben sofort eine Zerreißung des Preissystems bewirken müssen. Diese Störung setzte vor allem bei dem Geldzinse ein. Nach allem, was wir ausgeführt haben, ist es klar, daß der Zinsfuß im statischen Wirtschaftssystem ein ganz besonders wichtiges Band bedeutet, das ein Abweichen der verschiedenen Elemente des Systems aus dem für den statischen Ablaufe gegebenen Weg verhindert. Des weiteren haben wir gesehen, daß die zusätzlichen Kredite die Relation zwischen den verschiedenen Preisen dadurch beeinflussen, daß sie über die originären Produktionsmittel zunächst auf den Konsumgütermarkt gelangen und hier die Preise in die Höhe treiben. Die Ausdehnung der Konsumgüterproduktion muß vom Wege des statischen Wirtschaftsablaufes wegführend eine Kapitalaufzehrung bedeuten.

So wird also die Vermehrung des Geldes durch zusätzliche Kredite niemals allein die Überführung von einem Preisniveau auf ein anderes zum Problem machen, sondern immer darüber hinauswirken: Durch die Zerreißung des Preissystems wird der Aufbau der Produktion zum Problem.

ANHANG I.
ZUM PROBLEM DER KONJUNKTUREN
I. VORBEMERKUNG

Es gibt so viele Ursachen für Schwankungen im Wirtschaftsleben, als es äußere Bedingungen des Wirtschaftens gibt. Jede dieser Bedingungen kann sich ändern und damit auch eine Änderung in den Ablauf des Wirtschaftsprozesses hineintragen. Wenn dabei die Wirtschaft in weiterem Ausmaße affiziert wird, wenn weitergehende Änderungen sich als notwendig erweisen, insbesondere aber dann, wenn eine andauernde Veränderung eines äußeren Bestimmungsmomentes der Wirtschaft auch für eine längere Zeit Störungen in die Wirtschaft hineinträgt, kann man von einer Wirtschaftskrise sprechen. In allen diesen Fällen ist der sich in der Wirtschaft abwickelnde Prozeß der einer Anpassung an geänderte Daten; gegenüber den kleinsten Schwankungen, welche sich im täglichen Ablauf der Wirtschaft ergeben, liegt nichts anderes als eine Änderung im Ausmaße der Wirkungen vor uns. Nachdem aber die Erfahrung gezeigt hat, daß eine gewisse Regelmäßigkeit in den Schwankungen der Wirtschaft festzustellen ist, eine Regelmäßigkeit, welche keineswegs aus dem zufälligen Eintreten der von außen kommenden Störungen des Wirtschaftsablaufes eine befriedigende Erklärung erhalten kann, hat man eine besonders geartete Ursache für diese regelmäßigen Schwankungen zu finden gesucht. Von den verschiedenen Krisentheorien oder — da es sich nicht allein um die Erklärung einer mehr oder weniger „akuten" Krise, sondern um die einer regelmäßigen Wiederkehr von Aufstieg und Abstieg handelt — Konjunkturtheorien können heute wohl nur jene schon in der ersten literarischen Auseinandersetzung über das Krisenproblem sich findenden Theorien auf allgemeinere Anerkennung Anspruch erheben, welche die in der Wirtschaft zur Geltung gelangenden Ursachen der Konjunkturbewegungen in den Verhältnissen des Geldmarktes suchen. Auch die folgenden Ausführungen bekennen sich zur „Zirkulationskredittheorie der Krisen", gewöhnlich kurz monetäre Krisentheorie genannt.

Zwei Umstände sprechen dafür, daß diese Theorie auf dem richtigen Wege bei der Suche nach der Ursache der Konjunkturschwankungen ist. Zunächst etwas aus der Erfahrung: Der Prozeß des konjunkturellen Aufstieges und der Entwicklung zur Krise entspricht vollständig dem, was die Theorie als Wirkung einer Kreditexpansion ableiten kann. Dann aber noch etwas, das mit dem Ausgangspunkte des Theorems gegeben ist: Wenn eine von den Größen des Wirtschaftssystems geändert wird, so wird eine Bewegung ausgelöst, welche eine Anpassung des Wirtschaftssystems an diese Änderung bewirkt. In dieser Richtung besteht aber eine Besonderheit in dem Falle, daß die Änderung von dem Zinsfuße ausgeht. Eine Herabsetzung des Zinsfußes löst eine Bewegung aus, welche durchaus nicht Anpassung an ein Datum sein kann in dem Sinne, daß dieses Datum in einen stationären Wirtschaftsablauf schließlich eingebaut wird. Die mit der Herabsetzung des Zinsfußes Hand in Hand gehende Krediterweiterung führt zu einer Bewegung, welche vom Gleichgewichte immer weiter fortführt. Wir haben die Wirkungen einer Kreditexpansion zunächst ohne Rücksicht auf das Krisenproblem zur Darstellung gebracht. Wir haben da gesehen, daß die Wirkungen der Kreditexpansion, wenn sie ohne Hemmung bis zum letzten zur Auswirkung gelangen können, zu einer Immobilisierung der gesamten Kapitalanlagen führen. Das ist offenbar eine Bewegung, welcher die Tendenz zum Gleichgewichte, zu einem stationären Wirtschaftsablaufe nicht innewohnt. Wir haben auch gesehen, daß die Wirkung der Kreditexpansion schließlich zu einem Spannungszustande führt, in welchem eine Abkehr von der Politik der Kreditexpansion zu erwarten ist.

Von diesem Zustande wollen wir jetzt bei der Analyse des Konjunkturzyklus ausgehen. Wir werden erst später zu erweisen haben, daß der Aufstieg der Konjunktur tatsächlich zu einem Zustande führt, welcher derart gestaltet ist, daß damit die Rechtfertigung für diese Wahl unseres Ausgangspunktes gegeben ist.

Im voraus sei noch gesagt, daß die Methode des Vorgehens bei der Analyse des Konjunkturzyklus eine andere sein wird als jene, welche wir bisher in unseren Ausführungen benützt haben. Wir können das ungefähr mit der Formel umschreiben, daß wir hier nicht dieselbe „exakte" Methode anwenden, welche wir bei der Untersuchung des Aufbaues der Produktion in ihrer zeitlichen Orientierung bisher zur Anwendung gebracht haben. Wir werden später Gelegenheit haben, diese Änderung der Methode zu rechtfertigen. Wir werden dann sehen, daß sie bei dem Übergang zur Behandlung des Themas, das jetzt vor uns liegt, notwendig ist.

II. DIE BEIDEN WENDEPUNKTE IM KONJUNKTURVERLAUF

Die Lage der Wirtschaft, welche sich als Wirkung der Kreditexpansion bei der Einstellung der Kreditvermehrung ergibt, läßt ohne weiteres einen weiteren Ablauf des Wirtschaftsprozesses vorstellbar sein, welcher eine Anpassung an die vorliegenden Daten bedeutet. Mit der Einstellung der Krediterweiterung ist das monetäre Störungsmoment ausgeschaltet. Als Kapital steht der Wirtschaft nur mehr dasjenige zur Verfügung, was an früher gespartem Kapital aus der Bindung im Produktionsprozesse freigesetzt wird, — von der Bildung von Kapital durch neues Sparen können wir ja in diesem Zusammenhange ganz absehen. Wir werden gleich zu zeigen haben, daß bei dieser Sachlage auch Umstände zur Geltung gelangen werden, welche eine ungestörte Anpassung an die vorliegenden Daten verhindern, also die Bewegung der Wirtschaft von der Tendenz zum Gleichgewicht wegführen werden. Bevor wir aber auf das näher eingehen, sei zunächst dargelegt, in welcher Weise ein solcher Prozeß der Anpassung an die bei Einstellung der Kreditexpansion gegebenen Daten sich abwickeln würde.

Da die Kapitalversorgung zu knapp ist, als daß sie die Fortführung der bereits in Angriff genommenen „zu langen" Produktionsumwege ermöglichen könnte, muß eine Einstellung von Produktionen erfolgen. Der relativ — und wohl auch: absolut — hohe Zins wird als Ausleseprinzip hinsichtlich der Möglichkeit der Fortführung von Produktionen fungieren. Die Konkurrenz der Unternehmer um freies Kapital hindert durch Erhöhung des Zinsfußes jene Unternehmer, welche den nunmehr geltenden Zins nicht mehr zahlen können, an der Fortführung der Produktion. Die Folge von Produktionseinstellungen wird die Freisetzung von Produktionsmitteln — Kapitalgütern wie auch Arbeitern — sein, deren Preise demnach sinken müssen. Es ist nach dem bereits früher Dargelegten hier nicht mehr notwendig, darauf hinzuweisen, daß dieser Druck auf den Preis der Produktionsmittel nicht unbedingt dazu führen wird, daß die Preise einen Tiefstand erreichen, bei welchem das Angebot an den in Betracht kommenden Produktionsmitteln zur Gänze aufgenommen werden kann. Wenn insbesondere — und das ist in der Regel auch dann gegeben, wenn eine Bindung der Preise nicht vorliegt — die Herabsetzung des Arbeitslohnes nur langsam vor sich geht und wenn die Unterschreitung einer gewissen Untergrenze überhaupt nicht oder nur sehr schwer möglich sein wird, so wird eine größere Arbeitslosigkeit eintreten. Hinsichtlich des Subsistenzmittelfonds ist hier nur darauf hinzuweisen, daß das geringe Kapitalangebot identisch ist mit einer geringen Bereitstellung von Subsistenzmitteln für die Zwecke der Alimentierung der Produktionsumwege. Dem geringeren Lohnfonds muß eine geringere Zahl von Arbeitern entsprechen, wofern nicht die volle Auswirkung des Lohndruckes den Preis der Arbeit entsprechend herabsetzt. Die Produktionseinschränkungen und das Fallen der Preise vieler Zwischenprodukte werden vielfach Verluste zur Folge haben, Verluste an investiertem Kapital, welche nicht nur Unternehmer und private Kapitalbesitzer, sondern auch Banken treffen können, und zwar sowohl hinsichtlich jener Kredite, für welche sie als Vermittler fungiert haben als auch hinsichtlich jener, welche von ihnen geschaffen worden sind. Es ist hier nicht notwendig die allgemein bekannten Erscheinungen der Wirtschaftskrise näher darzulegen.

Das Einstellen von Produktionen wird natürlich nicht in einem schemamäßigen Vorgange vor sich gehen. Maßgebend für das Geschehen ist ja schließlich das Verhalten der einzelnen Unternehmer, welche auf Grund der auf dem Markte zur Geltung gelangenden Gegebenheiten ihr Verhalten einrichten. Dabei wird insbesondere der Umstand, daß die Investitionen zu einem ganz wesentlichen Teile in fixen Kapitalanlagen bestehen, welche einen großen Kostenwert repräsentieren, es bewirken, daß es nicht ausschließlich zur gänzlichen Einstellung von bereits unternommenen Produktionen kommen wird. Der Prozeß wird vielmehr vielfach durch den Versuch einer Freisetzung bereits investierten Kapitals bedingt sein. Es werden also Produktionsmittel aufgewendet, um eine Produktion zu Ende zu führen, auch wenn deren dauernde Fortführung nicht möglich erscheint. Neben dem Bedarf an freiem Kapital für die Zwecke der laufenden Fortführung von Produktionen wird also ein Kapitalbedarf für die Zwecke der Liquidierung bereits bestehender Anlagen auftreten. Ist hier auf der einen Seite eine verstärkte Nachfrage nach Kapital gegeben, so kann auf der anderen Seite das Gelingen einer solchen Liquidierung das Bereitstellen von neuem freien Kapital für die Produktion bedeuten. Es ist auch hier zu beachten, daß diese Freisetzung von Kapital nur erfolgen kann im Wege der Erzeugung von fertigen Konsumgütern; nur dann ist eine „volkswirtschaftliche" Liquidierung einer Kapitalanlage gegeben. Wo die Liquidierung nichts anderes bedeutet als das, daß Kapitalgüter zum Verkaufe gelangen, liegt nichts anderes vor als der von uns bereits früher wiederholt erwähnte Fall eines interpersonellen Wechsels in der Position der Liquidität; Voraussetzung ist in diesem Falle, daß an anderer Stelle ein freies Geldkapital bereits zur Verfügung steht. Hinsichtlich der Freisetzung von Kapital sei aber noch auf einen anderen Umstand hingewiesen, welcher sich im Zuge der Anpassung geltend machen muß. Die Störung des Wirtschaftsablaufes wird wohl zur Folge haben, daß vielfach Produktionen fortgeführt werden, bei welchen zwar das Aufwenden neuer Kosten in dem Erlös seine Rechtfertigung findet, bei welchen aber zugleich die fortlaufende Gewinnung des notwendigen Erneuerungsfonds nicht (oder nicht in ausreichendem Ausmaße) möglich ist[1]. Aus diesem Umstande wird ein bedeutsamer Ausfall an Kapitalversorgung sich ergeben. Wesentlich ist in dieser Beziehung hier: Die Freisetzung von Kapital erfolgt nicht in jenem Ausmaße, welches zur dauernden Fortführung der Produktion einschließlich aller notwendigen Reinvestitionen benötigt wird. Solange da eine Produktion fortgeführt wird, welche keine Reinvestitionen vornimmt, muß ein Beschäftigungsausfall in den vorgelagerten Produktionen sich ergeben.

Der Prozeß der Anpassung, welcher dem bei Einstellung der Kreditexpansion gegebenen Zustande folgt, ist also durchaus nicht ein einfacher. Die Nachfrage nach Kapital wird bei der gegebenen Situation schwanken — neben dem Bedarf zur Fortführung der Produktion zunächst auch großer Bedarf für die Zwecke der Liquidierung von Produktionen —, das Angebot wird gleichfalls schwanken — Vermehrung des Angebotes durch Liquidierung bereits früher investierten Kapitals, Ausfall des Angebotes in jenen Fällen, in welchen die Gewinnung eines Erneuerungsfonds nicht möglich ist und diese vielleicht erst bei einer Readjustierung der Wirtschaft gelingt. Im ganzen wird zu vermuten sein, daß die bei Ausbruch der Krise (relativ) geringe Menge des freien Kapitals im Zuge des Anpassungsprozesses sich vermehren wird. Es wird anzunehmen sein, daß unter diesen Umständen die Anpassung sich nicht in einem ungebrochenen Zuge durchsetzen wird, daß noch eine längere Zeit weitergehender Schwankungen gegeben

---

[1] Man hört oft sagen: Es ist nur das Hereinbringen der laufenden Kosten, nicht aber das der Generalunkosten möglich. — Das Erzielen eines Ertrages, welcher früher getätigten langfristigen Investitionen entspricht, ist identisch mit einer sukzessiven Freisetzung dieses investierten Kapitals, also mit der — bei statischem Ablaufe notwendigen — Bildung eines Erneuerungsfonds.

sein wird. Wir haben aber keinen Grund zur Annahme, daß da eine restlose Anpassung an den Gleichgewichtszustand, das Hinüberleiten der Wirtschaft in einen statischen Wirtschaftsablauf nicht möglich wäre. Hinsichtlich des Zinses ist wohl anzunehmen, daß er im Beginne der Überwindung des Krisenzustandes ein hoher sein und erst später langsam heruntergehen wird; es ist wohl auch anzunehmen, daß das Ausmaß der Beschäftigung von Arbeitern mit dem Steigen der Kapitalversorgung zunehmen wird. Die Einzelheiten dieser Bewegung zur gegenseitigen Anpassung der einzelnen Elemente der Wirtschaft seien hier nicht weiter ausgeführt.

Die Erzielung eines Gleichgewichtes ist aber an eine ganz wesentliche Voraussetzung gebunden, hinsichtlich welcher wir nun zu untersuchen haben, ob ihr Vorliegen anzunehmen sein wird. Wenn wir aber jetzt im Zuge der Analyse der Krisenliquidierung auf einen neuen störenden Umstand stoßen werden, so werden wir auch die Folgerung ziehen müssen, daß die Bewegung nicht zu einem Gleichgewicht führen kann. Wir sind hier wiederum bei der Frage der Versorgung mit Geldkapital und der Höhe des Zinsfußes. Die Tendenz zur Anpassung an einen Gleichgewichtszustand kann nur unter der Voraussetzung der „Neutralität" des Geldes zur Geltung gelangen. Voraussetzung ist hier, daß das Angebot an Geldkapital nichts anderes ist, als das Angebot an realem Sparkapital[1]. Von dem Fall des neuen Sparens abgesehen, kann dieses reale Sparkapital nur entstanden sein aus dem Erlös der Konsumgüterproduktion, aus der Freisetzung von früher ge-

---

[1] Von einem anderen Falle nichtneutralen Eingreifens von Geld — z. B. Schaffung von neuem Geld, welches unmittelbar Konsumzwecken zugeführt wird — ist hier abgesehen, da dieser Fall nicht in den hier behandelten Problembereich gehört.

spartem Kapital, hinsichtlich dessen nun das Sparen „beibehalten" wird. Wo immer sonst ein Geldkapital aufscheint, kann es nur aus der Übertragung des letzten Endes nur in der Konsumgüterproduktion freigesetzten Kapitals einem Wirtschaftssubjekt zugekommen sein. Die Identität des Geldkapitals mit dem Sparkapital bedeutet hier Neutralität des Geldes. Neutralität des Geldes in diesem Sinne ist eine selbstverständliche Voraussetzung dafür, daß der Prozeß der Abwicklung der Krise zu einem Gleichgewicht führt. Haben wir aber früher den Ablauf jenes Prozesses, welcher zur Krise führt, aus dem Eingreifen von zusätzlichem Kredit abgeleitet, so werden wir jetzt den Versuch machen, zu zeigen, daß im Prozeß der Krisenliquidierung eine Ablenkung von der Bewegung zum Gleichgewicht dadurch zu erwarten ist, daß Geld, welches die Funktion des Kapitals übernehmen könnte, aus dem Ablauf der Umsätze herausgezogen wird. *Haben wir dort gesehen, daß im Zuge des Aufstieges ein Vorauseilen des Angebotes an Geldkapital gegenüber dem Ausmaße des Angebotes an Sparkapital durch die Vermehrung der Kredite gegeben ist, so wollen wir hier zeigen, daß im Zuge der Depression ein Zurückbleiben des Angebotes an Geldkapital gegenüber jenem Ausmaße eintritt, welches nach dem Ertrag der Produktion möglich wäre.* Wir werden hier zunächst nur einzelne Umstände, welche in dieser Richtung wirken, „isolierend" anführen und erst später das sie einigende Band zu finden suchen.

Ein erster Anlaß zu einem nicht neutralem Verhalten des Geldes ist bereits mit den Voraussetzungen, welche zur Einstellung der Kreditexpansion führen, gegeben. Die „Überspannung des Kreditsystems" wird die Banken dazu veranlassen, daß sie nicht nur die Fortführung der Kreditexpansion einstellen, sondern darüber hinaus das Ausmaß der von ihnen gewährten Kredite einschränken. Dazu kommt, daß die Erscheinungen der Krise — Zusammenbrüche und damit verbundene Verluste, „Einfrieren" von Krediten — es den Banken nahelegen, das Verhältnis ihrer Barmittel zu den gewährten Krediten günstiger zu gestalten. Das Kreditvolumen wird also eingeschränkt werden, die Banken werden bares Geld an sich ziehen. Etwas ganz Ähnliches wird auch außerhalb des Bereiches der Banken zu erwarten sein: Viele Unternehmungen werden in Anbetracht der Unsicherheit der Verhältnisse, in Anbetracht der Gefahr, flüssige Mittel nicht zu erhalten — Ausbleiben von erwarteten Zahlungen, Unmöglichkeit der Abhebung von Depots, Erschwerung der Erlangung von Krediten —, ihren Kassenbestand vergrößern. Das alles bedeutet nun gegenüber jenem Ablaufe, welchen wir bei dem Prozesse der Anpassung verfolgt haben, eine Störung durch Herausziehen von Geld aus dem Kreislaufe der Zahlungen im Wirtschaftsablauf[1].

Es wären nun für dieses Geld in der Wirtschaft zwei Verwendungen gegeben gewesen. Es hätte entweder zum Einkauf von Konsumgütern dienen können, wobei der Besitzer des Geldes dieses verzehrt hätte[2]. Da wäre für uns einfach Kapitalaufzehrung gegeben: Ein früher getätigtes Sparen ist nicht beibehalten worden. Die Wirkungen eines solchen Vorgehens scheiden hier aus der Betrachtung aus. Es sei nur bemerkt, daß dieser Tatbestand auch im Ablauf der Krisenabwicklung gegeben sein kann; die Wirkungen der

[1] Es ist für das hier behandelte Problem gleichgültig, welche Art des Geldes aus dem Verkehr gezogen wird. Wenn in der Praxis die Verminderung des Zahlungsmittelumlaufes in erster Linie das Giralgeld betrifft, so findet auf der anderen Seite wohl in weiterem Ausmaße eine Übernahme von Zahlungen, welche bisher diese Art des Geldes vermittelt hat, durch Banknoten statt.

[2] Dasselbe wäre im Falle eines Konsumtivdarlehens gegeben.

Kapitalaufzehrung werden in diesem Sonderfalle nicht anders sein als sonst. Die andere Möglichkeit aber, welche dem Besitzer des Geldes offen steht, wäre die gewesen, dieses Geld zu investieren. Das hätte dem Verhalten in der statischen Wirtschaft entsprochen. Das Geld wäre also (direkt von seinem Besitzer oder auch auf dem Wege über eine Zwischenhand oder eine Zwischenstufe) zur Bezahlung von originären Produktionsmitteln verwendet worden. Diese hätten einerseits eine produktive Leistung erbracht, anderseits aber die Konsumgüter, welche durch dieses Geld repräsentiert werden, mit ihrem Geldeinkommen aufgekauft. Unterbleibt aber hier die Investierung, wird das Geld in der Kasse der Unternehmer oder der Banken zurückgehalten, wird ein bisher immer wieder gewährter Zirkulationskredit nicht neuerlich gewährt, so entfällt eine Nachfrage nach originären Produktionsmitteln und damit auch die Nachfrage nach Subsistenzmitteln. Die Sachlage ist dann die: Es sind Subsistenzmittel da, welche auf den Kauf durch die Konsumenten warten, das Geld aber, welches den Weg zum Konsumenten machen und bei diesem einen Einkauf finanzieren sollte, bleibt unterwegs stecken oder verflüchtigt sich im Zuge der Einziehung von Krediten. Die Folge wird ein Fallen im Preise der Konsumgüter sein. Es wird hier eine Erscheinung eintreten können, welche dem Falle der unbeschäftigten Arbeiter in der Krise völlig analog sein kann. Wenn die Preise der Konsumgüter — etwa infolge mehr oder weniger enger Bindungen auf dem Markte — nicht in entsprechendem Ausmaße fallen, so werden diese in weitem Ausmaße „unverkäuflich"[1] sein. Das

---

[1] Unverkäuflichkeit einer Ware ist grundsätzlich identisch mit dem Fehlen der Bereitwilligkeit des Warenbesitzers, den geltenden Preis zu unterbieten. Dem kostentheoretisch orientierten Denken der Vulgärökonomie ist diese Selbstverständlichkeit unzugänglich.

Fallen der Preise der Konsumgüter wird aber die Tendenz zur Einschränkung der Produktion derselben auslösen[1]. Damit ist eine eigenartige Lage der Wirtschaft gegeben. Es ist eine bestimmte Menge von Konsumgütern erzeugt worden, denen eine Geldnachfrage gegenübersteht, welche bei den geltenden Preisen nur einen Teil derselben aufnimmt. Der Rest der Konsumgüter könnte für die Alimentierung von Produktionsumwegen zur Verfügung stehen, — er kann aber diese Funktion nicht übernehmen, weil das Geld, welches ihn dieser Verwendung zuführen sollte, fehlt. Die Versorgung der Wirtschaft mit Konsumgütern könnte eine erweiterte Versorgung mit freiem Kapital sein, die Wirtschaft unterläßt es aber, diese zur Verfügung stehenden Konsumgüter als freies Kapital zu verwenden. *Fertig vorhandene Konsumgüter bilden gewissermaßen ein potenzielles Kapitalangebot.* Das zum Kauf derselben notwendige Geld ist zunächst da, das Geld verschwindet aber in den Kassen oder es wird „vernichtet" (Einziehung von Krediten), so daß diese fertigen Subsistenzmittel weder unmittelbar dem Konsume zugeführt werden noch auch durch Investierung dieses Geldes zur Alimentierung von im Produktionsumwege tätigen originären Produktionsmitteln herangezogen werden. Die Folge ist fortschreitender Preisfall und fortschreitende Schrumpfung der Produktion. Und es ergibt sich eine besonders geartete Lage hinsichtlich des Zinsfußes: Der Geldzins ist höher als er sein müßte. Würde etwa der Ausfall an Kredit, welchen wir hier gesehen haben, durch „kompensatorische Kreditschöpfung" ausge-

---

[1] Hier haben wir ein Gegenstück zu jenem Falle, welchen wir bei der Betrachtung der Kreditexpansion näher untersucht haben, daß nämlich die Kreditexpansion zu einer Vergrößerung der Nachfrage auf dem Konsumgütermarkt führt und damit die Tendenz zur Ausdehnung dieser Produktion auslöst.

glichen werden — es ist das, wie wir noch sehen werden, eine sehr problematische Sache — so könnte der Zinsfuß unter jener Höhe stehen, welche sich aus dem Angebot an Geldkapital tatsächlich ergibt. Die Wirkungen der Krise müssen jedenfalls durch diese Verringerung des Geldkapitals verschärft werden.

Wir erinnern hier nochmals an das, was wir früher über die Funktion des Kapitals ganz allgemein gesagt haben. Wenn das freie Kapital in seiner naturalwirtschaftlichen Form als Subsistenzmittelfonds die Alimentierung von Produktionsumwegen ermöglichen soll, so muß es einerseits geeignet sein, dem Unterhalt der originären Produktionsmittel zu dienen, es muß aber anderseits auch von seinem Besitzer für die Zeit der Bindung zur Verfügung gestellt werden. In der Geldwirtschaft übernimmt diese letztere Funktion, die Funktion des „Überbrückens der Zeit", das Geldkapital. Das, was wir nun hier gesehen haben, ist nichts anderes als ein Ausscheiden von Geld, welches die Funktion des Geldkapitals übernehmen könnte, aus dem wirtschaftlichen Kreislauf. Damit ist aber in den Prozeß der Abwicklung der Krise etwas ganz Neuartiges hineingetragen. Hat die Krise in unserer ersten Betrachtung nichts anderes bedeutet als eine Anpassung des Produktionsaufbaues an eine für den bisherigen Aufbau zu knappe Versorgung mit freiem Kapital, so liegt hier noch eine zusätzliche Entwicklung vor uns, welche zu einer Schmälerung der Kapitalversorgung führt; haben wir bei der ersten Betrachtung im großen und ganzen eine Anpassung im Bereiche der der Konsumgütererzeugung vorgelagerten Produktionen gesehen, so wird hier die Wirkung der Krise auch in der Konsumgüterproduktion sich geltend machen. Der Bereich der Wirkung der Krise wird damit ganz wesentlich ausgedehnt. Und die Sachlage ist wohl die, daß alle jene äußeren Erscheinungen des Ablaufes der Wirtschaftskrise, welche die Wirtschaftsbeschreibung ja eingehend dargestellt hat, nicht schon durch den einfachen Prozeß der Anpassung an die zu geringe Kapitalversorgung, sondern erst durch die Wirkungen der Verminderung des Kreditvolumens in ihrer vollen Schwere zur Geltung gelangen.

Es ist nun zu zeigen, daß diese Lage der Wirtschaft, insbesondere die Verfassung des Kapitalmarktes, zu noch weitergehenden Störungsmomenten führen wird. Zunächst ist etwas zu erwarten, das an die von uns vorhin zur Grundlage der Analyse gemachte Erscheinung der Einschränkung des Kreditvolumens enge anknüpft. Wir haben da gesagt, daß Banken, denen Kredite zurückgezahlt werden, diese vielfach nicht neuerlich ausgeben. Wie steht es nun aber sonst in der Wirtschaft in jenen Fällen, in welchen Wirtschaftssubjekten ein Geldbesitz zukommt, welcher als Kapital investiert werden kann? Das Einziehen von Krediten seitens der Banken ist zunächst im Wesen durch das Bedürfnis nach einer Besserung des Verhältnisses zwischen ihren Verbindlichkeiten und ihren Kassenbeständen begründet. Ähnlich ist auch die Verstärkung der Kassenhaltung bei vielen Unternehmungen zu erklären. Über alles das hinaus werden wir aber noch ein Verlangen nach erhöhter Liquidität in einem anderen Sinne entstehen sehen. Kapitalbesitzer, welche ein Kapital irgendwie angelegt haben, werden in Anbetracht vieler Verluste, welche sie selbst erlitten haben oder welche sie in der Wirtschaft immer wieder eintreten sehen, in weitem Ausmaße bestrebt sein, ihr Kapital aus den Anlagen herauszuziehen. Es wird das natürlich nicht von allen Kapitalbesitzern gelten, es wird das aber häufig gegeben sein, häufig auch nicht sofort bei Beginn der Krise sondern erst im Verlaufe derselben zur Geltung gelangen, — dies schon deshalb, weil vielfach ein Kapital nur langsam aus einer Investition herausgezogen werden kann. Insoweit Kapitalbesitzer Geld horten, werden die Wirkungen hier dieselben sein, wie in dem vorhin umschriebenen Falle. Vielfach wird aber ein Geld, das aus der Investition herausgezogen wird, neuerlich angelegt werden, aber in einer anderen Art: Der Kapitalbesitzer wird nicht mehr bereit sein, das Kapital in einer Anlage festzulegen, in welcher ein Freiwerden desselben nur schwer und nicht schnell möglich ist; man wird „liquide" Anlagen suchen in dem Sinne, daß das Kapital aus diesen jederzeit sicher und leicht herausgezogen werden kann. Die übliche Formel lautet: Das Geld wird von dem Kapitalmarkt auf den Geldmarkt strömen. Die Folge des Fortschreitens dieser Umstellung wird schließlich die erfahrungsgemäß dem Zustande der fortgeschrittenen Depression eigentümliche Sachlage sein, daß ein starkes Angebot an kurzfristig ausgebotenem Geld den Zinsfuß für diese Art von Kapitalanlagen niedrig hält, während gleichzeitig Kapital für eine längere Bindung nur teuer (oder sogar praktisch fast gar nicht) zu haben ist[1].

Mit dieser Entwicklung ist aber der Ablauf des Wirtschaftszyklus in ein neues Stadium getreten. Wir haben zunächst in der Wirtschaftskrise einen starken Kapitalmangel gesehen; ein hoher Zinsfuß ist Ausdruck des Miß-

---

[1] Die Unterscheidung der Ausdrücke Geldmarkt und Kapitalmarkt ist im Grunde wenig sinnvoll. In beiden Fällen wird Geld als Kapital ausgeboten, d. h. es wird Geld gegen spätere Rückgabe desselben hergegeben. — Wenn kurzfristig aufgenommenes Geld in einer langfristigen Anlage investiert wird, so wird bei vorzeitiger Rückforderung dieses Geldes Insolvenz des Kreditnehmers eintreten, wofern ihm nicht eine andere Kreditquelle zur Verfügung steht. Die kurzfristige Anlage in einer vorgelagerten Produktion ist „volkswirtschaftlich" (man sollte besser sagen: im Gesamtzusammen-

verhältnisses zwischen dem zur Fortführung zu langer Produktionsumwege erwachsenen großen Bedarf und einem geringen Kapitalangebot. Wir haben dann gesehen, daß der — gewissermaßen der Krisensituation „natürliche" — Kapitalmangel noch verschärft wird durch monetäre Änderungen. Dadurch, daß Krediteinziehungen erfolgen und höhere Kassenbestände gehalten werden, ergibt sich ein Ausfall an Geldkapital. *Der Zusammenhang ist der, daß die allgemeine wirtschaftliche Situation die Wirtschaftssubjekte dazu veranlaßt, ihr Verhalten hinsichtlich der Widmung von Geld für die Kapitalfunktion zu ändern.* Die Banken nützen die Möglichkeiten der Kreditgewährung nicht im bisherigen Ausmaße aus, andere Unternehmer (und auch die Banken) suchen erhöhte Kassenbestände zu halten und unterlassen es, das ihnen zugekommene Geld im bisherigen Ausmaße auf den Kapitalmarkt zu bringen. Eine relativ (d. h. im Vergleich zum „Wirtschaftsvolumen") bedeutend größere Versorgung mit barem Geld bei Einschränkung der Menge des als Geldkapital zur Investierung gelangenden Geldes ist die Folge dieser Bewegung. Der Prozeß des Herausziehens von Geld aus der Kapitalfunktion wandelt sich schließlich in der Weise, daß in der Art der Veranlagung von Geld eine Änderung eintritt. Es ist wohl anzunehmen, daß dieser Änderung eine bereits vorhandene Sättigung der Wirtschaft mit Kassenbeständen und eine reiche Bar-

hange der Wirtschaft) eine langfristige Anlage, da dieses Geld ja erst mit der Fertigstellung des Konsumgutes „frei" wird; privatwirtschaftlich kann dieses Geld aber völlig liquide sein, wenn nämlich in dieser vorgelagerten Produktion die Beschaffung von Geld aus dem Erlös eines Produktes im Tausche gegen ein an anderer Stelle der Wirtschaft — bei dem Käufer eines Zwischenproduktes oder auch eines ausdauernden Kapitalgutes — vorhandenes Geldkapital möglich ist.

deckung der seitens der Banken noch gewährten Kredite vorangegangen sein wird. Wenn es da nicht mehr geboten erscheint, die eigenen flüssigen Mittel weiter zu vermehren, wenn also die Liquidität im Sinne der Versorgung mit Bargeld bereits so weit vorgeschritten ist, daß eine Erweiterung derselben nicht mehr für notwendig erachtet wird, wenn da die Frage auftritt, was mit frei gewordenem Geldkapital geschehen soll, so wird der Depression eine bestimmte Einstellung in vielen Fällen entsprechen: Für flüssige Mittel werden vorwiegend kurzfristige („liquide") Anlagen gesucht. In der fortgeschrittenen Depression wird ein starkes Angebot an flüssigen Geldern neben einem geringen Angebot an Kapital für langfristige Anlagen zu finden sein.

Wir müssen hier die Motivationen, welche in dieser Situation bestimmend sein werden, noch etwas weiter ausführen. Es ist da nochmals darauf hinzuweisen, daß die Investierung von freiem Kapital niemals etwas ist, das sich irgendwie aus der sachlichen Versorgung der Wirtschaft mit ökonomischer Notwendigkeit ergeben kann. Der Tatbestand ist der, daß ein Wirtschaftssubjekt über Gelder (in der Naturalwirtschaft: über Subsistenzmittel) verfügt, welche es aufzehren oder investieren kann. Die Wahl ist dem einzelnen Wirtschaftssubjekt überlassen, die Motivationen, welche den Einzelnen bestimmen, sind entscheidend dafür, in welchem Ausmaße das Geld als Kapital ausgeboten werden wird. Nun ist es klar, daß die Erscheinungen der Wirtschaftskrise die Motivationen der Wirtschaftenden beeinflussen werden, und zwar auch in dem Sinne, daß selbst dort, wo Kapitalanlagen getätigt werden, mit größerer Vorsicht vorgegangen wird. Jede Investition bedeutet die Übernahme eines Risikos und die Lust zur Übernahme eines solchen wird wohl nach den Erschütterungen der Wirtschaftskrise in geringerem Ausmaße gegeben sein. Das gilt für das Ausleihen von Kapital seitens der einzelnen Kapitalbesitzer, das gilt auch für das Verhalten der Banken, welche selbst bei großen Kassenbeständen und bei voller Liquidität die Übernahme von Risken in weiterem Ausmaße scheuen werden. Sind also die Voraussetzungen für das Auftreten eines größeren Kapitalangebotes, schon insoweit sie in den allgemeinen Bedingungen der Möglichkeit für die Entstehung eines Kapitalangebotes gegeben sind, sehr ungünstig, so ist daneben die Sachlage die, daß die objektiven Gegebenheiten der Wirtschaft nicht so geartet sein werden, daß sie zu verstärkten Investitionen einen Anreiz geben. Solange die Preise fallen — wir haben auf die Ursachen für diese Bewegung bereits hingewiesen — sind Investitionen nur zu leicht mit Verlusten verbunden. Ein Hinausschieben einer Investition kann bedeuten, daß sie mit niedrigeren Kosten durchgeführt wird; das Rechnen mit der Möglichkeit fallender Produktpreise gibt weiterhin Anlaß zur Zurückhaltung. Bei dieser Sachlage wird der Kapitalbesitzer nicht leicht geneigt sein, einem Unternehmer Geld zur Verfügung zu stellen, wenn die Ungewißheit der weiteren Entwicklung die Gefahr eines Verlustes vergrößert; der Unternehmer aber wird seinerseits nicht geneigt sein, eigenes Geld zu investieren oder aber durch Kreditaufnahme eine Verpflichtung zu übernehmen, welche bei weiterem Preisfall übermäßig drückend werden kann[1].

---

[1] Das Risiko ist nicht allein das möglicher Verluste bei fallenden Preisen. Es kommt darüber hinaus noch etwas anderes in Betracht. Jede Investition hat ein gewisses Bedürfnis nach Liquidität. Das soll heißen, daß der Investor die Möglichkeit einer Beschaffung von barem Geld vor sich sehen will für den Fall, daß in den Schwankungen der Wirtschaft irgendwelche Änderungen in den Voraussetzungen der Kalkulation sich ergeben. Die Verfügung über bares Geld bedeutet

Diese Sachlage muß zu einer Überfüllung des Geldmarktes (des Marktes für kurzfristige Anlagen) führen. Insbesondere bei den Banken wird sich ein Zuströmen von Geldern zeigen, deren Anlage als eine völlig liquide, jederzeit widerrufliche angesehen wird; wird das doch begreiflicherweise vielfach als die sicherste und bequemste Form einer kurzfristigen Anlage angesehen werden. Die Banken werden aber bei der Veranlagung dieser kurzfristigen Gelder auf Schwierigkeiten stoßen und dieser Umstand wird den Zinsfuß, welcher für diese Anlagen gezahlt werden kann, tief herunterdrücken, unter Umständen ganz zum Verschwinden bringen; dieser Umstand wird aber auch zu einem weiteren Herausziehen von Geld aus dem Umlauf führen, wenn die Banken ihre Kassenbestände sogar über das von ihnen beabsichtigte Ausmaß hinaus wachsen sehen.

Wie können aber Geldkapitalien, welche kurzfristig ausgeboten werden, in der Produktion Verwendung finden? Die erweiterte Versorgung mit Kapital wird sich hier nur in der Weise auswirken können, daß die Durchführung von Produktionen erweitert wird, welche bei kurzer Produktionsdauer eine baldige Freisetzung von Kapital ermöglichen. Praktisch wird dies in einer Wirtschaft, in welcher

in vielen Fällen die Möglichkeit der Vermeidung von Verlusten, oft schon dadurch, daß auf eine bessere Zeit gewartet werden kann. Selbstverständlich wird das Liquiditätsbedürfnis in dem hier umschriebenen Sinne von Fall zu Fall verschieden sein, der wagende Unternehmer wird unter Umständen auch ohne jede Liquiditätsreserve arbeiten. In dem uns hier interessierenden Zusammenhange ist aber eines zu beachten: In der Depression wird einerseits das Verlangen nach einer Liquiditätsreserve ein größeres sein, anderseits wird das allgemeine Zurückhalten von Anlagen die für jeden einzelnen Unternehmer gegebenen Möglichkeiten der Geldbeschaffung beschränken. Wiederum ein Moment, daß die Zurückhaltung von Investitionen verstärkt.

bedeutende Anlagen an fixem Kapital gegeben sind, bedeuten: die bestehenden Anlagen werden in weiterem Ausmaß zur laufenden Produktion verwendet werden, sie werden eine reichlichere Versorgung mit „Betriebskapital" finden, dagegen wird ihnen Geld für die Zwecke der Investitionen nicht in entsprechendem Ausmaße zur Verfügung stehen. Selbst der aus dem Erlös der Produktion gewonnene Erneuerungsfonds wird vielfach nicht zur Reinvestition verwendet werden, sondern auf dem Geldmarkt eine kurzfristige Anlage suchen.

Damit haben wir die theoretische Analyse des Ablaufes der Depression bis zu einem Stadium derselben fortgeführt, in welchem das Fortwirken von Störungen immer mehr zurücktreten kann. Die Wirkung monetärer Bewegungen kommt zum Stillstand: Weitere Krediteinziehungen und weiteres Horten von Geld findet nicht mehr statt. Die Versorgung der Wirtschaft mit Kapital wird eine reichlichere, aber dieses Kapital bevorzugt kurzfristige Anlagen. Die Produktion läuft bei reichlicher Versorgung mit flüssigem Kapital fort, aber die Investitionen und insbesondere auch die Reinvestitionen sind ganz wesentlich eingeschränkt. Mit dem Fortfall monetärer Störungen wird der Preisfall zum Stillstand kommen. Eine gewisse Stabilität der Wirtschaft ist erreicht[1].

Damit sind die Voraussetzungen für einen neuen Aufstieg gegeben. Es ist deutlich zu sehen, welche Bewegung hier zum auslösenden Moment wird: Die Wand, welche das

---

[1] Von einem statischen Wirtschaftsablaufe kann hier naturgemäß nicht gesprochen werden. Die Wirtschaft könnte in dieser Weise auf die Dauer nicht fortgeführt werden, da sie nicht im notwendigen Ausmaße Reinvestitionen vornimmt. Die vorgelagerten Produktionen werden also, insbesondere soweit sie Kapitalgüter für fixe Anlagen erzeugen, schlecht beschäftigt sein.

Kapital auf dem „Geldmarkt" zurückhält und ein Hinüberströmen auf den Kapitalmarkt verhindert, muß durchbrochen werden. Zwei Umstände haben wir angeführt, welche die der Depression eigentümliche Situation auf dem Kapitalmarkte bestimmen: Das Zurückhalten der Geldbesitzer von langfristigen Anlagen und die verminderte Rentabilität dieser Anlagen bei fallenden Preisen. Wenn das Wegfallen der monetären Störungen den Preisfall zum Stillstand bringt, dann ist nur mehr notwendig, daß die psychologischen Voraussetzungen für den Übergang zu vermehrten langfristigen Kapitalanlagen, zu neuen Investitionen gegeben sind; es muß die Zuversicht, daß die Wirtschaft nicht mehr weiter in Rückbildung ist, die Bereitwilligkeit auch zu langfristigen Anlagen wieder erhöhen. Diese Bereitwilligkeit muß bei den Kapitalbesitzern gegeben sein, welche nicht mehr für ihre Anlagen die vollste Liquidität verlangen, sie muß aber auch bei den Unternehmern gegeben sein, welche Kredite nehmen, um sie in langfristigen Investitionen zu binden. Sobald aber ein größeres Angebot auf dem Markte für langfristige Kapitalanlagen erscheint, sobald auch die Anlagen dem Unternehmer, welcher investieren will, einen Anreiz bieten, ist die Möglichkeit zur Erweiterung der Produktion gegeben.

Von Bedeutung ist es hier für uns, daß wir näher untersuchen, was hier als Angebot an Geldkapital auf den Markt gelangen wird. Die Frage tendiert wiederum nach dem Problem der Neutralität des Geldes. Die Lage ist hier offenbar ein Spiegelbild jener, welche vor Eintritt der Krise zu sehen war. Ist eine übermäßige Versorgung mit Geldkapital gegenüber dem Angebot an realem Sparkapital im Aufstiege führend, so ist nach dem Umschwung ein an das potenzielle Realkapital nicht heranreichendes Angebot an Geldkapital jenes monetäre Störungsmoment, welches die Anpassung an ein Gleichgewicht verhindert. Wenn nun dasjenige in Wegfall kommt, was die Sonderbewegung der Depression ausgelöst hat, so liegt hier wiederum die Frage vor uns, ob die Bewegung nunmehr in Anpassung an die vorliegenden Daten zum Gleichgewicht führen wird.

Das wäre dann gegeben, wenn als Geldkapital ausschließlich solche Geldsummen auftreten würden, welche vorhandene Subsistenzmittel repräsentieren, welche also aus einem (neu durchgeführten oder beibehaltenen) Sparakte stammen. Insoweit auf den Markt für langfristige Kapitalanlagen nur Gelder gelangen, welche bisher kurzfristig angelegt gewesen sind, ist diese Voraussetzung auch tatsächlich gegeben. Die Verhältnisse der Geldversorgung der Wirtschaft werden aber dazu führen, daß auch Gelder auf den Kapitalmarkt gelangen, welche nicht in demselben Sinne Spargelder sind. Im Zuge der Depression sind Kassenhaltungen vergrößert und Kredite eingezogen worden, wobei die Banken ein wesentlich günstigeres Verhältnis ihrer Barliquidität durchgesetzt haben; im Laufe der kurzfristigen Kapitalveranlagungen sind außerdem Kapitalien vorübergehend unbeschäftigt geblieben, sie haben vielleicht über die Intentionen der Wirtschaft hinaus eine noch weitere Vergrößerung der Kassenhaltung herbeigeführt. Bedeutende Reserven an Geld sind in der Wirtschaft vorhanden, welche als Geldkapital ausgeboten werden können. Ein Kapitalangebot kann da herauskommen, welches zweifellos die Funktion zusätzlicher Kredite ausüben muß. Wohl sind alle die Gelder, von welchen wir hier gesprochen haben, einmal echtes Sparkapital gewesen. Nur effektiv freigesetzte Kapitalanlagen haben die Form des frei verfügbaren Geldes angenommen, hinsichtlich dessen die Wahl zur Verwendung als Kapital offengestanden ist. Das Unterlassen der Verwendung dieser Gelder zur Investition (oder: zum Verzehr) hat damals bewirkt, daß dieses Geld aus dem Wirtschaftskreislauf ausgeschaltet worden ist; der Anteil am Konsumgüterprodukt, welcher diesem Gelde entsprochen hat, ist nicht mit diesem Gelde gekauft worden. Der Ausfall dieser Nachfrage hat sich in einer Umstellung der Produktion ausgewirkt. *Wenn jetzt diese früher einmal aus Sparen entstandenen, dann aber „dekapitalisierten" Geldbeträge wiederum als Angebot an Geldkapital aufscheinen, wirken sie als Vermehrung der Kredite.* Ganz dasselbe gilt naturgemäß in dem anderen Falle, daß nämlich neue Kredite gewährt werden, welche etwa in der Form des Depositengeldes geschaffen werden.

Das Ergebnis: In der ersten Bewegung des Aufstieges, welche der Depression folgt, ist ein störendes Element monetärer Expansion wirksam, *eine Erweiterung der Geldkapitalien gegenüber dem Ausmaße des aus dem laufenden Wirtschaftsprozeß herauswachsenden Angebotes an realem Sparkapital.* Die Bewegung führt nicht zum Gleichgewicht, es ist ihr ein von diesem ablenkendes Element inhärent.

Sicher ist, daß die Wirkung zusätzlicher Geldmengen nicht das einzige Auftriebsmoment im Zuge des Aufstieges ist. Wenn die Produktion ausgedehnt wird, wenn dabei insbesondere günstige Preise erzielt werden, werden nicht nur entsprechende Erneuerungsfonds gebildet, welche als Kapital zur Verfügung stehen, sondern es werden auch Gewinne erzielt, welche — so weit sie gespart werden, — das Kapital vermehren. Dieser gewissermaßen natürliche Zuwachs an Kapital kann an und für sich schon eine Aufwärtsbewegung in der Wirtschaft auslösen. Insoweit nur das gegeben ist, kann die Bewegung nicht zur Krise führen, sie kann nur eine Bewegung sein, welche die Anpassung an eine reichlichere Kapitalversorgung bedeutet. Wenn aber neben diesem Sparkapital noch Gelder auf dem Markte auftreten, welche das Kapitalangebot über dieses Ausmaß hinaus vermehren, so wird dadurch der Zinsfuß unter jenem Satze gehalten, welcher dem Angebot an realem Sparkapital entspricht. Eine übermäßige Ausdehnung der Produktionsumwege muß die Folge sein.

Wir haben früher die Wirkung dieser Bewegung in der Weise dargestellt, daß wir von einer durch die Banken vorgenommenen Kreditexpansion ausgegangen sind. Soweit diese Formulierung die Quelle der zusätzlichen Kredite umschreibt, ist sie sicher zu enge. Es ist wohl anzunehmen, daß die Banken zusätzliche Kredite gewähren werden. Das muß sich schon daraus ergeben, daß sie ihre Kassenhaltung in einer Zeit, in welcher die Wirtschaft im Aufstieg erscheint, vermindern können. Auch sonst aber werden aus der Wirtschaft „neue" Gelder auf dem Kapitalmarkt auftreten. Es sind das jene Gelder, welche früher einmal gehortet worden sind, einer Vergrößerung der Kassenhaltung gedient haben. Wenn überall eine große Liquidität gegeben ist, wenn Kredite ohne Schwierigkeit zu erlangen sind, besteht kein Anlaß mehr, in einer vergrößerten Kassenhaltung eine Liquiditätsreserve zu halten. Diese Gelder werden nicht durchwegs unmittelbar auf den Kapitalmarkt gelangen, nicht durchwegs von ihrem Besitzer selbst zum Einkauf von originären Produktionsmitteln und von Kapitalgütern verwendet werden; sie werden vielfach auf dem Wege über die Banken weitergegeben werden, wobei sie in den Kassen der Banken noch als Grundlage für erweiterte Kreditgewährung dienen können. Für das Problem aber, um das es sich uns hier handelt, ist es völlig gleichgültig, woher das zusätzliche Angebot auf den Kapitalmarkt kommt, wo die letzten Quellen für das nicht neutrale Geld liegen. Wesentlich ist, daß das Angebot an Geldkapital nicht allein aus einem Sparen stammt und damit der Zinsfuß unter jenen gesenkt wird, welcher die Länge der Produktionsumwege der Versorgung der Wirtschaft mit realem Sparkapital anpaßt.

So führt der Aufstieg nicht zum Gleichgewicht, sondern an diesem vorbei in den regelmäßigen Wechsel von Aufstieg und Niedergang.

III. IST DIE WIEDERKEHR DER KRISEN NOTWENDIG? DAS PROBLEM DER KONJUNKTURPOLITIK

Wenn wir den Weg betrachten, auf welchem wir die Analyse der Bewegungen zwischen den beiden Wendepunkten des Konjunkturzyklus vorgenommen haben, so finden wir die Ursache dieser Bewegungen in einem Fehler des Funktionierens jener Kräfte, welche den Aufbau der Produktion, die Länge der Produktionsumwege, an die Versorgung mit Realkapital anpassen. Im Aufstieg wirkt ein vergrößertes Angebot von Geldkapital in der Richtung auf eine übermäßige Ausdehnung der Produktionsumwege. Wenn dann diese Bewegung nicht mehr aufrechterhalten werden kann und eine Zinsfußerhöhung die Verkürzung der Produktionsumwege erzwingt, so wird damit eine Situation geschaffen, welche wiederum zum Herausziehen von Geld aus dem Wirtschaftskreislauf führt, und die Produktion gelangt in eine Verfassung, welche ein Gegenstück des Aufstieges ist. Es ist Sparkapital vorhanden, welches in der Produktion nicht verwendet wird, und die Folge ist eine Schrumpfung der Produktion, welche durch die Sachgüterversorgung nicht gerechtfertigt ist. Erst das neuerliche Hervortreten von Geld, das früher der Kapitalfunktion entkleidet worden war, auf dem Kapitalmarkte führt wiederum zum Aufstieg, hindert aber zugleich die

Bewegung zum Gleichgewicht; so führt die Bewegung neuerlich zur Krise.

Ist diese Bewegung notwendig oder aber ist es möglich, die Wellenbewegungen des Wirtschaftslebens zur Ruhe zu bringen? Diese Frage, welche manchem heute vielleicht als eine der wichtigsten Fragen der bestehenden Wirtschaftsordnung erscheint, führt uns dazu, den Charakter jener Elemente, welche im Kreislauf der Wirtschaftszyklen zur Wirksamkeit gelangen, genauer zu betrachten. Wenn wir aber in der Konjunkturbewegung die Verhältnisse des Kapitalangebotes immer wieder als entscheidend angesehen haben, so müssen wir hier darauf hinweisen, daß in diesen Verhältnissen nicht ausschließlich ökonomische Notwendigkeiten zur Wirksamkeit gelangen, sondern auch Änderungen in dem Verhalten der wirtschaftenden Menschen. Es hängt das damit zusammen, daß das, was als Kapital auf den Markt kommt, immer nur dadurch bestimmt ist, daß Menschen etwas, das in ihrem Besitze ist, als Kapital ausbieten oder als Kapital verwenden. In der Naturalwirtschaft können nur Naturalgüter als Kapital verwendet werden. Es kann nicht mehr an Kapital geben, als an diesen zur Verfügung steht. Wenn naturale Güter aber nicht als Kapital verwendet werden, so werden sie entweder im „reinen Konsum" verzehrt oder sie stehen später für irgendeine Verwendung zur Verfügung oder sie verderben. Anders ist es in der Geldwirtschaft. Das Kapital tritt in der Form des Geldkapitals auf. Ein Geld, das einem Wirtschaftssubjekte im Ablauf des Wirtschaftsprozesses zugekommen ist, kann von diesem zum Konsum verwendet werden oder aber als Kapital. Soweit kann eine „monetäre" Störung nicht eintreten. Es kann das Geld aber auch aus dem Kreislauf der Wirtschaft herausgezogen werden. Soweit das der Fall ist — und uns scheint, daß das im Zuge der Wirtschaftskrise zu erwarten ist — wirkt dieses Herausziehen von Geld als ein vom Gleichgewicht abziehendes, zur Depression führendes Moment. Wenn dieses Geld später einmal wiederum in die Wirtschaft gelangt, so muß auch dann wieder die Bewegung neben dem Gleichgewichte vorbei zu einer neuen Wirtschaftskrise führen.

Bei dieser Sachlage taucht nun die Frage auf, ob nicht ein Eingreifen der Wirtschaftspolitik die Abweichungen von dem Wege zum Gleichgewichte, das Hineinziehen des Wirtschaftsverlaufes in die ständige Wiederkehr von Aufstieg und Niedergang beseitigen könnte. Die Antwort auf diese Frage wird vielleicht verschieden lauten je nachdem, ob man die theoretische Möglichkeit oder die Aussichten einer praktischen Durchführung im Auge hat. Für den Bereich einer rein theoretischen Betrachtung kann die Frage bejaht werden, wofern die Theorie die Möglichkeiten der Änderungen im Verhalten der Menschen hinsichtlich der Verwendung von Geld als Kapital auszuschließen berechtigt ist. Dort, wo Expansion oder Restriktion des Kreditvolumens als störendes Element eintritt, kann eine entsprechende Gegenwirkung der Notenbanken — von den anderen Banken sei hier wiederum abgesehen[1] — jederzeit vorgenommen werden. Wir erinnern hier an eine früher gebrauchte Formel. Wenn die Notenbank eine in Dingen der Wirtschaft mit Allwissenheit ausgestattete Instanz wäre, so könnte sie jederzeit durch entsprechende Einengung oder Erweiterung des Geldumlaufes die volle Neutralität des Geldes sichern. Sie könnte damit jede aus mone-

---

[1] Das Absehen von dem Verhalten der anderen Banken ist hier freilich schon eine bedenkliche Voraussetzung. Dies deshalb, weil die Verhältnisse der Wirtschaft dazu Anlaß geben können, daß die Politik der Notenbank durch das Verhalten der sonstigen Kreditquellen der Wirtschaft wenigstens vorübergehend durchkreuzt wird.

tären Gründen abzuleitende Tendenz zur Abweichung vom Gleichgewichte paralysieren. Das kann in jedem Stadium sowohl von Aufstieg wie auch von Abstieg geschehen. Daß diese Allwissenheit der Notenbank niemals gegeben sein kann, daß die Notenbank nirgends in der Wirtschaft einen sicheren Index finden kann, an dem sie sich bei einer solchen Politik orientieren könnte, das haben wir schon erwähnt. Ein gewisses grobes Eingreifen ist freilich der Praxis der Notenbankpolitik immer schon eigen gewesen: In der Hochkonjunktur wird der Zinsfuß hinaufgesetzt; damit wird die Fortsetzung des Aufstieges mit allen den Folgen, welche sich daran knüpfen müssen, wenn die übermäßige Verlängerung der Produktionsumwege bis zu ihren letzten Konsequenzen sich auswirkt, unterbunden. In der Depression wiederum trachtet die Notenbank oft durch erweiterte Kreditgewährung den Anreiz zum Aufstieg zu geben. Darüber wird gleich noch etwas zu sagen sein. In beiden Fällen kann es sich im Wesen aber nur darum handeln, die Wirtschaft schneller über die beiden Wendepunkte zu führen, einen Weg zu führen, welcher bei den gegebenen Voraussetzungen ja schon zu einem notwendigen geworden ist. Eine wirkliche Politik der Konjunkturstabilisierung würde wohl am besten entweder im Beginn des Abstieges einsetzen, indem die Kreditkontraktion durch Kredite der Notenbank kompensiert wird, oder aber zeitig im Aufstieg, indem hier die Kreditexpansion durch Einschränkung des Geldvolumens seitens der Notenbank ausgeglichen wird[1]. Das ist die theoretische Formel.

---

[1] Daß die Stabilisierungspolitik am besten unmittelbar nach den Wendepunkten einzusetzen hätte, ist im folgenden begründet: Nach dem Wendepunkt ist eine Abkehr von der bisherigen Entwicklung in der Richtung zum Gleichgewicht notwendig. Die Wirtschaft geht diesen Weg. Es wirkt aber von Anfang an ein neben dem Gleich-

Für den Bereich der Praxis wäre aber zunächst danach zu fragen, wie die Wirtschaft auf eine solche Politik der Notenbank reagieren würde. Dabei handelt es sich nicht allein um die Notwendigkeit ökonomischer Zusammenhänge. Daß die Wirkung einer in der Wirtschaft „automatisch" eintretenden Expansion oder Kontraktion der Kredite durch die entgegengesetzten Maßnahmen der Notenbank kompensiert werden könnte, das muß ja zunächst außer Zweifel sein. Fraglich ist nur, ob die Wirtschaft nicht in anderer Weise darauf reagieren würde, nämlich dadurch, daß die Menschen bei dieser Notenbankpolitik ihr Verhalten derart ändern, daß die Politik der Notenbank zunichte gemacht wird.

Beginnen wir hier zunächst mit dem Anfange des Abstieges im Konjunkturzyklus. Die hier gegebene Knappheit der Kredite hat eine bestimmte sozialwirtschaftliche Funktion: sie soll die Unternehmer zur Liquidation der übermäßigen Verlängerung der Produktionsumwege zwingen. Soweit ist sie — um einen bildhaften Ausdruck zu gebrauchen — ein heilsamer Faktor. Würde die Notenbank diese Wirkung der Kreditknappheit durch Gewährung zusätzlicher Kredite beseitigen, so würde das offenbar in der Richtung einer Krisenverlängerung wirken. Diese Politik der Notenbank würde nichts anderes bedeuten, als daß Produktionsumwege weiter geführt werden, welche auf die Dauer doch nicht aufrechterhalten werden können; diese Politik würde vielleicht die augenblicklichen Wirkungen der Krise abschwächen können, auf die Dauer müßte sie aber in der Richtung einer Verschärfung der Krise wirken:

gewicht vorbeiziehendes Element mit. Am Beginne dieser Bewegung ist jedenfalls die allgemeine Tendenz der Wirtschaft der Richtung zum Gleichgewicht noch verhältnismäßig am nächsten, daher auch die Ausschaltung des Störungsmomentes am ehesten möglich.

Sie führt ja in dem gegebenen Stadium der übermäßigen Verlängerung der Produktionsumwege, von welchem der Weg zum Gleichgewicht führen sollte, weiter auf den Weg der Fortführung übermäßig verlängerter Produktionsumwege, auf jenen Weg, welcher schließlich — wenn nicht vorher eine dann sicher noch viel schmerzlichere Umkehr erfolgt — letzten Endes zur vollständigen Illiquidisierung der Produktionsanlagen, zum völligen Ausfall an freiem Kapital führt. Nun haben wir aber gesagt, daß im Verlaufe der Krisenabwicklung auch ein Herausziehen von Geldkapital aus dem Kreislauf des Kapitalumsatzes durch die Wirtschaft selbst stattfindet, indem diese erhöhte Liquidität, günstigere Kassenhaltung anstrebt. Hier wäre eine Kompensation an und für sich ohne Schaden denkbar. Es muß nun aber feststehen, daß diese Kompensation deshalb nicht möglich sein wird, weil die Wirtschaft nicht bereit sein wird, die zusätzlichen Kredite für die Zwecke der Investierung zu verwenden. Die Wirtschaft wird sich zunächst mit diesen Krediten eine Erhöhung ihrer Liquidität sichern. Dann aber noch eines: Im Zuge des absteigenden Teiles des Konjunkturablaufes ist die Situation die, daß Kredite für die Zwecke der Investitionen zurückgewiesen werden. Die Notenbank wird mit ihrem Kreditangebot einer Kreditrepudiation der Wirtschaft begegnen. Wir haben zwei Gründe, welche da vorliegen, bereits genannt. Einerseits werden die psychologischen Voraussetzungen, welche eine Veranlagung von Geldern in dauerhaften Anlagen erfordert, nicht gegeben sein. Die allgemeine Unruhe der Wirtschaft wird darin zur Geltung gelangen. Anderseits wird auch die Relation der Preise und die allgemeine Tendenz der Preisentwicklung der Investitionstätigkeit im Wege stehen. Die Kreditrepudiation wird allerdings nicht allgemein sein. Es gibt auch in diesem

Stadium des Konjunkturverlaufes eine sehr bedeutende Nachfrage nach Kredit, nämlich die Nachfrage jener, welche bei der gegebenen Situation zu Liquidierungen, zu Notverkäufen, zu Produktionseinstellungen aus Kapitalmangel gezwungen sind, eine Nachfrage, für welche jeder Kredit wenigstens die augenblickliche Vermeidung von Verlusten, vielleicht sogar die Aussicht auf spätere Besserung bedeutet. Diese Nachfrage befriedigen heißt aber die Liquidierung der Krise aufhalten, die Krise verlängern und verschärfen. Das ist ja wesentlich dieser Situation, daß einer bedeutsamen Nachfrage nach Kredit seitens jener, welche in der Richtung der Fortsetzung der Hochkonjunktur arbeiten möchten, also einer „ungesunden" Nachfrage nach Kredit, nur eine wesentlich verminderte Nachfrage für die Zwecke neuer gesunder Investitionen zur Seite steht.

Diese Ausführungen sind sicher überaus schematisierend. Sie können aber zeigen, daß die Chance einer kompensierenden Kreditexpansion in der rückläufigen Phase des Konjunkturablaufes praktisch sehr gering ist, daß die Aussicht, Produktionen, welche dauernd fortgeführt werden können, zu finanzieren, kaum gegeben sein wird, daß aber die Gefahr, daß zusätzliche Kredite die Krise hinausschieben und erschweren, eine sehr große ist. Wenn aber die Depression schon weiter fortgeschritten ist, wenn in dem zweiten Stadium der Depression eine größere Flüssigkeit auf dem Geldmarkte gegeben ist, so ist wohl der Liquidationsprozeß im Wesen abgeschlossen und damit die Gefahr der schädlichen Wirkung zusätzlicher Kredite in dem eben bezeichneten Sinne nicht mehr gegeben. Die Erfahrung zeigt aber, daß die Kreditrepudiation sich gerade in diesem Stadium besonders deutlich fühlbar macht.

Denkbar wäre nun aber auch eine Konjunkturpolitik, welche durch Vergrößerung des Konsums jene Wirkungen der „Dekapitalisierung" zu beheben trachtet, welche in dem Ausfall der Nachfrage nach Konsumgütern liegen. Hier würde das zusätzliche Geld in der Weise wirken, daß es an Stelle des aus dem Verkehr gezogenen Geldes tritt und es würde an dessen Stelle nach Konsumgütern für den reinen Konsum nachfragen. Die Bewegung bei den Gütern wäre also dieselbe, wie wenn das aus dem Verkehre gezogene Geld dem Konsum gedient hätte. Wir haben schon darauf hingewiesen, daß das Herausziehen von Geld aus Investitionen und die Verwendung desselben zum Konsum identisch ist mit Kapitalaufzehrung. Eine solche könnte ohne Schwierigkeit durch zusätzliches Geld finanziert werden, wobei der Weg, auf welchem dieses Geld dem Konsume zugeführt wird, wohl gleichgültig wäre[1]. Darüber

[1] Eine kapitalaufzehrende Konsumfinanzierung liegt auch bei dem vor, was man gewöhnlich unter dem Titel einer Notstandsarbeit in Krisenzeiten empfiehlt. Wenn auch hier unmittelbar Produktionen finanziert werden, so doch nur zum Zwecke der Erzeugung von Werten, welche das investierte Kapital nicht freisetzen. Wenn eine in den normalen Ablauf der Wirtschaft eingebaute Produktion finanziert ist, so erzeugt sie — wie wir das schon ausgeführt haben — ein Produkt, aus dessen Erlös die weitere Finanzierung dieser Produktion möglich ist. Wenn dagegen eine Straße gebaut wird, so werden Mittel aufgewendet, welche die natürlich auch wirtschaftlich zu wertende Straße herstellen, aber nicht ein Produkt, dessen Verkauf weitere Produktionen finanziert. Über die Frage, wann eine solche Aufwendung allein vom wirtschaftlichen Gesichtspunkte aus gerechtfertigt sein kann, sei hier nicht weiter gesprochen. Es sei nur eines gesagt: Wenn die Anrainer (und sonstige Interessenten) nach dem Bau der Straße einen größeren Ertrag erzielen und diesen Ertrag sparen, also zu neuen Investitionen verwenden, so ist in diesem Falle das in der Straße investierte Kapital auf einem Umwege freigesetzt. Wenn dieser Mehrertrag aber verzehrt wird, so liegt volkswirtschaftlich gesehen eine Festlegung von freiem Kapital vor. In beiden Fällen ist natürlich eine Bereicherung der Interessenten auf Kosten jener, welche die Mittel für die Straße aufge-

hinaus muß auch noch eine Beeinflussung der Relationen der Preise eintreten, und zwar im Sinne einer Stützung der Kostenpreise, da der Druck, welchen die Nachfrageeinschränkung schließlich ausüben muß, durch diese Politik abgeschwächt wird. So wird sich die Politik der Konsumfinanzierung schließlich darin auswirken müssen, daß die Erstellung von Preisrelationen, welche die Aussichten von neuen Investitionen verbessern, erschwert wird. Zu alledem ist schließlich zu sagen, daß diese Konsumfinanzierung gar nicht an jener Stelle der Wirtschaft eingreifen kann, an welcher (neben allenfalls vorhandenen ungünstigen Preisrelationen) das entscheidende Hindernis für die Durchführungen neuer Investitionen liegt, nämlich bei den psychologischen Hemmungen, welche der Vornahme von neuen Investitionen entgegenstehen. Die „künstlich" geschaffene Konsumgüternachfrage wird schließlich auch einen verstärkten Bedarf an „Betriebskapital" (kurzfristigen Anlagen) schaffen und damit diesen Anlagen eine erhöhte Rentabilität geben. Auch das muß dazu dienen, die Kräfte, welche im Sinne eines Durchbrechens der zwischen den kurzfristigen Anlagen und dem langfristigen Kapitalmarkte bestehenden Hindernisse wirken, zu schwächen. Als letztes sei noch gesagt, daß ein Maß für die Bestimmung des Ausmaßes von Krediten, welche in dieser Weise wirken sollten, nicht gegeben ist.

Wie steht es nun aber mit dem Eingreifen der Notenbank im Aufstiege? Könnte die Notenbank nicht durch

bracht haben (bzw. im Falle inflationistischer Geldbeschaffung: auf Kosten aller Besitzer von Geld), gegeben. — Eine rein wirtschaftliche Rentabilitätsrechnung der Straße könnte über die Formel Vergleich der Kosten mit dem möglichen Mehrertrage der Interessenten gehen, wobei natürlich in diese Formel eine Zinsfußgröße eingesetzt werden müßte.

Kreditrestriktionen die Wirkung der aus den Reserven der Wirtschaft stammenden zusätzlichen Kapitalangebote kompensieren? Für die Praxis ist die Sachlage wohl die, daß eine Kreditrestriktion zum Zwecke der Verhinderung oder Abschwächung des Aufstieges insbesondere auch schon bei Beginn des Aufstieges eine außerordentlich unpopuläre Maßnahme wäre. Eine solche Maßnahme wäre wohl von der Leitung der Notenbank nur schwer zu vertreten. Aber hier handelt es sich zunächst um die Wirkung einer Politik dieser Art. Da sei eines gesagt. Die Politik der kompensierenden Kreditrestriktion wird zum Problem bereits im Beginne des Aufstieges. Da bestehen in der Wirtschaft bedeutende Barreserven, welche allmählich als Kapitalangebot herauskommen. Ganz unabhängig von der Notenbank ist das Kreditsystem der Wirtschaft expansionsfähig. Und schließlich schaffen bereits die ersten im Aufstiege hervortretenden günstigen Produktionserfolge neues Erneuerungskapital und vielleicht auch neues echtes Sparkapital. Wo wäre für die Notenbank ein Maßstab zur Orientierung gegeben? Und wenn selbst Kreditrestriktionen einsetzen würden: Die Wirtschaft ist hungrig nach Krediten, ihr stehen unabhängig von der Notenbank Möglichkeiten offen. Könnte nicht eine Restriktion der Notenbank bewirken, daß das Tempo der Erzeugung von zusätzlichen Krediten auf anderem Wege beschleunigt wird? Wenn aber einmal die Bewegung der Wirtschaft durch die Wirkung einer über das Ausmaß des realen Sparkapitals hinausgehenden Versorgung bestimmt worden ist, wenn einmal die Inangriffnahme „zu langer" Produktionsumwege die Wirtschaft auf den Weg zur Wirtschaftskrise geführt hat, dann geht der Weg weiter nur mehr über die Wirtschaftskrise. Und das scheint wohl das einzige zu sein, was als sichere Möglichkeit der Krisenpolitik bestehen bleibt: Daß die

Notenbank, soweit sie in der Lage ist, die Kredite zu beschränken und den Zinsfuß in die Höhe zu setzen, auch jederzeit den Umschwung vom Aufstieg zu einer Wirtschaftskrise erzwingen kann. Es kann dieser Umschwung da nur früher erreicht werden als er sonst eintreten würde, früher als zu dem Zeitpunkte, in welchem die von uns an anderer Stelle genannten Umstände die Notenbank veranlassen, mit einer Einstellung der Kreditexpansion vorzugehen. Das Erzwingen des früheren Eintrittes des Umschwunges ginge auf Kosten der Dauer und des Erfolges des Aufstieges; vielleicht könnte da gehofft werden, daß dadurch die Heftigkeit der Krise gemildert wird.

Ob das das Ziel der Krisenpolitik sein soll, mag ebenso problematisch sein wie die Frage, ob Konjunkturstabilisierung überhaupt wünschenswert ist. Gewöhnlich versteht man unter der Forderung der Krisenpolitik in erster Linie die Forderung nach Anregung der Produktion im Zuge des Abstieges. Hier kann allerdings die Krisenpolitik zu allgemeineren Fragen der Wirtschaftspolitik hinüberleiten. Alles das, was die Bewegungen der wirtschaftlichen Größen hemmt, alles das, was wirtschaftlichen Erfolg beeinträchtigt, mag es auch vielleicht von irgendwelchem anderen Standpunkte aus eine Rechtfertigung erfahren können, vom Standpunkte der Beseitigung oder Milderung der Krisenfolgen, von dem Gesichtspunkte der rascheren Erreichung der Aufstiegsbereitschaft wird es wohl nur negativ zu werten sein.

IV. DAS PRINZIP DER ERKLÄRUNG DES KONJUNKTURVERLAUFES

Ökonomische Gesetzlichkeiten können immer nur bei Annahme konstanter Daten gedacht werden. Sind die Daten einmal gegeben, so ist auch dasjenige, was in der

Wirtschaft geschieht, eindeutig bestimmt. Dieses Prinzip muß jeder Arbeit der ökonomischen Theorie zugrunde liegen. Wir haben es auch zur Anwendung gebracht, als wir die Wirkungen, welche eine Kreditexpansion auf den Aufbau der Produktion haben muß, analysiert haben. Wir sind dabei zu der Erkenntnis gekommen, daß die letzte Konsequenz der mit der Formel Kreditexpansion umschriebenen Datenkonstellation eine völlige Immobilisierung des freien Kapitals sein muß. Wir haben aber dann zu begründen versucht, daß die Entwicklung nicht bis zu diesem Zustande führen wird, daß vielmehr vorher bereits eine Einstellung der Kreditexpansion eintreten wird. Wir haben damit ein neues Datum in unsere Argumentation eingesetzt, ja im Anschlusse daran noch zwei weitere Datenänderungen, die Dekapitalisierung von Geld und die Kreditrepudiation. Schließlich haben wir noch annehmen zu können geglaubt, daß die Dekapitalisierung in die Tendenz der Vermeidung langfristiger Anlagen übergeht oder zu dieser Tendenz sich abschwächt. Diese Datenkonstellation haben wir in ihren Wirkungen im Aufbau der Wirtschaft verfolgt und dabei die Entwicklung der Wirtschaft zum unteren Wendepunkt des Konjunkturzyklus fortschreiten gesehen. Sobald wir dort angelangt waren, nahmen wir wiederum ein neues Datum auf, die neu hervortretende Initiative zur erweiterten Investition, welche aus den Reserven der Wirtschaft und durch zusätzliche Kredite eine Vermehrung des Angebotes an Geldkapital schafft.

Unsere Argumentation hat immer auf die Betrachtung des Produktionsaufbaues abgezielt. Die Wirkungen der vorhin genannten Datenkonstellationen auf dem Kapitalmarkte waren der Ausgangspunkt für die weitere Argumentation.

Diese Analyse der Methode unseres Vorgehens soll deutlich zeigen, wo wir das Prinzip der Erklärung des Konjunkturverlaufes zu sehen glauben. Die Menschen, welche das Kapitalangebot auf den Markt bringen, ändern ihr Verhalten. Das gilt sowohl für die letzte Kreditquelle einer Volkswirtschaft, die Notenbank, wie auch für die anderen Banken und für die privaten Kapitalbesitzer. Ebenso ändern auch die Unternehmer, jene, welche Investitionen vornehmen, ihr Verhalten. Mit dieser Grundlage für die Argumentation sind wir aus dem Rahmen der Betrachtung einer Bewegung, welche von einer als Ausgangspunkt dienenden ökonomischen Situation aus erklärt werden kann, herausgekommen. Dazu ist hier zweierlei zu sagen: Erstens ist die Berechtigung zu diesem Vorgehen zu begründen und zweitens ist zu zeigen, daß dieses Vorgehen nicht zum Hereinziehen eines Elementes der Willkür führt.

Zum ersten: Es ist eine Tatsache, daß das Kreditvolumen im Aufstiege wächst, in der Depression fällt. Die monetäre Krisentheorie ist zweifellos im Recht, wenn sie diese Umstände in ihre Erklärung einbezieht. Erweiterung oder Einschränkung des Kreditvolumens kann aber niemals einer ökonomischen Gesetzlichkeit entspringen, sondern immer nur einer Änderung im Verhalten des Menschen. Die Erklärung des Konjunkturablaufes muß also über den Rahmen einer ausschließlich mit den Mitteln der ökonomischen Theorie arbeitenden Betrachtung hinausgehen.

Zum zweiten: Änderungen im Verhalten der Menschen könnten irgendwie durch einen äußeren Umstand zu erklären versucht werden. Geradeso, wie etwa die Beeinflussung der Ernte durch regelmäßige Witterungsschwankungen — die „Sonnenfleckentheorie" ist methodisch möglich, mag sie auch inhaltlich falsch sein — die Erklärung für eine zyklische Bewegung sein kann, so könnten es auch irgendwelche in fernen Ursachen begründete regelmäßige Änderungen im Verhalten der Menschen sein. Unsere Darstellung hat sich aber bemüht, eine engere Verbindung zwischen den Änderungen im Verhalten der Menschen und dem Geschehen im Konjunkturverlaufe zu suchen. Das Verbindungsglied ist leicht zu sehen. *Eine bestimmte ökonomische Situation* veranlaßt die Menschen, ihr Verhalten in einer bestimmten Weise zu ändern. So führt die Wirtschaftskrise zu Dekapitalisierung und Kreditrepudiation. Es liegt also ein Anpassen des Verhaltens der Menschen an eine bestimmte Sachlage vor uns, eine Anpassung, welche zweifellos nicht ökonomische Notwendigkeit ist in dem Sinne, daß sie mit den Mitteln der ökonomischen Theorie als eindeutig bestimmt erkannt werden könnte. Ob die Menschen bereit sind zu sparen oder nicht, das ist jedenfalls ein Datum für das wirtschaftliche Geschehen, etwas das die ökonomische Theorie als Ausgang ihrer Erklärung annehmen muß; niemals kann eine solche Feststellung für sie Ziel der Erklärung sein. Gerade das Belassen von Geld in der Kapitalfunktion, das neue Einweisen von Geld in die Verwendung als Kapital, lauter Momente, welchen wir in der Betrachtung des Konjunkturzyklus begegnet sind, sind durchaus bedingt durch das Wollen der Menschen. Daß aber die Menschen gerade in dieser Beziehung ihr Verhalten im Zuge des Konjunkturverlaufes ändern, das ist ja so außerordentlich naheliegend[1]. Wollte die Konjunkturerklärung an diesem Umstand vorbeigehen, so würde sie etwas vernachlässigen, das zweifellos in weitestem Ausmaße das Geschehen im Konjunkturverlaufe beeinflußt. Wir glauben auch nicht,

[1] Ich habe zum Unterschiede von Datenänderungen, welche durch vollständig außerhalb der Wirtschaft stehende Momente ausgelöst werden können, von „ökonomisch bedingten Datenänderungen" gesprochen. Vgl. dazu meinen S. 247, Anm. 8 genannten Aufsatz.

daß sie auf einem anderen Wege das Problem lösen kann, welches einer Konjunkturtheorie, welche den Tatsachen gerecht werden will, gestellt ist: daß nämlich der Aufstieg Bedingungen schafft, welche zum Abstieg führen, wie auch wieder dieser die Bedingungen für einen neuen Aufstieg.

ANHANG II

EIN NACHWORT ÜBER DEN KAPITALBEGRIFF

Unter den Anforderungen, welche an eine korrekte Begriffsbildung zu stellen sind, wird vielleicht keine so häufig vernachlässigt wie die, daß die Begriffe einer Gesetzeswissenschaft immer nur in Hinblick auf Aussagen, welche mit den zu bildenden Begriffen gemacht werden sollen, also in Hinblick auf die Aufstellung von Gesetzen, sinnhaft sein können. Nur zu leicht folgt man der Verlockung, augenscheinlich gegebene Ähnlichkeiten in einem Begriffe zusammenzuschließen; wenn dann dieser Begriff zur Anwendung gelangen soll, so stellt sich erst heraus, wie wenig ihn die Wissenschaft brauchen kann. Gerade aber beim Kapitalbegriff ist die Orientierung an einem bestimmten Problembereiche so leicht zu sehen, daß man sich eigentlich darüber wundern sollte, daß der wenig ruhmvolle Streit um den Kapitalbegriff so lange fortgeführt werden konnte.

Das Problem des Kapitals ist mit der umwegigen Produktion gegeben. Geht man einmal davon aus, daß das Einschlagen von Produktionsumwegen das Beistellen eines Subsistenzmittelfonds zur Voraussetzung hat, daß die „Virulenz" des Subsistenzmittelfonds die Möglichkeit der Ausdehnung der Produktionsumwege begrenzt, so ergibt sich alles weitere wohl ohne jede Schwierigkeit. Zwei Tatsachen haben aber dazu geführt, daß das Problem der Produktionsumwege für eine Betrachtung, welche zu sehr an dem äußerlich Sichtbaren der Erscheinungen haftet, vollständig verdeckt worden ist: der Bestand einer reichen Versorgung mit dauerhaften Kapitalanlagen und die weitgehende Synchronisierung der Produktion. Die reichliche Versorgung mit fixen Kapitalanlagen, welche insbesondere eine immer weiter gehende Verkürzung der Produktionsdauer ermöglicht haben, läßt es leicht übersehen, daß das „Opfer an Zeit" der kapitalistischen Produktion wesentlich ist. Wir haben gezeigt, daß bei fixen Kapitalanlagen die Verbindung mit dem Problem des freien Kapitals über die Notwendigkeit der Bildung eines Erneuerungsfonds und über die Notwendigkeit der Heranziehung des freien Kapitals als Komplementärgut erhalten bleibt. Nur die Zentrierung der Frage des Kapitals auf das sichtbare Kapitalgut konnte die unsinnige Lehre vom Überfluß an Kapital entstehen lassen, konnte die Ansicht erwachsen lassen, daß die mit Kapital „zu reich" ausgestattete Wirtschaft imstande wäre, so viel zu produzieren, daß ein Absatz nicht mehr möglich ist. Diese Ansichten können nur durch den Aufbau einer das Problem der Produktionsumwege erkennenden und dieses zum Ausgang nehmenden Kapitaltheorie überwunden werden. Eine verfehlte Kapitaltheorie, welche ausschließlich bestehende Kapitalanlagen als den sachlichen Reichtum der Wirtschaft ansieht, ist die tiefste Ursache dafür, daß die Vulgärökonomie wie auch vielfach die Wirtschaftspolitik in einem Fetischismus des bestehenden Betriebes, insbesondere des Großbetriebes, befangen ist. Niemals kann ein Besitz an Kapitalanlagen an und für sich Reichtum sein, er wird es erst, wenn er sich in den Aufbau der Produktion eingliedern läßt. Wenn man das aber übersieht, wenn man den Wert der Betriebsanlage zu schützen sucht, auch wenn diese nicht rentabel arbeiten kann, so heißt das, immer neues Kapital an einem Posten aufwenden, an welchem es von vornherein verloren sein muß. Kapitalgüter sind immer nur etwas Gewordenes, das dem Gesetz des Vergehens unterworfen ist. Der Prozeß der sich bewegenden Wirtschaft wird immer neuartige Anlagen von Kapitalgütern hervorbringen, wenn man ihn ungehindert ablaufen läßt. Und wenn eine bestehende Anlage verloren gehen muß, weil sie in die Wirtschaft nicht oder nicht mehr hineinpaßt, so ist der Verlust geringer, als wenn das sich immer wieder neu bildende freie Kapital zur Aufrechterhaltung dessen, was zum Verfall bestimmt ist, geopfert wird. Eine verfehlte Kapitaltheorie ist aber auch die Ursache für die heute wiederum sich zeigende Feindschaft gegen die Maschine. Die Maschine erscheint da dem Menschen als etwas, das seine Arbeitskraft ersetzt und ihn brotlos macht, nicht mehr als etwas, das die Menschen erzeugt haben, um ihre Arbeit besser, mit größerem Erfolg, verwenden zu können; man übersieht da, daß letzten Endes die Verwendung von Maschinen nichts anderes bedeuten kann als das, daß menschliche Arbeit anders, nämlich im verlängerten Produktionsumwege verwendet wird. Wenn die Verwendung der Maschine in den Produktionsprozeß „richtig" eingebaut ist, wenn also insbesondere das wichtige Komplementärgut des freien Kapitals gegeben ist und aus dem Produkte ein entsprechender Erneuerungsfonds geschaffen werden kann, so kann die Maschine nicht zu Arbeitslosigkeit, sondern nur zu Lohnerhöhung und zu reicherer Versorgung führen.

Ebenso gefährlich und irreführend wie das Haften an dem Realbegriff des Sachkapitals im Sinne des Kapitalgutes ist die Meinung, daß die Synchronisierung der Produktion das Problem der Produktionsumwege nicht mehr gegeben sein läßt. Wenn täglich Subsistenzmittel erzeugt werden, so scheint es nicht mehr notwendig zu sein, daß die in den vorgelagerten Produktionen Tätigen warten müssen, bis ihr Produkt zum Konsumgute herangereift ist; sie können ja ihr Produkt jederzeit gegen fertige Konsumgüter tauschen. Die Erzeugung von mehr Konsumgütern oder mehr Produktionsmitteln scheint da nicht mehr ein so schwieriges Problem zu sein. Wir sind der Frage der qualitativen Zusammensetzung des Produktes früher begegnet und haben gesehen, wie diese im Bereich der Konsumgüterproduktion aufgeworfen werden kann. Die Gestaltung der Nachfrage nach Konsumgütern genügt zur Bestimmung der „richtigen" Zusammensetzung des Produktes an Konsumgütern. Es wäre aber ein Fehler, die Frage der Erzeugung von diesem oder jenem Produkt schlechthin, also die Frage der Erzeugung von Konsumgut oder Kapitalgut zu stellen, ohne dabei zu berücksichtigen, daß eine gegenseitige Abstimmung der Erzeugung von Kapitalgütern und von Konsumgütern für den ungestörten weiteren Ablauf des Wirtschaftsprozesses Voraussetzung ist. Die Abstimmung ist nicht nur in der Weise notwendig, daß gerade so viel Subsistenzmittel erzeugt werden, daß sie auch zur Alimentierung der vorgelagerten Produktionen ausreichen. Darüber hinaus ist es noch notwendig, daß Produktionsmittel gerade in jenem Ausmaße und in jener Art erzeugt werden, daß dadurch ein regelmäßiger Nachschub an Subsistenzmitteln gesichert erscheint. Damit sind wir aber — auch für den Bereich einer Produktion, welche im weitesten Ausmaße synchronisiert ist — bereits im Problem der Länge der Produktionsumwege. Denn der „richtige" Aufbau der Produktion, die Aufteilung des Vorrates an Kapitalgütern auf mehr oder weniger konsumnahe Stadien, ist abhängig von der Zeitdauer, welche zur Beendigung der Produktion notwendig ist. Daß die umwegige Produktion in der Dimension der Zeit sich abspielt, daß diese Zeit dabei „ökonomisch relevant" ist, das kann durch keine Synchronisierung beseitigt werden. Wenn man aber glaubt, wegen der Synchronisierung der Produktion an dem Problem der Länge der Produktionsumwege und der Versorgung mit einem Subsistenzmittelfonds vorbeigehen zu können, so muß man alles das übersehen, was sich aus diesen Problemen ergibt. Man wird dann insbesondere nicht erkennen können, welche Folgen die Wahl zu langer Produktionsumwege hat.

Hier ist aber noch etwas anderes zu sagen. Wenn man unter Kapital nur Kapitalgüter versteht, so erscheint als Kapital etwas, das seiner Qualität nach Kapitalgut ist, etwas, das nur als solches verwendet werden kann. Man geht da vorbei an der bedeutsamen Tatsache, daß im Kapitalangebot ein Problem liegt, das zu weiteren Fragen hinüberführt. Wenn man vom freien Kapital im Sinne eines Subsistenzmittelfonds ausgeht, so wird dieses nicht aus einer sachlichen Qualität heraus zum Kapital, sondern erst dadurch, daß es von seinem Besitzer als Kapital verwendet wird. Ebenso liegt es beim Geldkapital. Geldbesitz ist niemals an und für sich Kapital, sondern er wird erst aus einer bestimmten Verwendung durch den Geldbesitzer zum Geldkapital. So liegt im Kapitalangebote stets ein Faktor, welcher jenseits rein ökonomischer Determination liegt. Welche große Bedeutung das hat, das haben wir bei der Analyse des Konjunkturverlaufes zu zeigen versucht.

Das Hinausgehen über den Bereich der Kapitalgüter bei der Kapitaldefinition ist schließlich auch deshalb eine Notwendigkeit, weil nur da ein Zugang zu einem brauchbaren Begriff des Geldkapitals gegeben ist. Wollte man unter Geldkapital nur jenes Geld einschließen, welches dem Umsatze von Kapitalgütern dient, so würde das zunächst den Anforderungen terminologischer Disziplin widerstreiten: Die Praxis braucht mit vollem Rechte einen viel weiteren Begriff des Geldkapitals, sie kennt auch ein Betriebskapital, ein Lohnkapital. Das allein aber könnte nicht entscheidend sein. Viel wichtiger ist, daß der Begriff des Geldkapitals in der Weise aufgebaut sein muß, daß er zum Problem der Länge der Produktionsumwege in der Geldwirtschaft führt. Wir glauben deutlich gemacht zu haben, daß diese Forderung nur dann erfüllt ist, wenn das Geldkapital als Repräsentant von Subsistenzmitteln erfaßt ist. Nur von diesem Gesichtspunkte aus können schließlich jene Bewegungen erkannt werden, welche sich dann ergeben, wenn das Geldkapital als „selbständiger Faktor" zur Geltung gelangt, wenn also die Identität von Geldkapital und realem Sparkapital nicht gegeben ist.

Unsere Aufgabe war es, die ökonomischen Notwendigkeiten darzustellen, welche im Aufbau der Produktion zur Geltung gelangen. Der Kapitalbegriff, mit welchem wir da gearbeitet haben, mußte mit Notwendigkeit aus dem Problem der Produktionsumwege erwachsen.

LITERATUR

1. Allgemeines. Die folgenden Literaturangaben beschränken sich auf die Anführung des wichtigsten Schrifttums, an welches hier angeknüpft worden ist. In allen Teilen dieses Buches ist seine Abhängigkeit von den Arbeiten der österreichischen nationalökonomischen Schule und jenes fremdsprachigen Schrifttums zu sehen, welches von den Österreichern beeinflußt worden ist bzw. ihnen nahe steht. Bestimmend für die allgemeine Einstellung meiner Ausführungen ist außer Böhm-Bawerk vor allem W. St. Jevons und Knut Wicksell gewesen. — Einige Grundgedanken dieser Schrift habe ich im September 1932 in der Wiener Nationalökonomischen Gesellschaft zum Vortrage gebracht und dann in der Zeitschrift für Nationalökonomie (Bd. V, 1934) unter dem Titel „Lohnfonds und Geldkapital" veröffentlicht; dort sind auch einige weitergehende literarische Hinweise enthalten. Ich habe Gelegenheit gehabt, vieles von dem, was hier behandelt worden ist, mit meinen Freunden aus dem Kreise der Wiener Schule zu besprechen. Ich muß da für viele wertvolle Anregungen danken; auch dort, wo ich nicht volle Zustimmung gefunden habe, hat mir die Diskussion zu vorsichtiger und genauerer Formulierung Anlaß geben können.

2. Produktion und Kapital. Hier kommen in erster Linie Jevons, Böhm-Bawerk, Wicksell, I. B. Clark, F. W. Taussig und G. Akerman in Betracht, dann Fisher, Schumpeter und Keynes. — Hans Mayer, Art. „Produktion" im Handwörterbuch der Staatswissenschaften, IV. Aufl. — Georg Halm, Das Zinsproblem am Geld- und Kapitalmarkt (Jahrbücher für Nationalökonomie und Statistik, 1926). — Adolf Lampe, Zur Theorie des Sparprozesses und der Kreditschöpfung, 1926. — R. van Genechten, Über das Verhältnis zwischen der Produktivität des Kapitals, den Löhnen und Zinsen. Zeitschrift für Nationalökonomie, Bd. II, 1931. — Zur Kapitaltheorie von Böhm-Bawerk sei hier gesagt: ich glaube, daß das Ausgehen von der Lehre von den Produktionsumwegen eine viel engere Verbindung des Kapitalbegriffes mit dem Lohnfonds erfordert; dadurch wird es wohl auch möglich gemacht, auf die „drei Gründe" zu verzichten, bezüglich derer ich jenen Kritikern Böhm-Bawerks zustimmen muß, welche sie schon deshalb für methodisch verfehlt halten, weil sie in einen stationären Wirtschaftsablauf nicht einbezogen werden können. (Wer gegenwärtige Bedürfnisse höher einschätzt als zukünftige, wird nicht eine gleichmäßige Versorgung in Gegenwart und Zukunft anstreben.)

3. *Lohnfonds und Lohntheorie.* Auf die Literatur zur Lohnfondstheorie sei ganz allgemein verwiesen. Die in Anmerkung 2 genannten Autoren verbinden die Kapitaltheorie mehr oder weniger enge mit der Lohnfondstheorie. — I. R. Hicks, The Theory of Wages, 1933. — Meiner Schrift „Angewandte Lohntheorie", 1926 fehlt ein Unterbau in der Kapitaltheorie.

4. *Preissystem.* Die Ausführungen des Textes knüpfen unmittelbar an die Darstellung der Gründer der österreichischen Schule an. Über neuere Formulierungen und Problemstellungen siehe z. B. einige Aufsätze in „Die Wirtschaftstheorie der Gegenwart", 2. Bd., 1932.

5. *„Ertragsgesetze"* (Das Prinzip des Zusammenwirkens knapper Produktionsmittel). Die beste Grundlage gibt noch immer A. Marshall. — Eine sehr instruktive Auseinandersetzung mit der neuesten Literatur bei O. Morgenstern, Offene Probleme der Kosten- und Ertragstheorie. Zeitschrift für Nationalökonomie, Bd. II, 1931. — Carver, Distribution of Wealth. — Knight, Risk, Uncertainty and Profit. — L. Robbins, Certain aspects of a theory of costs, Econ. Journal, Bd. 44, 1934.

6. *Geld und Kredit.* Ich habe es vermieden, auf allgemeinere Fragen der Geldtheorie näher einzugehen. Aus der Literatur wären in erster Linie zu nennen Wicksell und Mises sowie die an diese anknüpfenden Autoren. Wichtig ist trotz vielen Bedenken Albert Hahn, Volkswirtschaftliche Theorie des Bankkredits, 3. Aufl., 1930. (Dazu Gottfried Haberler, Archiv für Sozialwissenschaft und Sozialpolitik, Bd. 57, 1927; derselbe über Robertson, ebendort Bd. 62, 1929.) — Die im Texte vorgetragene Unterscheidung der Funktion von Tausch und Kredit knüpft an an Komorzynski, Die Nationalökonomische Lehre vom Kredit, 2. Aufl., 1909. — Machlup, Börsenkredit, Industriekredit und Kapitalbildung, 1931. — J. G. Koopmans in „Beiträge zur Geldtheorie", herausgeg. von Hayek, 1933.

7. *Konjunkturtheorie.* Aus der großen Literatur sind hier maßgebend jene Lehren, welche von der Kredittheorie ausgehen; also (abgesehen von den älteren, über welche z. B. Hayek in dem unten genannten Buche spricht) vor allem Wicksell und Mises, dann

mehrere der in Anm. 2 genannten Autoren und Spiethoff. — F. A. Hayek, Preise und Produktion, 1931. — Gegenüber meinem Aufsatze „Die Produktion unter dem Einflusse einer Kreditexpansion" (Beiträge zur Konjunkturtheorie, Schriften des Vereins für Sozialpolitik, 173. Bd., 1928) habe ich auf Grund einer ausgearbeiteten Kapitaltheorie einige Änderungen in der Formulierung versucht. — Alfred Amonn, Zur gegenwärtigen Krisenlage und inflationistischen Krisenbekämpfungspolitik, Zeitschrift für Nationalökonomie, Bd. V, 1934.

8. *Zur Methode.* Die Betrachtung eines statischen Systems als Ausgang der theoretischen Analysen ist heute wohl schon ziemlich allgemein durchgesetzt. Für uns hat hier diese Methode eine besondere Bedeutung deshalb, weil wir einen Prozeß analysieren, welcher durch die Anordnung der wirtschaftlichen Größen im Zeitablauf bestimmt wird. Eine Anordnung dieser Größen, welche einem einzigen Konstruktionsprinzip entspricht, kann man nur dann erkennen, wenn man die Frage stellt, unter welchen Bedingungen die Aufrechterhaltung eines Prozesses möglich ist, in welchem die Anordnung der Größen im Zeitablauf unverändert bleibt. Erst im Anschluß an diese Betrachtung des stationären Wirtschaftsablaufes konnten wir die „Störungen" dieses Ablaufes behandeln. — L. Robbins, An essay on the nature and significance of economic science, 1932. — Mises, Grundprobleme der Nationalökonomie, 1933. — O. Morgenstern, Die Grenzen der Wirtschaftspolitik, 1934. — Die dem Anhang I zugrunde liegende methodische Einstellung (welche es begründet, daß die Konjunkturtheorie nicht — wie die oft zitierte Formel Böhm-Bawerks lautet — als „letztes Kapitel" sondern als „Anhang" des ökonomischen Systems behandelt wird) ist eingehender entwickelt in meinem Aufsatze „Die Änderungen in den Daten der Wirtschaft" (Jahrbücher für Nationalökonomie und Statistik, 128. Bd. — III. Folge, Bd. 73 — 1928.) Vgl. dazu auch meine Schrift: Die ökonomischen Kategorien und die Organisation der Wirtschaft, 1923.

Ergänzendes Literaturverzeichnis 1981

Die Absicht, v. Strigls Literaturangaben durch Ergänzungen auf einen aktuellen Stand zu bringen, verlangt ein Selektionskriterium, das jedoch auf Grund der eigenartigen Entwicklung der Theoriegeschichte nicht einfach zu formulieren ist. So kann v. Strigls Buch *Kapital und Produktion* als einer der letzten Versuche der Zwischenkriegszeit betrachtet werden, das Konjunkturproblem auf der Basis der temporalen Produktions- und Kapitaltheorie anzugehen. Bald nach Erscheinen des Buches setzt der Siegeszug des Keynesianismus ein und verdrängt das ›österreichische Paradigma‹ nahezu gänzlich. Die Situation für die Österreichische Schule verbessert sich auch während der neoklassischen Gegenbewegung kaum, vielmehr entfalten sich Produktions- und Kapitaltheorie in verschiedene, der österreichischen Theorie teilweise fremde Richtungen (siehe hierzu den Überblick von Orosel – v. Weizsäcker). Erst Ende der sechziger bzw. Anfang der siebziger Jahre kommt es vereinzelt wieder zum Rückgriff auf österreichisches Gedankengut. Hierbei dominiert aber zunächst die Auseinandersetzung mit der Neoklassik und deren Fragestellungen. Die nun zutage tretende ›Erschöpfung‹ des keynesianischen Paradigmas einerseits und die erneute Akzentuierung des Konjunkturproblems legen es nahe, wieder auf die temporale Kapitaltheorie als Basis für die Konjunkturtheorie zurückzugreifen. Da jüngere Versuche einer systematischen Verknüpfung beider Theoriegebiete aber noch ausstehen, beschränkt sich die folgende Auswahl auf die wichtigsten ›österreichischen‹ bzw. sich als ›österreichisch‹ verstehenden Arbeiten zur Produktions- und Kapitaltheorie seit dem Erscheinen der ersten Auflage von v. Strigls *Kapital und Produktion*. Vereinzelt finden sich in diesen Veröffentlichungen auch Aussagen zum Konjunkturproblem.

Ulrich Fehl, Oldenburg
Im Juli, 1981

Eucken, W.: Kapitaltheoretische Untersuchungen, 2. Aufl., Tübingen – Zürich 1954, (1. Auflage 1934).
Haberler, G.: Prosperität und Depression, Bern 1948. (1. Aufl., Prosperity and Depression, Genf 1937).
Gocht, R.: Der zeitliche Aufbau der Produktion und das ›Gesetz von der Mehrergiebigkeit zeitraubender Produktionsumwege‹, in: Jahrbücher für Nationalökonomie und Statistik, Band 149 (1939), S. 385 ff.
Hayek, F.A.v.: The Pure Theory of Capital, London 1941.
Stackelberg, H.v.: Kapital und Zins in der stationären Verkehrswirtschaft, in: Zeitschrift für Nationalökonomie, Band X (1941), S. 25 ff.
Stackelberg, H.v.: Elemente einer dynamischen Theorie des Kapitals (Ein Versuch), in: Archiv für mathematische Wirtschafts- und Sozialforschung, Band 7 (1941), S. 8 ff und S. 70 ff.
Hayek, F.A.v.: The Ricardo Effect, in: Economica, Vol. IX (1942), S. 127 ff.
Mises, L.v.: The Theory of Money and Credit, New Haven 1953.
Lachmann, L.M.: Capital and its Structure, London 1956.

Dorfman, R: Waiting and the Period of Production, in: The Quarterly Journal of Economics, Vol. LXXIII (1959), S. 351 ff.

Allais, M.: Influence du coefficient capitalistique sur le revenu national réel par téte, in: Bulletin de l'Institut International de Statistique, Dokument Nr. 61, Tokio 960, S. 3 ff.

Bernadelli, H.: The missing Key, in: The Economic Record, Vol. XXXVI (1960), S. 336 ff.

Haavelmo, T.: A Study in the Theory of Investment, Chicago 1960.

Neuberger, E.: Waiting and the Period of Production, in: The Quarterly Journal of Economics, Vol. LXXIV (1960), S. 150 ff.

Rothbard, M.: Man, Economy and State, Princeton 1962.

Kirzner, I.M.: Market Theory and The Price System, Princeton 1963.

Kirzner, I.M.: An Essay On Capital, New York 1966.

Hayek, F.A.v.: Three Elucidations of the Ricardo Effect, in: The Journal of Political Economy, Vol. 77 (1969), S. 274 ff., wieder abgedruckt in: Hayek, F.A.v., Freiburger Studien, Tübingen 1969, S. 266 ff.

Helmstädter, E.: Der Kapitalkoeffizient. Eine kapitaltheoretische Untersuchung, Stuttgart 1969.

Lutz, F.A.: On Neutral Money, in: E.Streissler et al., Roads to Freedom, Essays in Honour of Friedrich A. von Hayek, London 1969, S. 105 ff.

Streissler, E.: Hayek on Growth: A Reconsideration of his Early Work, in: E. Streissler et al. (Hg.), Roads to Freedom, Essays in Honour of Friedrich A. von Hayek, London 1969, S. 245 ff.

Reetz, N.: Produktionsfunktion und Produktionsperiode, Göttingen 1971.

Weizsäcker, C.C.v.: Steady State Capital Theory, Berlin – Heidelberg – New York 1971.
Fehl, U.: Produktionsfunktion und Produktionsperiode, Göttingen 1973.
Hicks, J.R.: Capital and Time, Oxford 1973.
Fehl, U.: Technischer Fortschritt und Beschäftigung in kapitaltheoretischer Sicht, in: Zeitschrift für Wirtschafts- und Sozialwissenschaften, Band 95 (1975), S. 135 ff.
Jaksch, H.J.: Die Mehrergiebigkeit längerer Produktionsumwege in einem linearen Vielsektorenmodell, in: Zeitschrift für die gesamte Staatswissenschaft, Band 131 (1975), S. 92 ff.
Dolan, E.G., (Hg.): The Foundations of Modern Austrian Economics, Kansas City 1976.
Fehl, U.: Die durchschnittliche Produktionsperiode als Grundbegriff der temporalen Kapitaltheorie, in: Jahrbücher für Nationalökonomie und Statistik, Band 190 (1976), S. 289 ff.
Kirzner, I.M.: Ludwig von Mises and the Theory of Capital and Interest, in: L.S. Moss (Hg.), The Economics of Ludwig von Mises, Kansas City 1976, S. 51 ff.
Moss, L.S.: The Monetary Economics of Ludwig von Mises, in: L.S. Moss (Hg.), The Economics of Ludwig von Mises, Kansas City 1976, S. 13 ff.
Reetz, N.: Zeitlicher Produktionsablauf und Kapitalakkumulation, Göttingen 1976.
Lachmann, L.M., (Hrsg. v. W.E. Grinder): Capital, Expectations and the Market Process, Kansas City 1977. (Deutsche Übersetzung: Marktprozeß und Erwartungen: Studien zur Theorie der Marktwirtschaft, München–Wien, Okt. 1982).
O'Driscoll jr., G.P.: Economics as a Coordination Problem; The Contributions of Friedrich A. Hayek, Kansas City 1977.
Garrison, R.W.: Austrian Macroeconomics: A Diagrammatical Exposition, in: L.M. Spadaro (Hg.), New Directions in Austrian Economics, Kansas City 1978, S. 167 ff.

Faber, M.: Introduction to Modern Austrian Capital Theory, Berlin – Heidelberg – New York 1979.

Hayek, F.A.v.: Unemployment and Monetary Policy, San Francisco 1979.

Orosel, G.O.: A Reformulation of the Austrian Theory of Capital and its Applications to the Debate on Reswitching and Related Paradoxa, in: Zeitschrift für Nationalökonomie, Band 39 (1979), S. 1 ff.

Orosel, G. O. – Weizsäcker, C. C. v.: Kapitaltheorie, in: Handwörterbuch der Mathematischen Wirtschaftswissenschaften, Band 1, Gabler-Verlag, Wiesbaden 1979.

Yeager, L.B.: Capital Paradoxes and the Concept of Waiting, in: M.J. Rizzo (Hg.), Time, Uncertainty and Disequilibrium, Lexington (Mass.) – Toronto 1979, S. 187 ff.